PERMISO PARA OFENDER

PERMISO PARA OFENDER

La guía compasiva para vivir
sin filtros y sin miedo

RACHEL LUNA

Traducción de Aurora Lauzardo Ugarte

HarperCollins *Español*

Los libros de HarperCollins Español pueden ser adquiridos para propósitos educativos, empresariales o promocionales. Para más información, envíe un correo electrónico a SPsales@harpercollins.com.

Título original: *Permission to Offend*

Publicado en inglés en los Estados Unidos de América en 2023 por HarperOne

Imagen de acuarelas cortesía de Shutterstock / picgeek
Emoticones de corazón cortesía de Shutterstock / Turkan Rahimli

PRIMERA EDICIÓN

Traducción: Aurora Lauzardo Ugarte

Este libro ha sido debidamente catalogado en la Biblioteca del Congreso de los Estados Unidos.

ISBN 978-0-06-311302-2

23 24 25 26 27 LBC 5 4 3 2 1

A mis hijas, Isabella y Valentina.

Y a todos los #loyalLUNAtics.
Que siempre se den
permiso para ofender.

CONTENIDO

PERMISO PARA OFENDER

EL SIGNIFICADO DE PERMISO PARA OFENDER

Cuando abrí los ojos, estaba encima de mí.

—¡DETENTE! ¡DETENTE! —grité.

La habitación daba vueltas. Yo estaba completamente desnuda, y el tipo al que había conocido hacía apenas unas horas estaba dentro de mí. El corazón se me quería salir del pecho. *¿Qué está pasando? ¿Qué hice? ¿Cómo llegué aquí?* Las preguntas galopaban en mi mente a medida que intentaba entender la situación.

—¡NO! ¡Quítateme de encima! —grite con más fuerza.

Confundido, se detuvo, se me quitó de encima y se sentó.

—¿Qué pasa? Pensé que querías —dijo—. Te ayudé, ¿recuerdas?

Le di un empujón, me puse de pie y busqué mi ropa en la oscuridad de la habitación.

—¡No! ¡No! ¡No quería esto! —grité.

Vi mi abrigo en el suelo, aunque no encontré el resto de la ropa, y me cubrí rápidamente. De repente, empecé a recordar a medida que el tipo repetía «Te ayudé. No quería hacerte daño».

En efecto, me *había* ayudado. Recordé sentirme mal y vomitar en el baño mientras él me sujetaba el pelo. Pero no recordaba nada más. Definitivamente no recordaba haber accedido a que nos acostáramos.

—¡NO! —grité otra vez—. Tengo que irme. Tengo que salir de aquí.

Mis llaves estaban en el abrigo y, aunque la habitación aún daba vueltas, corrí hacia la puerta. Al salir, el aire frío me golpeó en la cara y me espabilé. Los recuerdos de la noche comenzaron a aflorar.

Juliana, mi compañera de trabajo, me había invitado a unos cócteles. Recuerdo que me hizo gracia cuando dijo la palabra cócteles porque, aunque soy una alcohólica rehabilitada, jamás había oído a alguien usar la palabra cóctel para referirse a un trago. Me crie en la ciudad de Nueva York y allí, entre los puertorriqueños, se decía: «Vamos a darnos un palo» o «Vamos a ajumarnos». Esas chicas californianas eran otra cosa.

—No, chica, ya no bebo. Cada vez que bebo me meto en algún lío —le dije.

—No va a pasar nada. Sólo uno. Confía en mí. Vamos a divertirnos —dijo.

Sí, ahora lo recuerdo. Fui a beber con Juliana, su novio y el tipo que estaba encima de mí… ¿Cómo se llamaba?

Me llegó otro recuerdo. Estábamos en el club y el novio de Juliana regresó a la mesa con dos tragos verdes. Me dio uno, alzó la copa para brindar y enroscó el brazo alrededor del mío para que yo bebiera de su vaso y él, de mi vaso. Aquí la memoria pierdo.

¿Dónde está mi carro? Tengo que llegar a casa. Cuando por fin encontré mi carro, estaba llorando a lágrima viva.

Llegué bien a casa por la gracia de Dios. Pero, a la mañana siguiente, sentí que revivía una pesadilla. Llamé a una de mis mejores amigas para contarle lo sucedido.

—Creo que me violaron anoche —dije.

—Nena, vamos al hospital —dijo—. Tenemos que presentar una querella en la policía.

—¡No! No podemos. Trabajo con esa chica. Ni siquiera sé lo que pasó. Estaba borracha, aunque sólo recuerdo haberme bebido *un* trago. Esto no puede estar ocurriéndome. —Una vez más, estallé en llanto.

—Eso no importa —insistió—. Al menos deja que te hagan una prueba de violación.

Respiré profundo y dije:

—Okey.

En la policía me trataron con desprecio y, como no podía recordar el nombre del tipo o la dirección, me dijeron que no podían hacer mucho. Si les daba el nombre de mi compañera de trabajo y su número de teléfono, podrían contactarla y tratar de encontrar al tipo. Pero me negué. Me sentía tan avergonzada de mí misma. Me daba tanto miedo que mis compañeros de trabajo se enteraran. Y, lo que era más grave, me preocupaba que dijeran que había sido culpa mía y que me lo había buscado. Cuando salí del cuartel me sentía peor que al entrar y créanme que, cuando entré, apenas me respetaba a mí misma.

No supe de Juliana en todo el fin de semana, pero el lunes estaba ahí, vivita y coleando.

—Ay, Dios mío, ¿estás bien? Los chicos dicen que te fuiste llorando.

Me limité a echarle una mirada de pocos amigos.

—Aléjate de mí —le dije.

Le habría creído el tono de preocupación si me hubiera llamado o enviado un mensaje de texto el fin de semana para saber cómo estaba. Pero no lo hizo.

Nunca le pedí a Juliana el nombre o la información del tipo. Después de ese día, apenas volvimos a hablarnos, sólo de vez en cuando sobre algún asunto relacionado con el trabajo. Ni un «Buenos días». Ni un «Buen fin de semana». Nada.

Me quedé callada. No volví a la policía. No intenté someter una querella. Sólo intenté fingir que nada había ocurrido.

¿Por qué escogí no hablar con Juliana, con la policía, conmigo misma? Me quedé callada porque temía tres cosas que abordaremos juntas en este libro: *que me juzgaran*, *que me rechazaran* y *que me difamaran*.

Me aterraba la idea de que *me juzgaran* mis compañeros en el trabajo y, tal vez, en un tribunal…

Temía que mis amigos o mis parejas *me rechazaran*…

Temía que todos los que me conocían *me difamaran*, que rumoraran cosas desagradables sobre mí. Pero lo que más me aterrorizaba era que usaran en mi contra por el resto de mi vida la verdad sobre quién había sido: una alcohólica promiscua. Así que no hice ni dije nada.

> **NO CONFUNDAS LA VERDAD DE QUIÉN FUISTE ALGUNA VEZ CON LA VERDAD DE QUIÉN ERES HOY.**
>
> #PermisoParaOfender

Quizás nunca hayas sufrido una agresión sexual, pero sí *habrás vivido* alguna experiencia en la que optaste por no hacer ni decir nada para protegerte. Quizás esta historia te hace preguntarte si en este momento está ocurriendo algo sobre lo que deberías decir algo, hacer algo, cambiar algo, pero temes que tu verdad ofenda a alguien. Quizás sólo quieras liberarte del peso de la culpa y la vergüenza por quién *fuiste*, para empezar a andar en la verdad de quién *eres*.

Si es así, este libro fue escrito para *ti* y espero que te exhorte e inspire a compartir esos fragmentos de tu historia que has mantenido ocultos por miedo a lo que los demás puedan decir, pensar o hacer.

Porque *sé* que, cuando comiences a vivir sin filtros, sin vergüenza y sin miedo, ¡*tu vida cambiará*! Cuando empieces a compartir *tu verdad*, *tus* historias y, sí, incluso esos aspectos que te han hecho sentir culpable o avergonzada, no sólo te liberarás, sino que otras personas con historias similares podrán sentirse liberadas también. Ya no tendrás que ocultarte, quedarte callada o rechazar tus deseos y necesidades para no ofender a otros.

Quiero aclarar que darte permiso para ofender *no* es darte permiso para hacer daño intencionalmente. Es darte permiso para apropiarte de todos y cada uno de los aspectos de tu vida y compartirlos sin los filtros, la vergüenza o el miedo que tan a menudo frenan a la gente. Contrario a lo que se cree, darte permiso para ofender no significa que vas a instigar conflictos, divisiones o enfrentamientos con otros. No vas a hablar sin pensar, no vas a exigir ser el centro de atracción o humillar a otros. Ofender tiene que ver con la libertad, verdad, empatía, humanidad, fuerza de carácter. Carácter fue lo que tuve que darme permiso para construir, deshaciéndome de una década de vergüenza y baja autoestima. Carácter es el permiso que tal vez *tú* tengas que darte para construir, al tiempo que defiendes lo que es tu verdad.

Es posible que al escuchar la palabra «ofender» te sientas incómoda. Cuando pensamos en «ofender», lo primero que nos viene a la mente es que nos ofendan. No queremos ser de las personas que ofenden. Pienso en palabras como «racismo», «odio», «intolerancia», «antivacunas». Que quede claro: este libro no es un arma. Los mensajes que contiene no buscan avivar la división. Por el contrario, darte permiso para ofender es darles permiso a otras personas para ofenderte; lo que, a su vez, les permitirá forjar relaciones más profundas contigo. No hallarás un lugar más lleno de amor, más acogedor e inclusivo que las páginas de este libro.

Acabo de compartir contigo uno de los momentos más oscuros de mi vida. ¡No voy a lanzar piedras teniendo el techo de cristal!

Cuando las personas me dicen que les da miedo ofender, lo que en realidad les da miedo son las consecuencias de ofender. Les preocupa perder credibilidad, perder su estatus y hasta que las «cancelen». No le temes a la acción; le temes a lo que pueda ocurrir al otro extremo de esa acción. Temes a que te juzguen, te rechacen y te difamen, como yo en aquel momento. Ésa es la zona de peligro que vamos a neutralizar juntas en este libro. Vamos a encontrar una forma segura de que hagas, digas y seas tu verdad, aunque eso signifique que algunas personas puedan sentir incomodidad, molestia, resentimiento o incluso asco.

Cuando le pregunto a alguien por qué no ha hablado, por qué no ha empezado su propio negocio o por qué no se ha pintado el pelo de un color divertido, siempre recibo alguna variante de la misma respuesta: «No quiero ofender...». A eso se reduce todo: al autorrechazo. Niegas tus propias necesidades a cambio de que los demás te acepten. En verdad no es miedo a ofender; es miedo a la respuesta a estas tres preguntas:

¿Qué pensarán? (que te juzguen)

¿Qué harán? (que te rechacen)

¿Qué les dirán a otros? (que te difamen)

Sé que sabes que el rechazo duele, pero ¿sabías que eso tiene una explicación científica? Según un artículo publicado en *Psychology Today*, «cuando nos sentimos rechazados se activan los mismos procesos neuronales que cuando experimentamos dolor físico. Por eso el rechazo duele tanto»[*]. Cuando sientes el dolor emocional del rechazo, tu cerebro piensa que te están hiriendo físicamente. Lo bueno es que este libro te dará herramientas y estrategias para ayudarte a aumentar tu tolerancia al dolor.

Eso y mucho más sacarás de este libro. Te ayudará no sólo a superar el temor vinculado a esas tres preguntas, sino también a encontrar la valentía, la confianza y la fortaleza para hacer y decir todo lo que quieras, sin sacrificar lo que tienes.

Ahora que comenzamos, te invito a firmar cuatro permisos:

Me doy permiso para vivir en la verdad.

Me doy permiso para vivir en la fe.

Me doy permiso para vivir en la libertad.

Me doy permiso para vivir en la abundancia.

---

[*] Judith E. Glaser, «Why We Don't Speak Up», *Psychology Today*, 22 de mayo de 2018, https://www.psychologytoday.com/gb/blog/conversational-intelligence/201805/why-we-don-t-speak.

El libro se divide en cuatro partes basadas en esos permisos. Cuando hayas terminado de leerlo, habrás adquirido conocimientos, herramientas y estrategias fundamentados en la ciencia, que te ayudarán a vivir sin filtros, sin vergüenza y sin miedo.

Dicho esto, darte permiso para ofender conlleva un peso y una responsabilidad. Por favor, usa este libro con sabiduría. Si se utiliza con compasión, tiene el poder de cambiar el mundo en que vivimos. ¡Ah! por cierto, darte permiso para ofender, según recomiendo en este libro, es la mejor forma de obtener todo lo que has deseado sin perder lo que más te importa. Yo soy la prueba viviente de eso.

Al igual que tú, me he visto atrapada en patrones dañinos. De pronto tenía impulso y, acto seguido, me hallaba dando vueltas sin control. Un día no tenía miedo y me sentía capaz de conquistar el mundo; al siguiente, estaba enroscada en posición fetal debajo de las sábanas. No podía quitarme la sensación de que algo no «encajaba» en mi vida, y que no podía identificar ni el qué ni el por qué. A pesar de ser la única de mis hermanos que fue a la universidad, que sirvió en el Cuerpo de Marines de los Estados Unidos y empezó una hermosa familia, me hallaba en un punto de mi vida en que necesitaba mirarme al espejo. Había logrado mucho, pero aún vivía con miedo. Seguía comportándome de un modo que iba en contra de mi propio sistema de valores. Seguía comparándome con todas las personas que me rodeaban: familia, amigos, colegas y cualquiera que me pasara por delante. Era doloroso y frustrante, y, sobre todo, quería romper el ciclo.

No fue fácil y, por supuesto, no ocurrió de la noche a la mañana. Requirió de una decisión tras otra, de un acto de liberación tras otro. Primero tuve que recobrar la sobriedad (una vez más). Luego, tuve que reevaluar todas mis relaciones. Me tocó aprender a dejar de responder a algunos «amigos» que ya no me servían. Aprendí a reestablecer límites con mis familiares, por mi salud mental y por la integridad de nuestra familia. Con el tiempo, empecé no sólo a invertir en mi salud, sino también, y sobre todo, a invertir en *mí misma*. Di un salto de fe y abandoné el Cuerpo de Marines para comenzar una carrera de *coaching*. Déjame decirte que no fue fácil, en absoluto. Supuso abandonar la estabilidad de un cheque seguro con unos beneficios increíbles, muchos viajes divertidos y una comunidad bastante sólida para adentrarme en un campo que aún era muy nuevo y ampliamente criticado por muchos. Las personas que me rodeaban se reían de mí cuando les decía que estaba estudiando para certificarme como *coach* profesional y de vida. En aquel momento ya tenía una licenciatura en Ciencias con concentración en Administración de Empresas de Penn Sate University; el siguiente paso lógico hubiera sido obtener una Maestría en Administración de Empresas (MBA) de una universidad igualmente reconocida. La gente me preguntaba: «¡¿Por qué pierdes el tiempo convirtiéndote en una *coach* de vida?!».

Sabía que sus cuestionamientos a mi nueva ruta profesional eran el reflejo de sus propias inseguridades y aversión al riesgo, así que me callé y seguí hacia adelante. Pero, no te miento, fue difícil nadar en contra de la corriente y escoger el camino menos transitado, especialmente porque no sabía a dónde me llevaría. ¡Gracias a Dios por la fe activada y por la acción basada en la inspiración y la confianza en mí misma! Las decisiones menos populares que tomé en aquel momento fueron las que me trajeron hasta *¡aquí y ahora!*

Hoy, una década después, tengo una maestría de Coach Certificada con énfasis en Coaching Neurocientífico. Me han invitado a dar charlas en Japón, Europa e innumerables ciudades alrededor de los Estados Unidos. Me han reseñado en *Forbes* más de una vez, y me nombraron una de las once empresarias más inspiradoras a seguir en Instagram. Me hicieron un reportaje de página entera en la revista *Latina*, me reseñaron en *HuffPost* y fui invitada al programa *Little Women: Atlanta*, del canal de televisión Lifetime, para recrear mi evento emblemático Confidence Activated [Confianza activada]. Ahí me reconocieron como *la* «Confidence Coach» [Coach de la confianza]. Tengo un *podcast* popular (titulado también *Permission to Offend* [Permiso para ofender]), que se escucha en más de noventa países alrededor del mundo y, lo mejor de todo, he sido *coach* de decenas de miles de personas en todo el mundo. Ha sido un camino lleno de virajes y encrucijadas, pero cada vez que me he escogido a mí misma y me he apoyado en *mi* verdad, ese camino ha seguido llevándome adonde Dios siempre quiso que estuviera. Tú puedes hacer lo mismo.

Si agarraste este libro es porque te das cuenta de que has estado viviendo una versión aguada de la vida que deseas; una vida nublada por el miedo y entorpecida por la duda; una vida en la que siempre has escogido la ruta «segura» porque te preocupa lo que otros puedan hacer o decir si te atreves a andar tu propio camino. ¡No importa! Has hecho lo que tenías que hacer para sobrevivir. En los siguientes capítulos, discutiremos en qué consiste eso y por qué tuviste que hacerlo. No obstante, ha llegado el momento de dejar de vivir así.

A medida que leas mis historias y los demás ejemplos que he incluido en este libro, quiero que recuerdes algo: se trata de *ti*. No te equivoques, este libro *no* te dirá lo que «necesitas» o «debes» hacer para obtener más de lo que deseas. Por el contrario, cada palabra es una invitación. Cada capítulo ofrece uno o más conceptos —algunos tal vez los habrás escuchado antes, otros te resultarán nuevos— que te guiarán para que te conectes con lo más profundo de tu verdad personal. Encontrarás, además, una invitación a lo que llamo *oportunidad de alineamiento*; a veces, más de una. Aplica lo que te parezca más auténtico y lo que más se alinee contigo. Al final de cada capítulo también incluyo una afirmación que te ayudará a consolidar las lecciones. Toma lo que necesites y descarta lo demás. Si nunca has experimentado la libertad o la confianza de discrepar de todo corazón con alguien o algo, *éste es un espacio seguro*. Lánzate de lleno y siéntete en la libertad de maldecirme, gritarles a las páginas, decir que son sandeces o (lo que preferiría, por supuesto) alzar los brazos y decir: «¡Por fin! Alguien ha dicho lo que siempre he pensado y deseado decir».

Ah, y debes saber algo más: todas las personas vinculadas a mí ganan. Oye, al menos parece que cualquier persona vinculada a mí casi siempre termina triunfando, incluso más que yo. Y, como dice mi hija Valentina, «¡Eso está bien conmigo!». ¡Estoy aquí para verte triunfar! Independientemente de lo que signifique triunfar para ti, vamos a conseguirlo. Vamos por el oro. Sólo tienes que entender que muchas personas se sentirán ofendidas, no porque triunfes, sino porque has tenido la osadía de querer jugar. ¡Este libro te ayudará a que eso esté bien contigo! ☺

Empecemos.

PRIMERA PARTE

ME DOY PERMISO PARA VIVIR EN LA VERDAD

Y conocerán la verdad, y la verdad los hará libres.

—JUAN 8:32, NVI

1

ACTIVA TU VERDAD

—Más adelante vas a doblar a la izquierda, justo en el semáforo
—le dije a mi esposo.

La tensión en el aire era tal que ni un machete podía cor-
tarla. Más temprano, esa misma mañana, habíamos tenido un
encontronazo verbal con nuestras dos hijas cuando llegaron
a la mesa a desayunar con sus laptops y apenas nos miraron.
Confieso que, a pesar de los incontables libros sobre crianza y
maternidad que se han escrito, no había leído ninguno antes de
que nacieran mis hijas y no estaba preparada en absoluto. Después de varios abortos espontáneos, siempre creí que me sentiría tan agradecida de tener un hijo que celebraría hasta los retos
más difíciles que supone criar a unos pequeños seres humanos.
Pues bien, aquello fue un gran error de juicio. Estoy segura de
que algún día, en el futuro, echaré de menos las malacrianzas e
insolencias de esas nenas, pero aquella mañana en particular no
tenía ningunas ganas de celebrar. De hecho, rogaba en silencio
no parecerme a mi mamá, porque si a mí se me hubiera ocurrido sentarme a la mesa con la actitud con la que lo hicieron mis

hijas, ¡fuácata! (como se dice en Puerto Rico, me habría llevado un buen pescozón).

No obstante, me sobrepuse e hice todo lo posible por ser una madre amorosa y respetuosa. Por lo visto, eso es lo que está de moda y ahí me hallaba, tratando de superar los traumas infantiles de toda una generación. El problema con el que he tenido que lidiar toda la vida es que soy un muro de carga, lo que significa que soy muy sensible a las energías y emociones de otras personas. La actitud de las nenas provocó todo tipo de tensiones aquella mañana, por lo tanto, a mí me tocaba despejar el ambiente. Fue entonces cuando sugerí que fuéramos juntos a un mercado local. La sugerencia, sin embargo, no les hizo ninguna gracia a mis hijas, a quienes les reventaba la idea de tener que pasar el día lejos de sus computadoras. En un acto final de frustración, mi esposo nos ordenó meternos en el carro para una sesión de «diversión obligatoria». Ya en el carro, parecía que yo era la única que tenía una gota de optimismo, que se evaporaba por segundo.

> MURO DE CARGA: ALGUIEN QUE TIENE LA CAPACIDAD DE SENTIR EMPATÍA, COMPARTIR Y CARGAR CON EL PESO EMOCIONAL DE OTROS.
> SER UN MURO DE CARGA ES UN DON QUE PUEDE SER POSITIVO Y NEGATIVO A LA VEZ.

Me senté en el asiento delantero, teléfono en mano, a mirar la flecha del GPS acercarse poco a poco a la izquierda mientras nuestro carro permanecía en el carril del centro. Empecé a ponerme ansiosa.

—Amor... izquierda —dije un poco más enfáticamente—. Justo enfrente.

Silencio total. Mi esposo no dio señales de escucharme. No me importaba que no quisiera hablar conmigo, pero nuestro carro no se movía ni un centímetro hacia la izquierda. Íbamos a pasarnos la esquina. Traté por todos los medios de no perder la calma e hice un último esfuerzo.

—El GPS dice que tenemos que doblar a la izquierda aquí.

Sentí que todos los músculos del cuello se me agarrotaban, mientras luchaba por no perder mi actitud positiva.

Nada. Ni mu. El volante no se movía; era como si no hubiera escuchado lo que acababa de decir. En ese instante, amiga, perdí los estribos.

—¿Por qué haces esto? ¡Sé que me escuchaste!

Estaba tan furiosa, que no sé si mi esposo me contestó o no. Lo que sí recuerdo es que grité.

—¿Sabes qué? ¡Olvídalo! Vamos a casa —dije.

Mi esposo giró el volante bruscamente y le hizo un corte de pastelillo al carro que iba detrás nuestro, pisó el acelerador de mi Honda Accord y salimos volando rumbo a casa. *¿Ahora sí quieres doblar a la izquierda?* Empecé a maldecir a mi esposo como una loca. Si hubieras oído las cosas que le dije. Oh, sí, le dije todo lo que se merecía. *¿Así que ahora vas a conducir como un idiota y pegárteles a los carros? ¡Ojalá te den una multa! ¿Dónde estarán los guardias cuando hacen falta? Te crees que sabes más que yo. Ni se te ocurra decirme nada cuando lleguemos a casa, porque no quiero escucharte. ¿Okey? ¡Okey!*

En realidad, no le dije nada. Me quedé callada. Me sorprende que la lengua no me sangrara de tan fuerte que me la mordí. En mi mente me debatía entre comérmelo vivo y rogarle a Dios que me diera serenidad y paciencia para no abrir la boca. Cuando llegamos a casa, al cabo de unos quince minutos, me bajé del carro, cerré de un portazo pasivo-agresivo la puerta del carro y les dije a las nenas que se metieran en la casa conmigo. En vez de entrar con nosotras, mi esposo salió chillando gomas y se fue sabe Dios adónde. Eso era algo habitual entre nosotros. Salir en el carro es lo que solemos hacer para despejarnos, así que no me sorprendió ni me preocupó que lo hiciera. Incluso, me sentí aliviada. ¿Conoces esa sensación? Sucede algo con alguien a quien quieres, la situación se les va de las manos y, aunque quisieras arreglar las cosas, por un instante te alegras de que desaparezcan de tu vista. En efecto, te han salvado de ti misma y de todas las formas en las que pudiste atacar y empeorar las cosas.

Según me tranquilizaba, me preguntaba cómo una hermosa mañana de sábado se había convertido en semejante fiasco.

Mi única intención había sido sacar a las nenas de casa y hacer algo en familia. ¿Cuál era el problema? Después de todo, vivimos «el sueño americano» en una casa con piscina en un campo de golf. Tenemos dos hijas preciosas y una cachorrita Maltipoo que se llama Layla. Mi esposo y yo hemos alcanzado tanto: yo me crie en la ciudad de Nueva York y él viene de un pueblo fronterizo de México. Lo habíamos «logrado». Con todo lo que teníamos, debíamos levantarnos cada día felices y agradecidos, con ganas de estar juntos. ¿Qué diablos pasaba? ¿Por qué mi vida se había convertido en eso... otra vez?

No era la primera vez que mi esposo y yo discrepábamos. De hecho, después de casi diez años de matrimonio, me esforzaba por recordar alguna vez —si es que la hubo— en que hubiéramos estado de acuerdo en algo. Más bien, la nuestra había sido una relación de soledad y aislamiento, con algunos destellos de felicidad, a menudo asociados a unas vacaciones o alguna aventura. Yo sólo veía mi propia soledad, pero cuando empezamos a luchar por nuestro matrimonio, descubrí que yo no era la única que se sentía sola en la relación. Hubo momentos en que casi nos dimos por vencidos. Uno de los dos agitaba las manos y gritaba «¡esto se acabó!», mientras el otro rogaba a Dios en silencio por un milagro.

Parecía que nunca íbamos a ponernos de acuerdo, hasta una noche de enero en que por fin sucedió el milagro. Estábamos agarrados de manos en un reavivamiento en la iglesia, cuando el pastor dijo:

—Si vinieron aquí para lograr algo, no salgan de este edificio hasta que lo hayan logrado.

Cuando el pastor hizo la señal para despedirnos, mi esposo se levantó para irse, pero yo le agarré la mano y se la apreté.

—No hemos logrado nada aún y yo no me voy de aquí hasta que lo logremos —le dije, mirándolo a los ojos.

Esa noche algo cambió. Me gustaría pensar que, al ver lo comprometida que estaba con nuestro matrimonio, se le ablandó el corazón. Pero en lo más profundo de mi ser, creo que fue cosa de Dios. Después de rezar juntos con los ojos llenos de lágrimas, salimos de la iglesia con nuestro logro. A partir de ese momento, empezamos a ser más compasivos con los defectos del otro y —algo que siempre había estado ausente en nuestra relación— experimentamos un renovado sentido de compromiso con nuestra relación.

Fue como si nos hubiéramos quitado un gran peso de encima. De pronto nos convertimos en un equipo. Aquella noche yo no luché por él ni él por mí; *ambos* luchamos por *nosotros*. Sabíamos que nos amábamos, sólo teníamos que aprender *cómo* amarnos otra vez. La ironía es que no teníamos que aprender a ser más amables uno con el otro. Teníamos que aprender a darnos permiso para ofendernos, y así poder sostener esas conversaciones sinceras que pueden ser difíciles, pero que son tan necesarias.

Ya sabes, el tipo de conversaciones sinceras que se deben sostener la primera vez que uno sospecha que algo anda mal en la relación. El tipo de conversaciones sinceras que se deben sostener para encontrar respuesta a todas las preguntas y tomar juntos las mejores decisiones informadas. El tipo de conversaciones sinceras que hace tiempo han debido sostener, pero que aún no se han atrevido.

Creo firmemente que si yo hubiera conocido antes los principios que recoge este libro, tal vez nos habríamos ahorrado mucho sufrimiento y dolor esos primeros años de matrimonio; pero quizás en aquel momento no estábamos preparados. A menudo se dice que el maestro llega cuando el alumno está preparado. Pero, incluso cuando aprendemos algo, no siempre lo ponemos en práctica. Espero que hoy sea el día en que estés «preparada», y que la lectura de este libro te ayude a sostener esa conversación sincera que has estado evitando.

Desde nuestro logro en la iglesia hasta aquel sábado por la mañana, las cosas entre mi esposo y yo habían ido de maravilla. Sin embargo, al oír el carro alejarse, sentí una punzada de pánico. Era, sin duda, una de esas ocasiones en que sabemos lo que debemos hacer, pero no lo hacemos.

En aquel momento no podía conectar los puntos. Lo que me provocó ansiedad aquella mañana no fue el viraje a la izquierda; fue que, en lo más profundo de mi ser, temía que me rechazaran. Es el miedo al rechazo lo que a menudo nos cohíbe de cosas como pedir un aumento de sueldo, comenzar un negocio o, en mi caso, hablar con sinceridad y retar a mis hijas y a mi esposo. En mi fuero interno, una parte de mí creía que, si decía cómo me sentía, me rechazarían. Esa creencia llevaba años forjándose sobre la base de patrones de pensamientos negativos.

Como verás en breve, no siempre podemos confiar en nuestros pensamientos; al menos, no al principio.

VERDAD, MÁS O MENOS...

¿Conoces el famoso concepto de la terapia cognitivo-conductual que propone: «Tus pensamientos generan tus sentimientos»? Esa frase tan trillada siempre me irrita. Digo, es verdad, pero sólo *más o menos*. No son *únicamente* los pensamientos los que generan los sentimientos; la *historia* también nos lleva a los sentimientos. Y eso tampoco es del todo verdad: es la historia, así como como el significado que le asignamos a la historia. Epícteto, el filósofo estoico, lo ha dicho mejor que nadie: «El hombre [cualquier persona de cualquier género] no se preocupa por los hechos, sino por el significado que les asigna». Volvamos al ejemplo anterior. No me enfadé porque mi esposo no girara a la izquierda, me enfadé porque interpreté su negativa como algo personal.

Pensé: *No está escuchándome.* El significado que le asigné fue que no le importaba lo que yo dijera. Y luego me conté a mí misma la historia de que a mi esposo no le importaba lo que yo dijera porque pensaba que era una estúpida. Y muy, muy, muy profundo en mi subconsciente, en ese lugar oscuro a donde nunca queremos entrar, se alojaban las historias más aterradoras. *Todos van a rechazarme. Él piensa que yo soy una estúpida y va a dejarme. Mis hijas no quieren tener nada que ver conmigo. No valgo ni para mi propia familia.*

Ahora bien, *sé* que esas historias no son verdaderas, pero esos pensamientos habitaban en alguna parte de mi ser. Habitan en todos nosotros de una forma u otra. Mientras más me repetía la escena, más vívidas se volvían esas historias en mi mente y más rabia me daba. ¿Alguna vez te has visto en una situación similar? Algo sucede que te saca por el techo. Creía que sólo pasaba porque era una chica puertorriqueña criada en Nueva York, pero no. Incluso las chicas blancas de los suburbios son culpables de permitir que sus historias las hagan perder los estribos. En mis estudios de *coaching* neurocientífico he aprendido que todos los seres humanos pasamos por eso, porque no somos capaces de controlar la inmensa mayoría de nuestros pensamientos. Y, hablando de pensamientos, ¿qué diablos es un pensamiento?

Un «pensamiento» se define como una representación mental de algo. Hay diversas teorías sobre por qué y cómo se forman los pensamientos en el cerebro, pero en lo que todos los científicos coinciden es en que la mayoría de los pensamientos ocurren de forma automática. Debes recordar esto para seguir adelante: la mayoría de los pensamientos ocurren de forma automática. ¡No puedes controlarlos! Al menos, no al principio. De nuestros pensamientos automáticos surgen historias, que a veces también son automáticas. Otras veces le asignamos intencionalmente una historia a una situación, después de tomarnos el tiempo para procesarla.

Okey, ¿y qué es una historia? Me alegra que lo preguntes.

Una «historia» es un recuento de eventos basado en nuestros pensamientos, percepciones, experiencias y creencias.

Si te gusta tomar notas, como a mí, puede que sea el momento oportuno de agarrar el rotulador y marcar esto:

Las historias que nos contamos son neutrales. No son ni buenas ni malas. Como dijo Epícteto, el *significado* que les asignamos a las historias las categoriza como buenas o malas. Los sentimientos que acompañan a ese significado asignado definen nuestra respuesta.

¿QUÉ SIGNIFICA?

¿De dónde proviene el significado?

El significado que les asignamos a nuestras historias proviene de nuestras creencias, nuestra programación y nuestras experiencias.

Creemos que uno más uno es igual a dos, que decir «por favor» y «gracias» significa que eres educada y que la niñita que es decidida en el parque infantil es una mandona, porque eso es lo que nos enseñan en la escuela. Así como nuestras creencias son algo que se nos impone inicialmente, algunas de nuestras historias también pueden habernos sido impuestas por nuestros cuidadores, maestros y líderes. Me parece escuchar a alguien decir: «No, Rachel, uno más uno es igual a dos porque eso es aritmética básica».

Okey, te escuché. Regresaremos a los hechos en un momento, pero, por lo pronto, sólo sígueme.

Imagínatelo. Año 2000 y pico. Tengo veintipocos años y llamo a mi mamá para decirle que me han diagnosticado trastorno bipolar, ansiedad y depresión en una sola sesión de terapia. Mi psicóloga en aquel momento me recetó tres tipos de estabilizadores: un estimulante, un tranquilizante y un entre medio. Mi mamá responde inmediatamente.

—Tú no necesitas nada de eso. No dejes que te mediquen —el acento puertorriqueño, que suele disimular cuando habla inglés, se desata cuando se agita—. Tú eres fuerte, Rachel —prosigue, antes de añadir en español—: No se lo digas a nadie.

¡¿Te imaginas?! Al instante me sentí avergonzada y aliviada. Avergonzada, porque interpreté que el que mi mamá me pidiera que no le dijera a nadie mi diagnóstico significaba que yo no estaba bien. Y aliviada porque, si ella estaba tan convencida de que no necesitaba medicamentos, entonces cabía la posibilidad de que tal vez no tuviera que tomarlos. Eso sucedió de verdad, y pensé: *Ella está loca o yo estoy loca, pero definitivamente una de las dos está loca de remate.*

Ahora entiendo cómo mi miedo al rechazo se ancló —que es otra forma de decir que se cimentó, se arraigó— por el hecho de que mi madre me pidiera que no hablara con nadie de mi diagnóstico. Entiendo cómo mi subconsciente interpretó el que me pidiera que guardara el secreto como si la consecuencia de contárselo a otros pudiera ser que me rechazaran. Después de todo, ella misma acababa de rechazar mi diagnóstico y, en mi mente, significaba que me rechazaba a *mí*. Éso sembró una semilla en lo profundo de mi mente y creó un miedo al rechazo que se manifestaría una y otra vez a lo largo de mi vida. ¿Te resulta familiar? ¿Qué —si algo— ha aflorado hasta este momento? Al reflexionar ahora, ¿puedes recordar algún hecho aparentemente insignificante de tu vida que te haya provocado el miedo al rechazo que tal vez aún llevas a cuestas?

Esa conversación con mi madre y la historia que construí a raíz de ella confirma lo que la ciencia ha demostrado: tanto nuestras creencias como nuestras historias pueden modificarse en cualquier momento y a cualquier edad. Por eso, como verás en el Capítulo 2, es tan importante que definamos nuestra identidad. Si tu identidad está bien definida, las historias y creencias de los demás influirán menos en ti o te afectarán menos, y te guiarás más por los deseos de tu alma y tu corazón.

Ahora que lo pienso, si en aquel momento hubiera sabido lo

que estoy a punto de invitarte a hacer, habría retado a mi madre con compasión. Le habría preguntado qué significaba para ella mi diagnóstico. Le habría pedido que me explicara su miedo de que se lo contara a otros. Y, sin duda, le habría dicho que no importaba que no entendiera mis decisiones. Pero, claro, después del hecho todo se ve más claro. Ahora mis conversaciones casi diarias con mamá son muy diferentes, y espero que, después de leer este libro, las tuyas también lo sean.

Prosigamos, pues hay algo más que debes saber sobre los pensamientos, las historias y los significados.

NAVEGA MÁS DESPACIO

Piensa. ¿Alguna vez te has encontrado navegando por las redes sociales y, al cabo de unos minutos, te has puesto de mal humor? No sabes bien por qué, pero de pronto estás de mal humor. Lo más probable es que estuvieras contándote una historia de forma subconsciente.

Quizás viste que alguien publicó que estaba celebrando un triunfo, un ascenso en el trabajo o un aumento significativo en las ventas de su negocio. A nivel consciente, no le diste mucha importancia, pero ver esa celebración activó un pensamiento subconsciente sobre tu propia carrera o tu negocio, y tus carencias en ese renglón de tu vida. Te cuentas a ti misma una historia de por qué esas personas triunfan y tú no. Casi automáticamente, y sin duda de forma inconsciente, le asignas un significado a esa historia —que eres inadecuada o que no vales lo suficiente— y te sientes malhumorada al salir de la aplicación. Luego dejas que ese mal humor determine tu día con tus seres queridos y tus colegas.

Así es una historia cíclica:

ACCIÓN ——▶ PENSAMIENTO ——▶ SIGNIFICADO ——▶
SENTIMIENTO/EMOCIÓN ——▶ CONDUCTA ——▶ ACCIÓN/SUCESO

Dado que los pensamientos son automáticos, no es mucho lo que podemos hacer para controlarlos. Pero podemos influir en las historias que nos contamos sobre nuestros pensamientos y, sobre todo, en el significado que les asignamos a esas historias. ¡Sí tenemos el poder de evitar que una simple visita a las

OPORTUNIDAD DE ALINEAMIENTO

La próxima vez que te encuentres navegando por las redes sociales, presta atención a cómo te sientes y reta esas emociones. Pregúntate lo siguiente:

¿Qué siento?

¿Por qué me siento así?

¿Cuándo fue la última vez que me sentí así?

¿Qué vi?

¿Qué pensé?

¿Qué historia me conté?

Claro, podrías empezar por no abrir la aplicación, lo cual sería una gran oportunidad para darte cuenta de cuánto puedes influir en tu propia vida. Pero, a veces (¡como cuando mi esposo no dobló a la izquierda!), la acción que inicia una historia cíclica está fuera de tu control. Por tanto, la clave está en saber identificar cómo funciona el ciclo y romperlo cuando sea necesario.

redes sociales se convierta en un mal humor que dure todo el día, incluso toda la semana! (P. D. Esas historias cíclicas negativas te mantienen estancada y no te permiten actuar sobre tus metas y tus sueños). Lo bueno es que no todas las historias cíclicas son negativas, y te lo voy a demostrar.

El concepto de historias cíclicas no lo creó Rachel Luna, aunque me encantaría llevarme todo el crédito, porque me parece genial. La verdad es que he adaptado el modelo del Dr. Albert Ellis y le he añadido un poco de mi propia sazón. Las historias cíclicas son algo así:

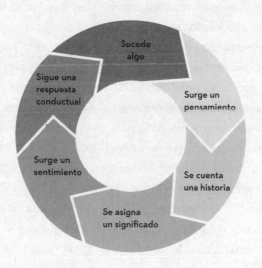

SUCEDE ALGO ⟶ TE SURGE UN PENSAMIENTO ⟶ TE CUENTAS UNA HISTORIA (CONSCIENTEMENTE O NO) ⟶ LE ASIGNAS UN SIGNIFICADO A ESA HISTORIA (CONSCIENTEMENTE O NO) ⟶ EXPERIMENTAS UN SENTIMIENTO (ESO PUEDE OCURRIR ANTES DE QUE SEAS CONSCIENTE DE TUS PENSAMIENTOS) ⟶ RESPONDES CONSCIENTEMENTE O REACCIONAS INCONSCIENTEMENTE ⟶ SUCEDE OTRA COSA Y EL CICLO CONTINÚA

El «modelo ABC» original del Dr. Ellis (acciones, creencias, consecuencias) no toma en cuenta que nuestros patrones de pensamiento son los que refuerzan nuestras creencias. Expandir su modelo nos ayuda a comprender mejor lo que sucede en nuestra mente.

Aunque este patrón típico ilustra una historia consciente, es muy probable —como en el ejemplo de las redes sociales— que seas consciente de tus sentimientos y emociones antes de darte cuenta de que en tu mente se está repitiendo una historia. A lo largo de todo el proceso, el cerebro hace lo que está diseñado para hacer: proveer significados. No quiero que esto se convierta en una extensa disertación sobre el cerebro, pero me parece útil y hasta consolador saber que muchas de nuestras conductas tienen una explicación científica. El cerebro está programado para la supervivencia; busca patrones en nuestros pensamientos y nuestra conducta para crear automatizaciones que nos hacen más eficientes. Una herramienta de supervivencia primaria es entendernos unos a otros, pero para entender a los demás primero debemos entendernos a nosotros mismos. Por eso me encanta estudiar el funcionamiento del cerebro e intercalaré algunas gotitas del saber a lo largo del libro. Porque #TheMoreYouKnow.

Para ilustrarlo mejor, te presento un desglose de mi propia historia cíclica basada en el ejemplo de mi esposo que usé antes.

Al ver esto, recuerdo cómo mi historia *Nadie me escucha* se ha repetido una y otra vez, no sólo con mi esposo, sino con otras relaciones en mi vida. Muchas veces he lamentado que *Mis hijas no me escuchan*. Tal vez nunca te hayan surgido los pensamientos que me han surgido a mí, pero ¿tienes alguna historia cíclica? ¿Cuándo fue la última vez que las cosas no salieron como esperabas? ¿Has deseado algo, pero no lo has podido comenzar o concluir? ¿Cuándo has tenido que morderte la lengua? Vamos, estoy segura de que se te ocurre algo.

SUCEDIÓ ALGO ────────▶	Mi esposo no me hizo caso o no viró a la izquierda cuando se lo dije.
ME SURGIÓ UN PENSAMIENTO ───▶	Vamos a pasarnos la esquina.
ME CONTÉ UNA HISTORIA ────▶	Nunca me escucha.
LE ASIGNÉ UN SIGNIFICADO A MI HISTORIA ────▶	No me escucha porque piensa que yo soy una estúpida.
EXPERIMENTÉ SENTIMIENTOS ───▶	Me sentí molesta, lastimada y rechazada.
REACCIONÉ A MI HISTORIA ───▶	Tuve un exabrupto emocional o insistí en que regresáramos a casa.

Llena la historia cíclica a continuación. Pon todos los detalles que puedas. A veces no vemos lo importante porque nos quedamos en la superficie.

¿QUÉ SUCEDIÓ?

¿QUÉ PENSASTE?

¿QUÉ HISTORIA TE CONTASTE?

¿QUÉ SIGNIFICADO LE ASIGNASTE A TU HISTORIA?

¿CÓMO TE SENTISTE?

¿CÓMO RESPONDISTE O REACCIONASTE?

Ahora reflexiona sobre estas preguntas:

¿Qué notaste mientras llenabas la historia cíclica?

¿Notas un patrón de pensamiento o una historia que se repite en tu vida?

¿Notas una tendencia en tus emociones?

A menudo, cuando intentamos «mantener una actitud positiva» tratamos de ignorar los sentimientos que suscitan esas historias a nivel inconsciente. Éso, a su vez, nos deja con una sensación de pesadez, tristeza, falta de motivación y otras bajas vibraciones. Sin embargo, para vivir en la libertad de ser la máxima expresión de tu ser, debes (debo, debemos) prestar atención a esos pequeños detonadores, languidez súbita u otras emociones aparentemente inexplicables. Cuando lo hagas, quizás descubras que te sientes inadecuada, rezagada o, como me dijo una clienta, que «te quedas corta», no porque en realidad lo seas o lo estés, sino porque tú misma te has contado una historia que no te sirve.

━━━ **EXHORTACIÓN** ━━━

NO TE PREOCUPES SI NO SE TE OCURRIÓ NADA INMEDIATAMENTE. ES NORMAL OPONER UN POCO DE RESISTENCIA DE VEZ EN CUANDO. MARCA ESTA PÁGINA Y PONTE UNA NOTA PARA REGRESAR A ESTA SECCIÓN. HAZ ESO CADA VEZ QUE TE SIENTAS ATASCADA EN UN EJERCICIO, Y COMPROMÉTETE CONTIGO MISMA A REGRESAR Y COMPLETARLO.

¿CUÁL ES TU HISTORIA?

Debo decirte que no importa cómo haya sido tu vida hasta ahora, te aseguro que tienes una historia. Lo más probable es que tengas muchas. Y, lo que puede ser más aterrador aún, abrigas una creencia oculta de que la historia que no has querido admitir es cierta. *¡Uf!* Te comprendo. Me encojo cada vez que pienso en mis propias historias y creencias. Pero he trabajado con cientos de clientas de todo tipo. Mis favoritas son las que me dicen: «No tengo una historia. He vivido una vida bastante aburrida. No soy tan interesante». Cuando mis clientas por fin empiezan a ser sinceras consigo mismas, cuando dejan de decir «Eso ya lo sé», y acceden a hacer lo que les toca, siempre aparece una historia. Las personas que logran más y experimentan las mayores transformaciones son las que están dispuestas a afrontar los miedos que han tratado de superar a toda costa.

Alerta de *spoiler*: no puedes superar un miedo que no estés dispuesta a afrontar.

Tu misión es llegar al punto de conciencia plena y seguir adelante. Los resultados requieren acción y a ti te toca hacer lo que te corresponde.

MARCO PARA LA LIBERTAD

Aquel sábado, en vez de seguir carcomiéndome en mi rabia y mi frustración con mi esposo y el viraje a la izquierda que no hizo, invertí mi tiempo en tratar de entender lo que ocurrió desde el desayuno hasta el momento en que escuché a mi esposo alejarse en el carro. Pasé por el mismo proceso por el que hago pasar a mis clientas cuando algo no anda bien en sus vidas. Ahora quiero guiarte por ese proceso.

PRIMER PASO: RECONOCE LA HISTORIA CÍCLICA. La conciencia plena es crucial. Si no reconoces y aceptas que estás metida en un ciclo, no podrás cambiar nada. Y tu deseo de vivir mejor quedará insatisfecho. Es decir, te quedarás estancada ¡y sé que eso no es lo que deseas!

SEGUNDO PASO: IDENTIFICA LOS HECHOS. Este paso es absolutamente necesario para la libertad. Separa los hechos de la historia o las historias que construiste en torno a los eventos. Esto te permitirá crear una experiencia totalmente nueva, no sólo en la relación con las personas que te rodean, sino también en la relación más importante de todas: tu relación contigo misma.

Aprendí el concepto de separar los hechos de las historias en un seminario de desarrollo personal hace varios años. Los facilitadores pasaron tres días guiando a los participantes en el proceso, pero este Marco para la Libertad acorta el viaje. Cuando guío a mis clientas en el proceso, empiezan a experimentar logros en apenas veinte minutos. He acortado la brecha para que, cuando te sientas insegura y llena de dudas, puedas completar este proceso rápidamente y llegar a la mejor versión de ti misma. Ya sabes, la versión de ti misma que está lista para salir a escena, pero que suele quedarse tras bastidores. *Esa tú.*

Actúa ahora y recuerda que no debes evaluar un solo hecho o una sola historia. Según vayas leyendo este libro, te exhorto a que observes todos los aspectos de tu vida y develes las historias y los hechos de cada situación, tanto del pasado como del presente; aspectos como el dinero, la salud, las relaciones y hasta los sueños que abandonaste hace tiempo.

━━━ IDENTIFICA LOS HECHOS ━━━

ESTO ES FUNDAMENTAL PARA CREAR UNA
EXPERIENCIA TOTALMENTE NUEVA CON LA RELACIÓN
MÁS IMPORTANTE DE TODAS: NUESTRA RELACIÓN
CON NOSOTRAS MISMAS.

———————————————————————— #PermisoParaOfender ——

Por lo pronto, escoge un evento específico. Identifica la historia y separa los hechos.

¿Qué sucedió?

¿Cuál es la historia?

El hecho es que:

El hecho es que:

El hecho es que:

A continuación, te muestro el ejemplo de cómo mi clienta Jenn* completó este paso. Jenn tiene un negocio lucrativo por internet y tiene la esperanza de convertirlo en un pequeño imperio. Según la mayoría de los estándares, Jenn es «exitosa», pero hasta ella tiene historias que la limitan. Veamos.

¿Ves las historias recurrentes en el ejemplo de Jenn? Noté que el miedo a que la juzguen era el protagonista de su historia. También noté que le preocupaba el tiempo que le tomaría hacerse más visible.

———————————————

* Los nombres han sido cambiados para proteger la privacidad de las personas.

¿QUÉ SUCEDIÓ?

No me estoy dejando ver. Trabajé mucho en la visibilidad por los últimos años y creía que cada vez era más visible pero, justo cuando mi negocio está subiendo de nivel, inconscientemente he vuelto a esconderme. ¿Qué carajo me pasa? En este momento soy dueña de un negocio que produce ganancias de seis cifras. Tengo metas financieras muy altas y ahora que estoy esforzándome por alcanzarlas, vuelvo a esconderme. Al principio, la excusa era: «Estoy demasiado ocupada con mis clientes». Luego fue: «No me apetece hacerlo». Así que abrí un poco mi agenda y contraté a una administradora de redes sociales que puede escribir muy bien con mi voz. Pero tengo que dejarme ver y crear historias y *reels* y transmitir en vivo y no lo estoy haciendo. ¿Por qué?

¿CUÁL ES LA HISTORIA?

Hacerme más visible significa que me van a juzgar más. Requiere tanto esfuerzo y toma tanto tiempo. Me juzgarán y dejaré de gustar o la gente pensará que soy un fraude. Además, veo cómo juzgan a otras personas exitosas y no quiero que me juzguen o hablen de mí. La visibilidad requiere mucho esfuerzo y demasiado tiempo.

EL HECHO ES QUE:

Soy dueña de un negocio que produce ganancias de seis cifras.

EL HECHO ES QUE:

Me gusta gustarle a la gente y quiero gustarle a la gente. No quiero que me juzguen.

EL HECHO ES QUE:

A otras personas exitosas las juzgan. Las otras personas exitosas a las que veo que juzgan han logrado mucho de lo que yo quiero lograr.

EL HECHO ES QUE:

Es verdad que toma tiempo. Yo decido el tiempo que le dedique a la visibilidad.

Ahora te toca a ti. Si eres como yo, no hiciste tu trabajo y fuiste directo a la historia de Jenn, porque te gustan los ejemplos. Pues ya que viste su ejemplo en acción, ahora tienes que entrar en acción. Recuerda que las cosas no mejoran ni se quedan como están si no haces nada. En cambio, ¡empeoran! Por tanto, date la oportunidad de luchar y haz algo.

¡Bravo! Lo lograste (o eso me digo a mí misma). Ahora fíjate en la diferencia entre tu historia y los hechos. Qué poderoso, ¿verdad? Ya que tienes esa destreza, puedes utilizarla para seguir adelante, desglosar las historias que surjan y examinarlas, simplemente diciendo: «El hecho es que...». Luego piensa o escribe lo que sucedió de verdad. No cómo te sentiste. No lo que pensaste que significaba. No lo que crees que intentaba hacer la otra persona. Sólo los hechos.

TERCER PASO: CUESTIONA LA HISTORIA. Ya que has identificado y separado la historia o historias, es el momento de cuestionarla. Valida o descarta cada historia con las siguientes preguntas:

¿Ésto es verdad?

¿Qué pruebas tengo para validar o descartar esta historia?

¿Mis pruebas son racionales o irracionales?

Así respondió Jenn en el tercer paso:

¿ESTO ES VERDAD?

¿Me juzgarán? Sí.

¿Le gustaré a todo el mundo? No.

¿QUÉ PRUEBAS TENGO PARA VALIDAR O DESCARTAR ESTA HISTORIA?

Las personas juzgan. Pero eso es asunto suyo, y a ellas les toca resolverlo.

Aun cuando no me dejo ver, hay personas a quienes no les gusto. Hacerme más visible no cambiará eso y tampoco necesito gustarle a todo el mundo.

No soy para todo el mundo. No necesito miles de clientes. Hay un límite de clientes a quienes puedo ofrecerles mis servicios de publicidad individualizados.

¡Oooh! ¿Notaste ese cambio? Aún no hemos terminado con el Marco para la Libertad y ya la forma de pensar y la actitud de Jenn están cambiando. ¿Ves cómo removió su filtro y declaró que si los demás la juzgan es asunto de ellos y a ellos les toca resolverlo? ¿Y viste cómo no le dio miedo ni vergüenza declarar que ella no es para todo el mundo? ¡Bravo, Jenn!

Ahora inténtalo tú. Empieza el cambio aquí y ahora.

LA CLAVE DE LA CLARIDAD ES LA CURIOSIDAD.

#PermisoParaOfender

La clave de la claridad es la curiosidad[*]. Mientras más curiosidad sientas por lo que experimentas en tu día a día, e identifiques

---

[*] Cita de origen desconocido. No es «de Rachel Luna».

el pensamiento, el sentimiento y la historia subyacentes a los eventos, más pronto te hallarás en un nuevo camino hacia la libertad emocional. Una de las razones por las cuales no hablamos antes o nos privamos de hacer cosas que se alineen con nuestros deseos es que nos encontramos atrapadas en los callejones sin salida de la confusión. Por tanto, te exhorto a que aproveches y completes todas las oportunidades de alineamiento que te ofrece este libro. Sé lo fácil que es saltárselas y decirte que lo harás después, pero, si quieres claridad y conexión con tu verdad, vale la pena que saques el tiempo para hacer lo que te corresponde *ahora*.

CUARTO PASO: ESCOGE TUS CREENCIAS. Recuerda que la mayoría de tus pensamientos son automáticos, pero ¿sabías también que muchos de tus pensamientos automáticos son producto de tus creencias más arraigadas? Un poco más adelante examinaremos esas creencias arraigadas y el importante papel que desempeñan en tu capacidad de darte permiso para ofender; por el momento, te presento lo que te hace falta saber para completar este paso del Marco para la Libertad.

Las creencias son una *opción*. Un fascinante artículo sobre la bioquímica de las creencias, publicado en el *Indian Journal of Psychology*, postula: «Tenemos el poder de escoger nuestras creencias. Nuestras creencias se convierten en nuestra realidad»[*]. Una vez completes estos tres primeros pasos del Marco para la Libertad, podrás escoger qué quieres creer de ahora en adelante.

Eso me recuerda a otra de mis clientas, Danielle. Llegó a mí porque estaba luchando por montar su negocio y le asustaba

---

[*] T.S. Sathyanarayana Rao, M.R. Asha, K.S. Jagannatha Rao y P. Vasudervaraju, «The Biochemistry of Belief», *Indian Journal of Psychology* 51, no. 4 (2009): 239-41, https://www.ncbi.nlm.nih.gov/pmc/articles/PMC2802367/ [Traducción de la editorial].

algo que no era capaz de precisar. Cada vez que agarraba un poco de impulso, pasaba algo que la frenaba. Estaba estancada en un ciclo de arranques en falso que le destruía el alma.

En una de nuestras sesiones, recordó algo de su niñez. Era el día en que su hermano cumplía cuatro años, y cuando llegó el momento de cortar el bizcocho, la mamá de Danielle sirvió unos trozos más grandes que otros. Nada grave, ¿verdad? Pero hubo un pequeño problema; a su hermano le tocó un pedazo más grande que a Danielle, y para ella, que en aquel momento tenía ocho años, eso fue algo *muy grave*.

—¿Qué sentiste? —le pregunté.

—Sentí que no valía lo suficiente; que ella lo quería más a él que a mí —respondió.

Antes de esa sesión, Danielle no había sido capaz de precisar por qué, durante su desarrollo, nunca sintió que valía lo suficiente. Siendo la niña de ocho años a quien le habían dado el pedazo de bizcocho más pequeño, Danielle decidió, en ese momento, que sus padres querían más a su hermano que a ella. Él era especial. Ella era insignificante. Danielle siempre creyó que tenía que hacer más para demostrarles a sus padres lo que valía.

Ése fue un momento definitivo que generó la historia que Danielle se contaría a sí misma una y otra vez. Esa narración determinaría sus pensamientos y acciones por más de una década. Cada vez que terminaba una amistad, perdía una oportunidad de trabajo o discutía con su esposo, Danielle regresaba de inmediato a su historia de que no valía lo suficiente. Hasta que conoció el Marco para la Libertad.

Después de completar estos pasos, Danielle tuvo que tomar una decisión. Podía escoger entre seguir creyendo que sus padres querían más a su hermano que a ella o pensar que su mamá simplemente cortó algunos pedazos más grandes que otros.

Aunque las nuevas creencias no se convierten en pensamientos automáticos de la noche a la mañana, con el tiempo y el debido refuerzo pueden arraigarse y ayudarte a crear una nueva realidad. A la larga, llegaremos al final del camino y tendremos que escoger entre hacer lo que nos corresponde o dejar que el miedo siga triunfando. Danielle escogió lo primero —hacer lo que le correspondía— y su vida mejoró por completo.

Y, por si te lo estás preguntando, te voy a decir cómo la curiosidad ayudó también a Jenn a completar el cuarto paso del Marco para la Libertad y escoger su creencia:

Lo que la gente piense de mí no es asunto mío. Quiero que me vean y ser vulnerable. Quiero hacerme más visible.

Decido enérgicamente hacerme más visible.

Creo que cuando me muestre tal como soy, la gente que me conviene querrá trabajar conmigo.

Así mismo, se enfrentó a la idea de que le tomaría tiempo:

Sí, crear contenido toma tiempo. ¿Puedo planificar mi tiempo? Sí, puedo hacer una agenda. ¿Puedo contratar a alguien que me ayude a planificar y facilitarme el trabajo? Sip.

Después de completar el Marco para la Libertad en torno a su historia de visibilidad, Jenn me contó que ese esfuerzo la ayudó a decidir hacerse más visible de nuevo. Dijo: «¡Esto es grandioso! Llevaba meses sin dejarme ver. Ahora me dejo ver».

Me pregunto qué decidirás tú cuando seas libre.

ACTIVAR LA VERDAD

Desafortunadamente, y a menudo en detrimento nuestro, confundimos la verdad con los hechos.

Un *hecho* es algo que no se puede refutar.

La *verdad* puede incluir algunos hechos, pero las creencias y la percepción también pueden influir en ella.

Por eso podemos ver ambas caras de un mismo argumento. La percepción influye en la realidad.

Constantemente nos contamos historias que apoyan nuestras creencias y las llamamos verdades. ¿Esas verdades son hechos? A veces sí, a veces no. Pero más importante aún es que te preguntes: *¿esas historias que he creado acerca de los hechos de mi vida me sirven o me están haciendo daño?* Volvamos a Danielle y el pedazo de bizcocho. La historia que se contó a sí misma impactó su vida negativamente por más de una década. A menudo luchaba contra sus sentimientos de inferioridad. Esa historia era lo que le impedía comenzar su negocio y lograr la estabilidad y libertad financieras que anhelaba para su familia. En el caso de Danielle, su historia le hacía más daño que los hechos.

Por otro lado, algunas historias nos sirven. Tomemos el ejemplo de Nicole. De niña, Nicole tenía un trastorno de déficit de atención (TDA) no diagnosticado. En la escuela no podía estarse quieta y siempre se sentía frustrada. Su inquietud e intranquilidad eran hechos. Un día, después de ver una película sobre un niño que era un genio autista, Nicole decidió que ella también era un genio autista. Ésa fue la historia que se contó a sí misma sobre su intranquilidad y su frustración. Cuando las maestras les sugirieron a los padres de Nicole que la medicaran, Nicole se negó. Rechazó el diagnóstico y les insistió a sus padres que no tenía TDA. Por el contrario, escogió creer su propia historia sobre sus síntomas: que era un genio autista. Completó la escuela primaria, secundaria y superior sin tomar ningún medicamento, y hasta el sol de hoy Nicole continúa navegando por la vida sin medicamentos recetados. Es altamente funcional y administra un negocio que rinde ganancias de siete cifras. Aunque ya no insiste en que es un genio autista, Nicole pudo sacar provecho de la historia que le servía mejor. Gracias a esa historia, Nicole aprendió a trabajar *con* su déficit de atención, en vez de verlo como un impedimento. Así fue como activó su verdad.

Permiso

Me doy permiso para amplificar las historias que me sirvan mejor.

#PermisoParaOfender

Tú también tienes la oportunidad de activar tu verdad cuando *escoges* las historias que quieres creer. El Marco para la Libertad que acabamos de completar te ayudará a lograr eso. Según amplifiques esas historias, comenzarás a notar cómo cambia tu nivel de confianza en ti misma y, por ende, *tu vida*.

COTEJO DE SENSIBILIDAD: como alguien a quien le han diagnosticado TDA y ansiedad, conozco muy bien el estigma de la salud mental y los medicamentos asociados a ella. No estoy ni a favor ni en contra de que cada cual tome lo que le haga falta para funcionar al máximo de su capacidad. Mi intención al compartir la historia de Nicole es ilustrar dos cosas: 1) cómo una historia puede ayudarte y 2) lo poderosa que puede ser la mente una vez que escoge creer una historia. Dicho esto, si estás tomando medicamentos en este momento, por favor, no intentes dejar de hacerlo sin consultar a tu médico.

Recuerda que estás aprendiendo el estilo de vida de *Permiso para ofender* y, como tal, puedes tener la tranquilidad de que el TDA, el trastorno de ansiedad, la depresión, el perfeccionismo o cualquier otra cosa con la que hayas estado luchando sólo significan lo que tú quieras que signifiquen.

ENFRENTAR MIS PROPIOS HECHOS

Según reflexionaba sobre lo que había ocurrido aquel sábado por la mañana entre mi esposo y yo, pude ver con facilidad que ignorar mis sentimientos y las señales sutiles de mi subconsciente fue lo que provocó mi exabrupto.

Mi historia había comenzado esa mañana cuando las nenas trajeron sus *laptops* a la mesa. (En aquel momento, no les permitíamos a nuestras hijas tener teléfonos, así que se sentaban a la mesa con sus computadoras portátiles). Mis bebés, absortas en sus pantallas, apenas nos miraron a mí y a mi esposo durante el desayuno. Ambos nos sentíamos incómodos, pero ninguno quería ser el malo de la película y decirles a las niñas que dejaran los aparatos y estuvieran presentes con la familia; sobre todo, porque ambos padecíamos una culpabilidad crónica por pasar demasiado tiempo en el teléfono. Ésa fue la primera señal.

No dijimos nada, pero experimentamos sentimientos encontrados. Yo me contaba a mí misma la historia de que era una mala madre por dejar a mis hijas usar sus computadoras en la mesa. Esa historia dio pie a una avalancha de emociones negativas que fueron amontonándose según avanzaba la mañana. ¿Cuántas veces has sentido algo, pero lo has ignorado por no crear un problema y, sobre todo, por sentir que no tienes la fuerza moral para hacerlo?

Cuando sugerí que saliéramos de casa y fuéramos al mercado, las nenas hicieron lo que suelen hacer las preadolescentes: se quejaron y nos suplicaron que nos quedáramos en casa para jugar con sus amiguitas. No puedo hablar por mi esposo, pero sí puedo decir que me sentí rechazada por mis hijas y molesta conmigo misma por no haber impuesto límites más estrictos con relación a los aparatos electrónicos desde el principio. Una vez más estaba contándome historias acerca del tipo de madre que era. Según se desarrollaban esas historias subconscientes, mis emociones se exacerbaban. Pero, en vez de reconocerlas, seguí suprimiéndolas.

Fue algo así:

SUCEDIÓ ALGO	Las nenas llegaron a la mesa con sus *laptops* y apenas nos miraron.
ME SURGIÓ UN PENSAMIENTO	No quiero ser la mala de la película que les dice que no usen los aparatos.
ME CONTÉ UNA HISTORIA	Estamos perdiendo momentos preciosos con las nenas.
LE ASIGNÉ UN SIGNIFICADO A MI HISTORIA	Dejar que mis hijas traigan sus aparatos electrónicos a la mesa significa que soy una mala madre.
EXPERIMENTÉ SENTIMIENTOS	Sentí tristeza, rabia, frustración y rechazo.
REACCIONÉ A MI HISTORIA	Busqué una conexión sugiriendo que saliéramos de casa y fuéramos al mercado.

El ciclo continuó.

SUCEDIÓ ALGO ⟶	Las nenas se quejaron de la sugerencia de salir de casa.
ME SURGIÓ UN PENSAMIENTO ⟶	No entiendo por qué todo es una lucha con estas niñas.
ME CONTÉ UNA HISTORIA ⟶	Lo único que hacen es esconderse o quejarse en vez de querer estar con nosotros.
LE ASIGNÉ UN SIGNIFICADO A MI HISTORIA ⟶	Estoy fallando como madre.
EXPERIMENTÉ SENTIMIENTOS ⟶	Sentí decepción, frustración y rechazo.
REACCIONÉ A MI HISTORIA ⟶	Reprimí la emoción (consciente o inconscientemente) y el resentimiento empezó a surgir.

¿Recuerdas que, hace poco, usamos el ejemplo de la navegación por las redes sociales y te exhorté a sentir curiosidad por tus emociones? Ésta es la razón. A menudo las cosas que parecen pequeñas se convierten en catalíticos que se manifiestan en algo más grande.

Al contemplar todo lo que había sucedido, reconocí que fue la suma de todas esas pequeñas historias, además de la gota que colmó la copa —que mi esposo no virara a la izquierda—, lo que suscitó mi reacción explosiva. Una vez que lo vi de ese modo, la volatilidad de la situación disminuyó de manera considerable.

Ojalá pudiera decirte que con sólo identificar los hechos todo terminó bien con mi esposo cuando regresó a casa de su paseo, pero no fue exactamente así. Fíjate que no completé todo el Marco para la Libertad. Me quedé en el segundo paso y no me tomé la molestia de cuestionar mis historias o escoger nuevas creencias. Esto fue lo que pasó en realidad. Cuando regresó, mi esposo de inmediato se encerró en nuestra habitación. Aunque había identificado los hechos de mis historias, aún no había procesado del todo la raíz de mi rabia. En mi estilo típico de latina impetuosa, entré en la habitación como un tornado.

—¡Mira! Llevo todo este rato contándome historias de lo que sucedió hoy y necesito saber cuál es la verdadera —dije—. Las historias que me he estado contando son que tú piensas que yo soy una estúpida y que no te importa lo que yo diga. ¿Cuál es la verdadera? ¿Crees que soy una estúpida o simplemente no te importa lo que diga?

Lo miré con impaciencia mientras se acostaba en la cama, entre sorprendido e irritado.

—Bueno, en primer lugar —dijo con calma—, *tú* te estás contando a ti misma esas historias y ambas son falsas, así que piénsalo mejor.

Años atrás, ese intercambio habría escalado rápidamente y ambos habríamos reaccionado de forma pasivo-agresiva, tirando puertas o descargando nuestra frustración en la vajilla sucia. Nada como una pelea para limpiar la casa. *¿Verdad?*

Pero esta vez mi esposo afrontó mi rabia con paciencia y con un grado de inteligencia emocional que nunca había visto en él. Mi esposo tenía razón. Me estaba contando a mí misma esas historias y ninguna era verdadera. Si me hubiese tomado el tiempo de completar el Marco, yo misma habría descartado mis historias.

—No es la primera vez que ocurre. Muchas veces siento que te digo algo y no me haces caso, sobre todo cuando vamos en el carro. Nunca me escuchas, ni siquiera cuando te digo lo que dice el GPS. Siento que piensas que soy una estúpida —le expliqué.

Por los siguientes cuarenta y cinco minutos, mi esposo y yo pudimos sostener una conversación abierta, sincera y significativa. Ése era el tipo de intimidad y conexión que yo anhelaba hacía años, en las primeras etapas de nuestro matrimonio, pero lo había evitado porque me asustaba parecer una esposa cantaletera. No quería complicar las cosas, así que dejé que el peso de mi silencio y mi resentimiento casi nos hundiera.

Ese sábado en la noche, la conversación terminó en la cama con besos y abrazos, y una buena sesión haciendo el amor como dos adolescentes después una pelea. Identificar los hechos nos llevó a activar el amor y la compasión.

La razón por la que mi esposo y yo pudimos navegar por esa experiencia del sábado por la mañana y terminar besándonos y abrazándonos en la cama fue que ambos estuvimos dispuestos a identificar nuestras historias y darnos permiso para ofender al otro desde nuestra propia verdad individual. Enfrentarme a mi miedo al rechazo haciendo algo que pensaba que lo alejaría (no disculparme por cómo me sentía y comunicar esa frustración) fue lo que nos acercó.

He visto a mucha gente —y no sólo a mujeres— negar sus propios sentimientos por no complicar las cosas. Inventan excusas y se prometen hablar del asunto «en un momento más oportuno». Sin duda, eso puede darte paz por un rato, pero al final sólo empeora las cosas. Según se acumulan el dolor y el resentimiento, lo que te molesta también se acumula. A la larga, lo que queda es una relación fracturada, en la que ambas partes se ven limitadas para desarrollar todo su potencial personal y el de su relación. ¿Eso es lo que deseas? ¿Sentirte asfixiada e insatisfecha? No creo. Has sido convocada a mucho más por el mero hecho de que tu espíritu te ha traído hasta aquí. No creo en las coincidencias, sino en los designios divinos. Es posible que sientas miedo, pero estás lista para hacer esas cosas que has evitado hacer por temor a lo que otras personas puedan pensar o sentir, o a cómo puedan responder. Espero, según avancemos juntas en este viaje, que las historias que voy a compartir contigo te inspiren a actuar, a hacer los ejercicios de cada capítulo y a darte permiso para ofender. Si alguna vez has ido al quiropráctico, has tomado una clase de estiramientos o has hecho cualquier otro tipo de actividad de alineación corporal, sabes que no siempre es fácil, pero que la libertad resultante bien vale la incomodidad momentánea.

Sospecho que, si me hubiera tomado el tiempo de completar el Marco para la Libertad y hubiera escogido una nueva creencia, nuestro encuentro en la habitación no habría sido tan explosivo como lo fue al inicio. Pero espero que mi error te inspire a no saltarte ningún paso, aunque te parezca justificable en el momento.

PRECAUCIÓN, BELLEZA; MÁS ADELANTE ENCONTRARÁS RESISTENCIA

Voy a ser franca; es posible que el Marco para la Libertad no sea tan fácil como parece. Puede ser que, a nivel consciente, tu mente avale tus esfuerzos, y que hasta asientas con la cabeza según lees este libro y haces los ejercicios, pero puede ser que tu subconsciente oponga resistencia. No te preocupes, es normal. Te recuerdo que es probable que este libro te haga sentir incómoda muchas veces. No tienes que aceptar del todo lo que comparto aquí contigo. Después de todo, una de las metas más importantes del trabajo que haremos juntas es ayudarte a fortalecer tu identidad y tus creencias, hasta el punto en que no dejes que nada ni nadie te influencie en contra de tu voluntad. Toma lo que necesites, aplica todo lo que puedas y escojas. Mantente comprometida con el proceso, estás aquí por un motivo. Te invito a defenderte a ti misma, a cruzar la línea de fuego por tu verdad. Tu logro espera por ti, pero requiere dedicación. Trabajaremos juntas. Estoy aquí contigo.

Y recuerda ceñirte a los hechos. Si tienes que contar alguna historia, que sea la que te sirva mejor.

¿Estás lista para contarte una historia diferente? El libro de los Proverbios dice: «La lengua puede traer vida o muerte» (Proverbios 18:21, NTV) y la ciencia ha demostrado los beneficios que trae decir nuestras afirmaciones en voz alta[*]. Si la ciencia y la espiritualidad pueden estar de acuerdo en cuanto a los beneficios de decir tus afirmaciones en voz alta, creo que puedo decir, sin miedo a equivocarme, que vale la pena intentarlo. Así que, antes de seguir, te invito a que digas esto en voz alta:

AFIRMACIÓN

SOY UNA PERSONA QUE DESCUBRE HECHOS Y DICE VERDADES.

#PermisoParaOfender

---

[*] Claude M. Steele. «The psychology of self-affirmation: Sustaining the integrity of the self». *Advances in Experimental Social Psychology*, 21, no. 2 (1988): 261-302.

Si te pareces en algo a mí, puede que te sientas extraña o ridícula al decir una afirmación en voz alta. No importa. Mientras más practiques y *creas* la afirmación, más naturalmente te saldrá.

PRINCIPIOS PARA ACTIVAR TU VERDAD

- Las historias en sí mismas son neutrales. Una historia no es buena ni mala. Es el *significado* que asignamos a nuestras historias lo que rige las emociones y las etiqueta de «buenas» o «malas».
- La mayoría de los pensamientos ocurren de forma automática.
- Las historias pueden ser conscientes o subconscientes.
- Nos contamos historias para apoyar nuestras creencias.
- Puedes escoger aceptar o rechazar una historia en cualquier momento.
- Presta atención a los sentimientos que parecen surgir de la nada. Son un indicio de que las historias están repitiéndose bajo la superficie.
- Identificar los hechos, separar las historias, cuestionar esas historias y escoger nuevas creencias ayuda a crear oportunidades para la sanación, la intimidad y la libertad en tus relaciones y en tu vida en su totalidad.

Ahora que has entendido el Marco para la Libertad, practica unos minutos cada día —ya sea escribiendo en un diario o haciendo un repaso mental— haz un inventario, identifica los hechos y separa las historias que has creado a partir de tu experiencia cotidiana. Eso te ayudará a liberar lo que te ha impedido decir tu verdad y obtener más de lo que deseas.

¿Quieres entrar en un mercado que todo el mundo dice que está saturado? *Puedes hacerlo.*

¿Quieres adoptar un hijo siendo una mujer soltera? *Puedes hacerlo.*

¿Quieres renunciar a tu trabajo y comenzar una nueva carrera, aunque tengas más de cuarenta años? *Puedes hacerlo.*

Sigue leyendo. Disfrutarás las historias de vida de mujeres que lograron todo eso y más, porque identificaron los hechos, dejaron de contarse historias que las limitaban y comenzaron a contarse historias que les permitieron llegar más lejos.

2

DEFINE TUS CREENCIAS Y VALORES

¿Qué diablos pasa? Esto no está bien. Eso pensaba cuando veía los mechones de pelo en el cepillo. Con cada pasada, cientos de hebras se quedaban enredadas en las cerdas. Estaba acostumbrada a que se me cayera un poco de pelo de vez en cuando, como a cualquiera. Pero eso no era un poco de pelo. Era un *montón* de pelo, un montón de mechones de pelo. Puse el cepillo en el tocador del baño y agarré el teléfono.

—Dr. Matt, algo anda mal. Estoy perdiendo un montón de pelo. De verdad, ¡mechones! ¿Qué me pasa?

Dos meses atrás me habían diagnosticado cáncer de seno triple negativo, el más agresivo de todos. La cirugía para extirpar el tumor, que crecía rápido, había sido exitosa, pero no estaba completamente a salvo todavía. Según mi equipo de oncólogos en el Baptist MD Anderson Cancer Center de Jacksonville, Florida, necesitaba un tratamiento agresivo de quimioterapia y radiación si quería ganar la batalla. Una de las decisiones más aterradoras que he tenido que tomar en la vida fue ir en contra del consejo de esos entrenados profesionales de la salud.

Con suavidad, pero con firmeza, rechacé el tratamiento que me propusieron y me embarqué en mi propio viaje de sanación. Jamás olvidaré la cara de asco —sí, de asco— con que me miró mi oncóloga. Arrugó la nariz como si algo oliera mal en la habitación y percibí de su parte una mezcla de lástima e incredulidad cuando rechacé su plan. Ahora estoy cien por ciento segura de que me estaba contando a mí misma una historia sobre su expresión y sobre lo que debía de pensar de mí, así que te expondré los hechos.

No sé qué tipo de experiencias habrás tenido con tu salud, pero lo que no te he dicho aún es que ya había pasado por dos médicos antes de recibir el diagnóstico.

La primera doctora me dijo que sólo se trataba de un quiste complejo y que no debía preocuparme.

—¿Un quiste complejo? ¿Qué es eso? ¿Hay quistes simples? —pregunté haciéndome la graciosa.

—Sí, los hay —respondió ella—. Un quiste simple está lleno de fluido y un quiste complejo suele tener un poco de basura. Dale seguimiento con tu médico de cabecera, pero creo que vas a estar bien.

Y eso fue todo. Luego salió por la puerta.

Eso no iba a satisfacerme. Tenía un bulto y necesitaba una respuesta más definitiva que un simple «Creo que vas a estar bien». Creo que vas a estar bien y estás bien no significan lo mismo.

—Eres joven. No tienes historial de cáncer de seno. Esperemos a ver. Regresa en tres meses —me dijo el segundo doctor que vi.

¿Esperemos a ver? ¿Usted está loco?, pensé.

—Señor, usted está loco si cree que me voy a ir de aquí sin una cita para hacerme una mamografía y algún diagnóstico de lo que tengo —dije en voz alta.

Estaba medio bromeando cuando le dije que estaba loco, pero iba muy en serio cuando le dije que quería respuestas. Y *gracias a Dios* que no salí de esa oficina cuando ese hombre me dijo que esperáramos a ver, porque tres semanas después de que me diagnosticaran, el tumor había avanzado de estadio 1 a estadio 2b.

Si hubiera esperado tres meses «a ver», no dudo que habría avanzado a estadio 3 y, probablemente, a estadio 4. Fue mi determinación de deshacerme del filtro —de la vergüenza de cuestionar y del miedo a pasarme de la raya— lo que me permitió darme permiso para ofender y velar por mis intereses.

¿Ahora comprendes por qué me conté esa historia sobre la oncóloga cuando puso los ojos en blanco y arrugó la nariz ante mi respuesta? Los expertos en medicina me habían desairado más de una vez, ¿cierto? Estaba harta de que otras personas me dijeran lo que me convenía.

Permiso

Me doy permiso para defender mis intereses y confiar en mis decisiones.

#PermisoParaOfender

Para ser justa, mis otros dos oncólogos (el cirujano y el radioterapeuta) fueron más compasivos y hasta me apoyaron, pero vi el miedo y la tristeza en sus ojos cuando les dije «no, gracias». No creían que mi plan fuera la mejor opción, pero yo tenía que confiar en mí misma. No fue coincidencia que una amiga, que sabía lo mucho que me gustan los documentales, me enviara un documental sobre modalidades de naturopatía para curar el cáncer unos meses antes de mi diagnóstico. No fue coincidencia que conociera a una mujer que sabía de un hospital de investigación fuera del país, que usaba las mismas terapias que vi en el documental. No fue coincidencia que de pronto me llegara una buena cantidad de dinero que me permitió pagar casi todos los tratamientos que no cubría nuestro seguro médico estándar. (P. D. Te contaré cómo me llegó esa gran cantidad de dinero en el Capítulo 9).

Toma nota:

> ## DEJA DE CONFUNDIR LA GUÍA DIVINA DE DIOS CON LAS COINCIDENCIAS CASUALES.
>
> #PermisoParaOfender

Tenía que confiar en Dios y en mí misma, *aunque eso significara ofender a toda la comunidad médica de Jacksonville*. Se trataba de mi *vida*. No tenía tiempo para discutir o demostrarles nada a ellos ni a nadie. Debía confiar en que lo que me decía mi corazón era lo correcto para mí. ¿Te imaginas lo que es tener ese nivel de convicción? ¿Alguna vez has experimentado lo que parecen coincidencias, pero en lo más profundo de tu ser sabes que es Dios diciéndote algo? Date un momento para recordar que puedes confiar en ti misma.

Sólo que en esa ocasión en particular, mientras me miraba el cuero cabelludo en el espejo y esperaba una explicación lógica de parte del Dr. Matt, de repente dudé de mi decisión de ignorar el plan de tratamiento estándar que me sugirieron en Baptist MD Anderson. Quizás me había equivocado.

El Dr. Matt era uno de mis médicos en el hospital de investigación oncológica en México, donde me sometí a tratamiento. Pasé tres semanas recibiendo una gran variedad de tratamientos alternativos que no suelen administrarse en el sistema de salud de Estados Unidos. El Dr. Matt me aseguró que la caída del cabello probablemente se debía a una combinación de estrés y mi reciente pérdida de peso. Durante mi estadía allí, había rebajado más de once kilos: mido un metro con cincuenta, y llegué a pesar cuarenta y cinco kilos. Según el Dr. Matt, la caída del cabello era posiblemente la respuesta de mi cuerpo a la reducción súbita de masa corporal.

—Trata de relajarte, Rachel. Sigue comiendo y tomando jugos, *descansa*. Estoy seguro de que estás intentando volver a ir a toda velocidad, pero tienes que tomarte tiempo para descansar.

¡Juro que si un médico vuelve a decirme que descanse!...

—No puedes ser quien se ocupe de todo en este momento —continuó.

El Dr. Matt me dio órdenes precisas de ir más despacio, comer y descansar. Me sentí optimista respecto a mí, pero frustrada ante sus instrucciones.

«No puedes ser la que se ocupe de todo en este momento». Sus palabras resonaban en mi cabeza. *Pero yo soy la que se ocupa de todo. Soy una exmarine. Ocuparme de todo es lo que hago siempre. Es quien soy.* Estaba a punto de caer en la trampa de la identidad, pero me di cuenta. *No, Rachel. Eso no eres tú. Es lo que hacías. No confundas tus roles y tus responsabilidades con quien eres.*

Les había dado ese mismo consejo a otras personas en muchas ocasiones y ahora era mi turno de seguirlo. Es fácil confundir nuestra identidad con los roles y las responsabilidades que nos asignamos o que otros nos asignan. Si vas a cualquier evento social o entrevista, es muy probable que escuches conversaciones como ésta:

—Cuéntame de ti.

—Pues soy mamá, soy *coach*, soy... [inserta aquí cualquier rol o responsabilidad].

Dilo en voz alta suficientes veces y se convertirá en parte de tu programación. Permanece en el rol por suficiente tiempo, y prácticamente se volverá parte de tu ADN. No está mal que te gusten esos roles, pero no eres el rol o la responsabilidad que tienes o que te han asignado.

> **NO CONFUNDAS TUS ROLES Y RESPONSABILIDADES CON QUIEN ERES.**
>
> #PermisoParaOfender

Fortalecida por mi conversación conmigo misma y las exhortaciones del Dr. Matt, hice todo lo posible por relajarme. Me programé masajes, escuché oraciones guiadas, vi mis series favoritas y leí libros inspiradores. Pero en el transcurso de tres semanas la situación fue de mal en peor. Al despertar, encontraba miles de pelos en la almohada; cuando me lavaba el pelo, me quedaba con mechones en las manos, y, por último, una tremenda calva. *Esto... no... está... bien. Ni siquiera me hice quimioterapia. ¿Qué me pasa?*

Enloquecida, le dejé mensajes a mi equipo de cuidado postratamiento en México, y llamé al Dr. Matt.

—¡Dr. Matt! ¿Qué... me... está pasando? —pregunté,

tratando de no agobiarlo demasiado, pero sin disimular la rabia o el miedo.

—Bueno, querida, esto sólo lo he visto tres veces en todos los años que llevo aquí, pero en contadas ocasiones algunos pacientes pierden el cabello por la IPT.

¿Qué? ¿Perder el cabello? ¡Eso no era parte del plan! Por mi mente cruzó toda clase de pensamientos histéricos.

El Dr. Matt se refería a la terapia de potenciación de insulina (IPT por sus siglas en inglés), un tipo de quimioterapia medio «experimental» (según a quién se le pregunte) que se administra en dosis bajas y que mezcla insulina con una dosis reducida de quimioterapia convencional. La mayoría de las personas tratadas con IPT no sufren ninguna de las molestias de la quimioterapia convencional, como náuseas, vómitos o pérdida del cabello. De hecho, la caída del pelo es tan poco frecuente que ni siquiera me la mencionaron como una posibilidad.

—En casi cinco años y entre los miles de pacientes que he atendido, eres la cuarta persona a quien he visto que le sucede esto —prosiguió el Dr. Matt.

¿En serio?

Recurrí al sarcasmo, que es mi mecanismo de defensa habitual.

—Es natural que, puesto que soy un ser excepcional, también sea la excepción en esta ocasión —respondí—. Entonces, ¿qué significa esto? ¿Se me va a caer todo el pelo? —pregunté medio esperando que me dijera que no, que aquello era pura casualidad.

—Es probable —dijo, como si nada.

Así eran las cosas. Después de todo, me iba a quedar sin un pelo. *Suspiro.*

¿QUIÉN SOY?

El momento había llegado. Se me estaba cayendo el pelo a un paso tan acelerado, que empecé a usar sombreros y pañoletas todo el día, todos los días. Evitaba mirarme en el espejo porque se me encogía el corazón al ver mi reflejo. Por primera vez en toda mi travesía del cáncer, *lucía enferma*. No me reconocía a mí misma, y cada día era más difícil que el anterior. Así que lo hice. Pauté una fecha para afeitarme la cabeza. En vivo. Por las redes sociales.

Abrí mi *laptop*, coloqué una silla frente a la pantalla, puse un poco de música inspiradora y agarré la rasuradora eléctrica. Respiré profundo y dije:

—Creo que Dios puede usar nuestro momento de mayor dolor para que logremos nuestros mayores triunfos... Pensé maquillarme hoy, porque no sé cómo me veré sin pelo, pero Dios me ama con o sin pelo o maquillaje, y quiero aprovechar esta oportunidad para amarme con o sin pelo, sin maquillaje, tal y como soy...

Se me quebró la voz, las lágrimas me corrían por las mejillas. Me armé de todo el valor que pude y empecé a pasarme la rasuradora por los mechones casi inexistentes. El proceso completo duró unos minutos, luego mi esposo y mis hijas se turnaron para afeitarme los últimos pelos que me quedaban. Cuando todo terminó, me sentí empoderada y, para mi sorpresa, me sentí yo misma. *¡Okey, coquipelada! Deja salir a tu chica mala, Rachel. Te ves lindísima. Tú puedes.* Esa fue mi autoafirmación. Mi familia y mis amigos también me afirmaron. Lo que nadie me dijo fue que afeitarte la cabeza no evita que el pelo se te siga cayendo. Sólo ayuda a que luzcas un poco más presentable a corto plazo.

Aunque afeitarme la cabeza me había empoderado, lo

que pasó después fue traumático. El pelo se me siguió cayendo, pero, en vez de mechones largos de pelo, iba dejando miles de pelitos cortos por todas partes. El pelo se me veía disparejo, y tenía parches por toda la cabeza. Adondequiera que íbamos, la gente me miraba inquisitivamente. Al principio pensé que era mi imaginación, mi propia inseguridad. Pero mis sospechas se confirmaron una hermosa tarde en que me detuve frente a la caseta del guardia de mi vecindario a recoger el correo. Ron, el guardia diurno, me miró un poco extrañado y ladeó la cabeza. Sabía qué quería preguntarme. Lo leí en sus ojos, pero no sabía cómo hacerlo, así que lo ayudé.

—Sí —dije.

Y no tuve que agregar nada más. En su rostro se dibujó una expresión de alivio.

—Mi esposa también pasó por eso y ¡ya está bien! De hecho, está en casa ahora mismo. Usted también estará bien, señora Luna —dijo.

—Lo sé, Ron —dije, intentando consolarme a mí misma como él intentaba hacerlo.

Ron levantó el brazo mecánico de la entrada; mientras conducía por la calle que lleva a mi casa, suspiré. Esa era mi nueva normalidad: miradas raras, miradas inquisitivas, miradas —pensaba yo— cargadas de lástima.

No me había dado cuenta de lo mucho que mi identidad como mujer estaba atada a mi cabello. Además, como había escogido sanarme de forma natural, había adoptado un nuevo estilo de vida totalmente limpio, así que usar maquillajes, que por desgracia están llenos de químicos, no era una posibilidad. ¿Pestañas postizas? Tampoco estaban aprobadas. Todos mis esfuerzos se encaminaban a desintoxicar mi cuerpo, y eso quería decir que no podía disfrutar de las prácticas convencionales, altamente recomendadas —como las manicuras y pedicuras— que suelen promocionarse como «autocuidados». En mi caso, consentirme con esas experiencias llenas de químicos, y a menudo tóxicas, habría sido un daño autoinfligido. No estoy juzgándote si tienes una cita pendiente para una manicura y pedicura, o para retocarte las raíces. Vive tu vida. Pero para mí aquel nuevo estilo de vida —el esfuerzo por aumentar radicalmente mis probabilidades de sobrepasar los cinco años de la tasa de supervivencia— retaba todo lo que creía ser y la vida que me había propuesto vivir. En aquel momento, me vi obligada a contestar preguntas que nunca había considerado:

¿Quién soy sin mi pelo?

¿Quién soy sin maquillaje ni pestañas?

¿Quién soy cuando todo lo que me ayuda a identificarme como mujer me ha sido arrebatado?

Según me contestaba esas preguntas, me daba cuenta de que al principio era alguien que evitaba los espejos y las fotos. Ésa es la razón por la que, lamentablemente, no hay muchas fotos mías de esa época.

Es muy probable que llegue el momento en que ya hayas cruzado el valle y quieras recordarte lo lejos que has llegado.

En aquel momento, hacía todo lo posible por practicar lo que predicaba. Comencé a obligarme a mirarme en el espejo y reconocer la belleza más allá de las convenciones sociales. Me repetía a mí misma: «Te amo tal y como eres». Al principio me sonaba extraño, casi falso, pero pronto comencé a creer las palabras que salían de mi boca. Ahora sé que decirme «Te amo tal y como eres» me resultaba difícil y me sonaba falso porque en lo más profundo de mi ser no me lo creía ni creía que alguien pudiera amarme tal y como era. A pesar de tener una familia amorosa, clientas, estudiantes y hasta desconocidos que me enviaban mensajes a través de las redes sociales y me decían que me amaban, en mi fuero interno esperaba que me dieran la espalda y me rechazaran. Esa nueva imagen de mí misma me obligó a lidiar con mis historias de rechazo y traumas subyacentes de la infancia; las cosas que creía que debía resolver pero obviamente no había resuelto. Estaba haciendo el trabajo que hiciste tú en el Capítulo 1. *Todos. Los. Días.* Y eso me ayudó a construirme un nuevo patrón de creencias.

NOTA PERSONAL

DOCUMENTA LO QUE TE RESULTE DIFÍCIL.

#PermisoParaOfender

Hasta que un día me creí esas palabras. Por primera vez en la vida pude ver quién era a nivel espiritual. Las palabras brotaron de mi boca:

Soy la obra maestra de Dios.

Soy amorosa.

Soy adorable.

YO. SOY. AMOR.

Y así, de repente, me volvió a crecer el pelo. Bueno, no *exactamente* así, pero juro que algo cambió y, tan pronto como me acepté sin aditivos, el pelo me empezó a crecer a lo que parecía una velocidad vertiginosa. No sólo eso, también comenzó a salirme más grueso, abundante y rizado, tal y como se lo había pedido a Dios. Resulta interesante que, una vez que nos rendimos, *(casi)* todo lo que deseamos nos llega.

De ese modo aprendí que mi identidad está anclada en el *amor*.

INTERVENCIÓN EN UNA CRISIS DE IDENTIDAD

—Sí, estoy segura de quién soy el noventa y nueve por ciento del tiempo —respondió mi amiga Andrea con toda la certeza del mundo cuando le pregunté si se sentía segura de su identidad al cien por ciento.

¡Claro que se sentía segura! Andrea es una de esas mujeres que simplemente *sabe*. ¿Sabes a qué me refiero? Andrea sabe lo que quiere y va tras ello, casi nunca duda y tiene plena confianza en que todo se resolverá a su favor. Yo, en cambio, no me sentía así. Mi respuesta mental automática en aquel momento era: *Yo no*. Era cierto. Pensaba: *La mayoría de los días no estoy segura de quién soy.* A medida que los pensamientos giraban vertiginosamente en mi consciencia, sentí que se me hacía un nudo en la garganta. No era una sensación dolorosa de las que te estrujan el pecho, era más bien como cuando sientes que estás a punto de echarte a llorar.

Sentir mucha tristeza y mucha alegría a la vez es una experiencia muy interesante. En vez de combatirla, decidí dejarme llevar y aceptar ambas. Los pensamientos positivos comenzaron a bailar en mi cabeza. *¿Cuán afortunada soy? Cada día que no me siento anclada, tengo la oportunidad de escoger quién soy. Cuando* *dudo de mi identidad, escojo quién quiero ser. Puedo experimentar y jugar.* Según celebraba y aceptaba una parte de mi ser que antes condenaba, empecé a sentirme más ligera. Solía creer que algo andaba mal porque me sentía insegura de mi identidad, pero reformular ese pensamiento me proveyó una sensación de alivio. *Puedo escoger quién quiero ser todos los días.*

Permiso

| Me doy permiso para añadir diversión, alegría y juego a mi vida. |

#PermisoParaOfender

Imagina si nos diéramos la oportunidad de «jugar» más en la vida. Imagina si *tú* te dieras permiso para jugar más. ¿Qué tal si, en vez de intentar encajar en todas las limitaciones que nos imponen las llamadas normas sociales, averiguas quién deseas ser y la huella que deseas dejar en este mundo? Tener una idea clara de tus creencias y valores te ayuda a definir tu identidad.

He aquí un ejemplo. En tanto mujer cristiana, deambular por ese estado de incertidumbre me da la oportunidad de conectar con Dios a diario. ¿Por qué? Porque creo en Dios. Creo en que lo que dice la palabra de Dios sobre mí (todas esas cosas maravillosas sobre quién soy y a imagen y semejanza de quién fui creada). Valoro mi fe. Valoro tener una relación íntima con la entidad que creó el universo. También me resulta un poco gracioso que buena parte de este proceso se dedique a escoger tus propios pensamientos, creencias y valores, y, sin embargo, una de las estrategias que utilizo para ayudarme a decidir pensamientos, creencias y valores sea regresar a Dios para recordar quién dice Él que soy. Básicamente, permito que los principios de la Biblia se conviertan en mis creencias impuestas. ¿Me atreveré a decirlo? Permito que los valores de Dios sean impuestos sobre mí. Me da risa. Pero, oye, a fin de cuentas, es una elección; puedo validar o rechazar lo que dice Dios. Mantengo el control de escoger según mi libre albedrío. Y tú, que estás leyendo esto conmigo, también tienes el control. No importa en qué te embarques, no importa cuál sea tu dogma, la verdad es que en cualquier momento puedes escoger quién eres según lo que creas y valores.

Por cierto, me complace anunciar que, al igual que mi amiga Andrea, ahora estoy segura de quién soy el noventa y nueve por ciento del tiempo. Los días en que titubeo en ese uno por ciento de crisis de identidad, sigo todos los pasos que estoy a punto de presentarte y me doy permiso para jugar ¡Me emociona que puedas hacer lo mismo!

ESTÁS MÁS QUE INVITADA

Cuando iba a cumplir cuarenta años, mi amiga Patrice Washington escribió lo siguiente en las redes sociales: «¿Alguna vez te has preguntado lo que podrías ser si abandonaras algunas de las etiquetas que te has dejado imponer? Pronto voy a cumplir cuarenta años y me siento inclinada a deshacer, desaprender y cuestionarlo TODO, sólo para asegurarme de que, en esta nueva etapa de mi vida, soy quien he escogido ser y no lo que otros han escogido por mí. Estás más que invitada»[*].

Primero que todo, ¿podemos hablar de lo excelente que fue

---

* Patrice C. Washington (@SeekWisdomPCW), «Do you ever wonder…», Instagram, 17 de febrero de 2021, https://www.instagram.com/p/CLaZpbz JrOV/?hl=en.

ese *post*? O sea, ¡qué sabia eres, amiga! No fui la única que lo pensó. Le enviaron cientos de comentarios. Literalmente, cientos de mujeres también compartían las etiquetas, los roles y las identidades que otros les habían impuesto.

Estoy cansada de ser quien lo tiene todo resuelto en la vida.

Soy «la irresponsable» de mi familia simplemente porque escojo vivir una vida de nómada.

Me he sentido culpable por no ser tan responsable como otros esperan que sea.

No puedo derrumbarme porque soy la mamá.

No muestres debilidad. No llores. No pidas ayuda.

Permiso

Me doy permiso para cuestionar, desaprender y deshacerme de todo lo que he aprendido.

#PermisoParaOfender

Los comentarios a la publicación de Patrice fueron recordatorios poderosos de que yo también debía cuestionar todo lo que creía, y hacerlo *frecuentemente*.

¿Y tú? ¿Estás dispuesta a cuestionar algunas cosas? ¿Hay alguna etiqueta que estés lista para repensar? ¿Quién eres cuando te deshaces de esas etiquetas, esos roles y esas responsabilidades? Más aún, ¿de qué forma aferrarte a esas etiquetas, roles y responsabilidades te ha impedido hablar, actuar para lograr tus deseos y hacer más de lo que deseas? Averigüémoslo juntas para que puedas comenzar a caminar en tu verdad.

DEFINIR LA IDENTIDAD

Para empezar, acordemos que, en el contexto del trabajo que haremos juntas, la identidad es la suma de nuestras creencias y nuestros valores. Que conste que me refiero a la identidad personal y no a las ocho grandes identidades socialmente construidas: raza, etnicidad, orientación sexual, identidad de género, destreza física, religión/espiritualidad, nacionalidad y nivel socioeconómico*. Trabajaremos con tu identidad *personal*, y la definiremos utilizando una fórmula simple:

| CREENCIAS + VALORES = IDENTIDAD |

CREENCIAS: aceptar que una afirmación es verdadera o que algo existe; confianza o fe en alguien o en algo.

VALORES: principios o patrones de conducta; nuestro juicio sobre lo que es importante en la vida.

Nuestras creencias amplifican nuestra identidad y, como mencioné en el Capítulo 1, algunas de tus creencias pueden haber sido impuestas por las personas que te cuidaron, tus

---

* «FAQ: What Are Cultural Identifiers». *Library and Information Science Network* (blog), 2 de diciembre de 2021, https://lisbdnet.com/what-are-cultural-identifiers/.

maestros o tus líderes. Por eso tantas personas luchan con su identidad, pues han vivido a partir de las creencias y el sistema de valores de otros. Un comentario que escucho a cada rato es «A mi edad...», seguido de una creencia limitante. Debes comprender que puedes redefinir tu identidad a cualquier edad. No hay un «tope». La vida es un viaje y la muerte es la última parada. Mientras tengas aliento, tendrás oportunidades.

Para comenzar a definir tu identidad, primero tienes que examinar tus creencias.

¿Qué crees que es cierto acerca de ti?

¿Quién crees que eres?

¿Qué crees que está a tu disposición?

¿Qué crees que mereces tener?

La mayoría de la gente leerá estas preguntas por encimita. Creo que muy pocas personas se detendrán por un instante a considerar cada pregunta, pero ellas también seguirán adelante, aun sin contestarlas. Muy, muy pocas personas se tomarán el tiempo de agarrar una libreta o un papel y escribir las respuestas. Sé parte de ese grupo reducido. Como dice mi amiga Elizabeth Benton, «No confundas la información con la implementación»[*].

Yo añadiría: no te quedes en la implementación, aspira a la

---

[*]	Elizabeth Benton Thompson, *Tools for the Trenches: Daily Practices for Resilience, Perspective & Progress* (Primal Potential, 2022), 14.

integración. Integrar significa aceptar y ejercer esas prácticas como parte de tu fluir constante.

Otra forma práctica de examinar tus creencias, si no te interesa o no te sientes preparada (todavía) para contestar las preguntas anteriores, es repasar los resultados de tu vida. Tus resultados son un reflejo de tus creencias. Por ejemplo, si dices que crees que estás preparada para hacer un cambio en tu vida, pero te falta la fe para actuar, es un indicio de que alguna parte de tu ser no cree que recibirás apoyo en las acciones que emprendas.

OPORTUNIDAD DE ALINEAMIENTO

Menciona un resultado que hayas creado en los últimos doce meses. Identifica las acciones que realizaste (o no realizaste), los sentimientos que experimentaste y la(s) creencia(s) que mantuviste antes, durante y después del resultado.

Un resultado que he creado en los últimos doce meses es:

Las acciones que realicé (o no realicé) para lograr ese resultado fueron:

Antes de actuar (o no actuar) sentí:

Antes de actuar (o no actuar) pensé:

Antes de actuar (o no actuar) creía:

Al reflexionar sobre este resultado, ¿qué creo/creía acerca de mí misma?

Esta oportunidad de alineamiento puede asustarte un poco, sobre todo si identificas un resultado negativo que esté atado a una creencia negativa que tengas acerca de ti. No te preocupes, viene ayuda en camino en el Capítulo 3. Sigue adelante. ¡Valdrá la pena! Ahora, afírmate en esta tarea.

PRINCIPIOS PARA DEFINIR TUS CREENCIAS Y VALORES

▶ Confundir tus roles y responsabilidades con tu identidad perjudica tu verdad.

▶ Documenta lo que te resulte difícil, aunque no te apetezca en ese momento. Te servirá y puede que les sirva a otros en el futuro.

▶ Creencias + Valores = Identidad. Tus creencias y tus valores amplifican tu identidad, así que asegúrate de examinarlos con frecuencia.

▶ Cuestiónalo *todo*, sólo para asegurarte de que eres quien has escogido ser y no lo que otros han escogido para ti.

——— AFIRMACIÓN ———

CADA DÍA ESCOJO MIS CREENCIAS, MIS VALORES Y QUIEN QUIERO SER.

——————————— #PermisoParaOfender ———

¿Empiezas a notar el patrón que he tejido a lo largo de este libro? Darte permiso para ofender es el resultado de hacerte y contestarte preguntas importantes. Al responder esas preguntas y sacar provecho de la oportunidad de alineamiento de este capítulo, estarás dando el primer paso para definir tu identidad.

Tengo mucha curiosidad de lo que has descubierto o redescubierto acerca de ti. A veces olvidamos quiénes somos y lo que creemos porque nos inundan con información. Pero ¿no es agradable dar un paso atrás y reflexionar sobre lo que es cierto acerca de ti? Si sientes ganas de compartir, envíame un correo electrónico a hello@rachelluna.biz y dime todo lo que te apetezca. Recibirás puntos extra si me envías una foto de alguna oportunidad de alineamiento que hayas completado. ¡Es posible que hasta te envíe un regalito a modo de agradecimiento por comunicarte! Sin presión. Es asunto tuyo.

Nos vemos en el siguiente capítulo, donde profundizaremos un poco más en las creencias, y luego te llevaré de la mano por una oportunidad de alineamiento de valores muy reveladora, tan excelente que mis clientas y estudiantes siempre se quedan boquiabiertas al completarla.

¡Nos vemos allá!

3

ANCLA TU IDENTIDAD

Se quedó conmigo alrededor de seis meses después de la muerte de mi madre, pero el dolor de perder al amor de su vida, su lucha contra el abuso de sustancias y el tema de su propia mortalidad —él también era VIH positivo en aquel momento— incapacitaban a mi padre para cuidar de una niña pequeña. Poco después de cumplir cuatro años, me llevó a casa de mi madrina y me dejó ahí para siempre.

Mi nuevo hogar era una casa de tres pisos y diez habitaciones en East New York, Brooklyn, construida en 1901 y legalmente habilitada para dos familias. Al entrar por la puerta doble de madera, a la derecha había un pasillo estrecho con una escalera, a la izquierda, una pared con dos puertas y el baño al final, justo mirando hacia la puerta principal. Siempre me pareció una entrada extraña. ¿Por qué el baño estaba en el pasillo? Si se dejaba la puerta del baño abierta, se podía ver a todo el que entraba y salía. Fue en ese baño donde me rompieron el corazón por primera vez.

No recuerdo de aquel día nada más que haber estado sentada

en la bañera gritándole a mi padre cuando éste salió por la puerta principal.

—Papi, por favor, no me dejes. Papi, por favor, no te vayas. ¡Papi!

Temblaba de pies a cabeza, sollozando dentro del agua caliente y abrazándome las piernas con los bracitos. No entendía qué había hecho mal o por qué mi papá se iba. Me había dicho que me quería y, de pronto, como si nada, había desaparecido.

Mi madrina, la única madre verdadera que he conocido y a quien siempre me he referido como mi mamá (y seguiré haciéndolo a lo largo de todo este libro), se convirtió en mi tutora legal. Aunque era y sigue siendo la madre más maravillosa que pude haber deseado, su presencia nunca compensó el dolor y la sensación de abandono que me causó la partida de mi padre.

Para ser justa, no es que no volviera a ver a mi padre después de aquella noche en la bañera; estuvo presente de forma intermitente a lo largo de mi vida. Mi mamá fue la fuerza que mantuvo viva mi relación con él. Su constante insistencia en que lo llamara nos mantuvo conectados. Si de mi padre hubiera dependido, con suerte habría recibido una llamada los días de fiesta o varios días después de mi cumpleaños. Pero, cuando hablábamos, me elogiaba sin fin. Me decía cuánto me quería, cuánto me extrañaba y cuán orgulloso estaba de mí. Nuestras llamadas nunca terminaban sin un conteo regresivo para colgar —*Tres, dos, uno, ¡ya!* —. Y, si bien hubo innumerables ocasiones en que hizo planes para recogerme el fin de semana, sólo para dejarme esperando con mi maletita, cuando esporádicamente me visitaba me arropaba de besos, frases de reafirmación y elogios constantes.

Cuando estábamos juntos, mi papá me hacía sentir la persona más importante del planeta.

—Lo primero es la educación, lo segundo, los chicos —me decía.

Así me inculcaba la importancia de contar con una educación, pero también me alentaba a soñar e ir tras mis sueños. Me hacía sentir invencible cuando estábamos juntos. Hasta que la visita llegaba a su fin, y luego pasaba meses sin saber de él.

Aquella noche en la bañera me dije a mí misma: *No valgo lo suficiente.* Como mi papá no me llevó consigo, decidí que yo no valía nada. Junto con esa historia, también me decía: *Todas las personas que amo me abandonan.* Empecé a recopilar las historias que me conté y, siete años después, cuando mi padre se casó por primera y única vez —nunca se casó con mi madre biológica— esas historias se consolidaron aún más. Al casarse, mi padre no sólo asumió la responsabilidad de mantener a su esposa, sino también de criar a su hija. Entonces, cuando lo llamaba para pasar un fin de semana con él, a menudo me decía que no podía porque no tenía dinero, y a mí me parecía que tenía dinero de sobra para sus nuevas esposa e hija.

Me preguntaba a mí misma: *¿Por qué la cría a ella y a mí no? Yo soy la que no tiene mamá.* Esa era otra historia que me contaba, porque la realidad era (y es) que tengo la madre (mi madrina) más maravillosa, fenomenal y amorosa del mundo, que me trata como a su propia hija biológica. Sin embargo, con diez u once años, en mi mente yo era «la niña que no tenía mamá». Mi papá estaba criando a una niña que sí tenía mamá, y eso me parecía injusto. Dada mi limitada experiencia de la vida, decidí que eso significaba que yo tenía algún problema, de lo contrario, se habría quedado conmigo. Si yo hubiera sido especial y valiosa, él habría encontrado la forma de incluirme en su nueva familia. Pero eso nunca ocurrió.

Por muchos años, cargué con esas historias, que se repetían

en mi mente. Me pasaba la vida buscando pruebas de que eran verdaderas. Esa constante necesidad de estar «en lo cierto» con relación a mis historias me llevó a escoger al hombre indebido una y otra vez. Escogía a hombres que no me convenían, y yo lo sabía desde que empezaba la relación. Escogía sólo a hombres que querían jugar, que no estaban listos para una relación e, inclusive, a algunos que eran agresivos verbalmente (y, una vez, físicamente). Cuando me dejaban, cuando rompíamos, cuando me engañaban, como hicieron muchos, regresaba a mi historia: *No valgo lo suficiente. Si valiera lo suficiente, no me tratarían así. Si valiera lo suficiente, me celebrarían, me apreciarían y me cuidarían.*

Esas experiencias también sustentaban la historia que me contaba a mí misma de forma inconsciente: *Los hombres que amo siempre me abandonan.* Después de todo, mi propio padre me había abandonado. Mi padre, el hombre que debía amarme, cuidarme y ser mi héroe, me había dejado, así que, por supuesto, todos los demás hombres también me dejarían. Si mi propio papá no se había quedado, ¿por qué habría de hacerlo un desconocido?

Ésas son sólo algunas de las historias que me contaba según me hacía mayor. Cuanto más me las repetía, más me las creía. Cada una de esas historias fue minando mi seguridad en mí misma y, más tarde en la vida, me lanzaron en una espiral descendiente de depresión, trastornos alimenticios, promiscuidad y adicción al alcohol.

IMPACTO EN LA IDENTIDAD

Dicen que las creencias son los cimientos de la alegría y la paz, pero ¿qué pasa cuando tus cimientos se fracturan desde el inicio, o cuando, por alguna suerte de terremoto vital, se desestabilizan? En mi caso, esas historias suscitaron creencias que, a su vez, me crearon conflictos de identidad. Esas creencias negativas influyeron tanto en mi identidad personal, que marcaron profundamente la forma en que me veía a mí misma y lo que creía que merecía ser, hacer y tener.

¿Recuerdas la oportunidad de alineamiento del Capítulo 2 (página 68)? Si pusiera una de mis relaciones amorosas tóxicas como resultado en ese ejercicio, sería fácil ver la trayectoria de mis acciones, sentimientos y, en última instancia, mi creencia de que no merecía un hombre que me amara y apoyara en la vida. ¿Ves cómo las historias impactan nuestras creencias, crean resultados y terminan por afectar nuestra identidad?

Me pregunto qué historias y creencias habrán impactado tu identidad. ¿Han sido positivas, negativas o, quizás, una combinación? Más aún, ¿a qué creencias te has aferrado que tal vez deberías soltar?

ABANDONAR CREENCIAS Y ESTIGMAS DEL PASADO

Por años, estuve comprometida con mi «creencia» (que ahora sabemos que era una historia) de que mi papá me abandonó. No sabía o no me daba cuenta entonces de que aferrarme a esas historias originaba muchas creencias limitantes. Por eso es tan importante que empieces por los ejercicios de la oportunidad de alineamiento del Capítulo 1. Aunque los hayas hecho antes, he descubierto que, así como el ejercicio físico limpia y desintoxica, es mejor hacer estos ejercicios con frecuencia para asegurarte de que tu mente está tan fuerte como tu cuerpo.

Como dije antes, mi creencia limitante dominante siempre ha sido: *No valgo lo suficiente*. Claro que no recuerdo pasar días enteros agonizando y pensando en que no valía lo suficiente. No, mis pensamientos eran demasiado insidiosos y engañosos como para mostrarse tan abiertamente. Más bien, mi *No valgo lo suficiente* era algo así como *Estas gráficas no son lo suficientemente buenas* o *No tengo nada interesante que compartir* o *¿A quién puede interesarle esta oferta? ¡A nadie! Además, hay como cien personas que ya lo están haciendo.*

En vez de atacar de frente ese *No valgo lo suficiente*, a menudo no me doy cuenta de que me siento así hasta que me dan donde más me duele: en mis relaciones, mi trabajo y mi familia.

Cuando era soltera y andaba puteando por ahí —sí, dije puteando—, por mucho tiempo me sentí avergonzada de saltar de chico en chico en busca de amor, atención y aceptación. Pero, con el tiempo, he aprendido algunas cosas sobre la vergüenza.

1. Tú no eres la vergüenza. La vergüenza es lo que sentimos cuando realizamos (o no) acciones que no se alinean con tu verdadera identidad. A mí no me avergüenza haberme acostado con esos chicos, pero es una pena haber sentido la necesidad de acostarme con ellos para encontrar amor y atención.

2. Nadie puede avergonzarte. *Nadie.* Hace más o menos diez años, surgió un término en inglés que, en mi opinión, nos ha perjudicado y desempoderado como sociedad, sobre todo a las comunidades marginadas: la «estigmatización», ser «estigmatizado» [*being shamed*]; es decir, la noción de que otras personas pueden avergonzarte. Se han escrito

innumerables artículos sobre la estigmatización de las personas con sobrepeso [*fat-shaming*], la estigmatización de las madres [*mom-shaming*], la estigmatización por promiscuidad [*slut-shaming*], la estigmatización por delgadez [*skinny-shaming*]. Escoge cualquier palabra y escríbela junto a la palabra «shaming» y ¡listo! Pero ¡¡NADIE PUEDE AVERGONZARTE O ESTIGMATIZARTE A MENOS QUE TÚ SE LO PERMITAS!!

No me avergüenza gritarlo. Oféndete si quieres. Pero estamos llamadas a ser los agentes de cambio y las líderes de este mundo. Tú y yo tenemos el poder de efectuar cambios en nuestros hogares, comunidades, trabajos y más. Así que sostengamos conversaciones difíciles y hagamos todo aquello que pueda ayudar a otros a encontrar la libertad.

Permiso

> Me doy permiso para soltar cualquier estigma al cual me haya aferrado, o que haya permitido a otros proyectar sobre mí.

#PermisoParaOfender

Lo que te invito es a explorar sobre la estigmatización y la vergüenza es lo siguiente: tienes más control del que has querido reconocer. Cuando caes en la trampa de creer que alguien puede «estigmatizarte», le estás cediendo tu poder, y no tiene que ser así. No tienes que vivir como una víctima, aun después de haber sido victimizada. Aprópiate de cada situación y de cada momento que te haya servido para llegar a ser quien eres.

Así es que dejas de permitir que otros te estigmaticen. ¡*Así* es como comienzas a darte permiso para ofender!

Cuando recuerdo esa época en que me comportaba de forma promiscua, creo que era una niña triste, que ansiaba desesperadamente el amor, la atención y la aceptación de su padre. Y, cuando no los conseguía, intentaba llenar el vacío con cualquiera que me prestara un poco de atención. Creo que me sentía herida, y sufría, pero no tenía el conocimiento ni las destrezas de comunicación para pedir ayuda.

La próxima vez que sientas que alguien te ha estigmatizado, pregúntate: *¿Sería capaz de dejar que una niña se sintiera avergonzada por haber hecho lo mismo?* Espero haberte convencido de que te trates a ti misma de igual forma. Más allá del argumento de tratarte con más compasión, espero que recuerdes que, aunque hayas hecho cosas vergonzosas en el pasado, tú no eres el estigma de esas acciones. ¡Si puedes deshacerte de la creencia negativa, podrás deshacerte del estigma!

ANCLARSE

Ha llegado el momento de identificar las creencias limitantes que no te sirven. ¿Recuerdas que discutimos el hecho de que la mayoría de los pensamientos surgen automáticamente? Pues bien, eso es exactamente una creencia limitante[*]. Es un pensamiento automático que tiende a surgir de repente en tu cabeza y te detiene cada vez que intentas hacer algo fuera de tu zona de

---

[*] Jane, «What Are Your Biggest Limiting Beliefs?», *Habits for WellBeing*, marzo, 2020. https://www.habitsforwellbeing.com/what-are-your-biggest-limiting-beliefs/

confort. A menudo, estos pensamientos surgen cuando intentas hacer algo que efectuará un cambio positivo en tu vida. Si alguna vez has deseado o soñado mucho con algo que nunca se ha hecho realidad, es probable que lo que se ha interpuesto en tu camino sea una o más creencias limitantes; pero no te dejes engañar, no todas las creencias limitantes son malas. Al igual que nuestras historias, algunas creencias limitantes nos sirven. Por ejemplo, la creencia de que contestarle de mala forma a un padre está mal me salvó de muchos chancletazos (entiéndase un buen azote en la cabeza con una chancleta arrojada desde el otro lado de la habitación a una velocidad sobrehumana por una madre puertorriqueña cuya puntería puede superar la de un misil Patriot). Mantener la boca cerrada cuando tenía ganas de decirle cuatro cosas es un ejemplo de una creencia limitante que me sirvió bien.

UNA CREENCIA LIMITANTE ES UN ESTADO MENTAL, CONVICCIÓN O CREENCIA QUE PIENSAS QUE ES VERDADERA, Y TE LIMITA DE UN MODO U OTRO.

#PermisoParaOfender

Sin embargo, *No valgo lo suficiente* —la creencia limitante más prominente en mi vida— me ha impedido ir tras una plétora de oportunidades, y ha retrasado la manifestación de muchos de los sueños que Dios me dio. Lo irónico es que jamás he pensado conscientemente que *No valgo lo suficiente*, ni aun cuando hubiera sido lo apropiado. Por el contrario, casi siempre mis pensamientos conscientes eran algo así como: *Sí, buena idea. Lo añadiré a la lista y lo haré más tarde.*

Las creencias limitantes a menudo son como unos duendecitos mentirosos que llegan disfrazados. *No valgo lo suficiente* puede aparecer como una vocecita que dice: *No soy inteligente. No puedo hacerlo porque* _____ (inserta aquí la razón por la que creas que no puedes hacer algo). *Fulanita es mejor que yo. Fulanita ya lo hizo. Soy una vaga.*

Te presento otros ejemplos de creencias limitantes y cómo se esconden a simple vista:

El mundo no es un lugar seguro.

No sé lo suficiente.

No estoy cualificada.

Siento que no valgo nada.

No tengo el tiempo.

No tengo la energía.

¿Alguno te suena familiar? Tal vez sí, tal vez no, así que prosigamos.

DESCUBRIR LAS CREENCIAS, PORQUE...

Quizás estés pensando, *No sé cuáles son mis creencias limitantes*; o tal vez tu ego esté intentando decirte que no tienes ninguna creencia limitante. Amiga, olvídalo. Reconocer que hay un problema es el primer paso para solucionarlo. No te equivoques:

permitir que las creencias limitantes que no te sirven se escondan tras bastidores es un gran problema, y es lo que te ha paralizado todo este tiempo: cuando has querido decir lo que piensas, solicitar un aumento, cambiar de carrera, comenzar tu propio negocio, o lo que sea que no hayas conseguido aún, pero deseas de todo corazón. Tal vez esas creencias no sean persistentes. Tal vez aparezcan y desaparezcan según la situación, pero existen. Encontrarlas te acerca a lograr lo que deseas.

Vamos. Contesta estas preguntas. (Sí, más preguntas, porque mientras más preguntas contestes, más cerca estarás de tu verdad, y ya sabes que *¡la verdad os hará libres!*).

¿Qué quisieras ser, hacer o tener que aún no se ha manifestado en tu vida?

¿Por qué no?

¿Qué creencia(s) limitante(s) puedes identificar?

Si te está costando trabajo identificar tus creencias limitantes, intenta este método simple, que aprendí del terapista Andy Hunt. Sólo tienes que llenar los espacios en blanco.

No puedo _____

porque _____ .

Ejemplo: No puedo realizar mis sueños porque soy demasiado vieja.

Intentémoslo otra vez.

No puedo _____

porque _____ .

El poder de este ejercicio está en la palabra «porque». Lo que sigue a ese «porque» es una razón, y oculta tras esa razón hay una creencia.

Pero recuerda que las creencias limitantes a menudo son subconscientes. El ejemplo «No puedo realizar mis sueños porque soy demasiado vieja» es de mi clienta Sandy, quien acaba de cumplir cuarenta años. Cuando le pregunté si creía que las mujeres de su edad eran demasiado viejas para realizar sus sueños, dijo que no. Pero, al pensar en sí misma, sí creía que *ella* era demasiado vieja. Esa era su creencia limitante.

━━━ EXHORTACIÓN ━━━━━━━━━━━━━━━━━━━

SI TE HALLAS RESPONDIENDO *NO SÉ* A CUALQUIERA DE LAS PREGUNTAS, ESCRIBE LO PRIMERO QUE SE TE OCURRA. A MENUDO, «NO SÉ» ES UNA ASEVERACIÓN VACÍA QUE USAMOS CUANDO NO HEMOS DEDICADO TIEMPO A PENSAR EN UNA RESPUESTA O CUANDO NOS ASUSTA RECONOCER NUESTRA VERDAD. NO PASA NADA. HAZ LO MEJOR QUE PUEDAS. ESCRIBE CUALQUIER COSA PARA EMPEZAR.

━━━━━━━━━━━━━━━━━━━ #PermisoParaOfender ━━

Regresemos a las preguntas.

Escoge un problema o deseo que tengas. Trata de no juzgarte. Todos tenemos problemas y, sin duda, todos tenemos deseos. Hasta las personas que siempre parecen tener todo bajo control tienen sus propios problemas personales que no las dejan dormir, y algo en su panel de visualización en lo cual no pueden dejar de pensar. Lo que pasa es que usan un buen filtro para esconder sus inseguridades y temores. No te creas el cuento. Sólo escoge el problema o deseo que te parezca más urgente y escríbelo como una oración simple.

Mi problema o deseo más urgente en este momento es _____
_____.

Luego llena los espacios en blanco con la razón por la cual crees que no has podido resolver ese problema o por la cual ese deseo no se ha manifestado.

No puedo _____
porque _____.

Después del «porque», enumera todas las razones (usa los siguientes espacios en blanco o una hoja aparte, si es necesario). Por ejemplo, una razón por la cual no puedes bajar de peso puede ser:

No puedo bajar de peso porque no tengo tiempo para cocinar.

Una razón por la cual no has pedido un aumento puede ser:

No puedo pedir un aumento porque pensarán que soy avara o malagradecida.

Haz una lista de todas las razones aquí (o en tu diario):

_____

_____

_____

_____

Cuando hayas terminado la lista de razones, léelas en voz alta. Es posible que te sientas ridícula, pero sé por experiencia que cuando los decimos en voz alta, nuestros pensamientos suenan muy diferentes de como los escuchamos en nuestra mente. Léelos en voz alta ahora mismo.

¿Los leíste en voz alta? Okey. ¡Siguiente! Escribe lo primero que se te ocurra. Hazlo de una vez y sin juzgarte, hasta que se te agoten los pensamientos o te encuentres repitiendo las mismas razones. En el ejemplo anterior sobre bajar de peso, el pensamiento oculto tras la razón es:

No tengo tiempo de cocinar porque todo el mundo necesita de mi ayuda en las noches y, si no los ayudo, las tareas de la escuela y el hogar se quedarán sin hacer y seré una mala madre y esposa.

¿Viste cómo pasamos súbitamente del deseo de bajar de peso a ser una mala madre? ¡Ea, rayo! Y hacemos eso constantemente, sin siquiera darnos cuenta.

El último paso para descubrir tus creencias limitantes es

regresar a tu lista de pensamientos, leer cada uno en voz alta y evaluar en qué medida es un hecho o una historia.

Para determinar tu creencia limitante predominante en este momento, busca la creencia falsa que se repita más. Recuerda que es posible (es casi seguro) que no tengas sólo una creencia limitante. No te alarmes si tienes varias. Pero debe de haber una que sientas que predomina en tu vida emocional. Por ejemplo, si la creencia «no puedo bajar de peso porque no me siento digna de ser amada» te parece súper significativa, entonces debes enfocarte en ella primero.

EXHORTACIÓN

SEGÚN ESCRIBÍA ESTE LIBRO, HICE CADA UNO DE LOS EJERCICIOS (PARA PODER ACOMPAÑARTE EN LA TRINCHERA), Y TE DIGO CON TODA SINCERIDAD QUE ALGUNOS FUERON DIFÍCILES. DETESTÉ ALGUNOS, PORQUE ME OBLIGARON A REMOVER MI PROPIA M... SUPERA LA RESISTENCIA. ¡VALE LA PENA!

#PermisoParaOfender

NO PERMITAS QUE TU SITUACIÓN DEFINA TU IDENTIDAD

«No quiero tomarme una pastilla por el resto de mi vida. ¡No soy una adicta a las pastillas! Ésa no soy yo». A mi amiga Keri acababan de decirle que tenía que someterse a una cirugía mayor para quitarle un tumor de la glándula suprarrenal. Después de la operación, el cirujano le dijo que tendría que tomar una pastilla diaria por el resto de su vida para evitar complicaciones futuras. La noticia la enfureció. Le escuché la perorata y hasta me divertí haciéndolo. Como una persona que se echa al cuerpo no menos de cuarenta pastillas al día, yo, sin duda, cualificaba como adicta a las pastillas. No voy a mentir, también me molestó un poco lo que me parecía un comportamiento infantil de su parte. ¿Acaso no veía la suerte que tenía? A mí me *encantaría* tener que tomar sólo *una* pastilla al día. Empecé a juzgarla y, cuando me di cuenta, paré y me recordé a mí misma lo asustada que debía estar Keri.

Es así como dominar los principios del Permiso para Ofender nos ayuda a mantener relaciones fuertes y saludables. Porque he hecho estos ejercicios a diario, puedo juzgar de vez en cuando —algo que, como recordarás, a menudo sucede automática y no intencionalmente—, pero, en lugar de estacionarme en ese espacio negativo, me muevo con rapidez y compasión. Muchas veces, juzgar no se fundamenta en la maldad; se fundamenta en el miedo. Juzgué la reacción de mi amiga a su proceso a través del cristal de mi identidad de «adicta a las pastillas». Reconocerlo al instante me permitió encontrar placer en nuestra conversación, y la abordé con cuidado, comprensión y amor verdaderos.

—Bueno, como presidenta del Club de Adictas a las Pastillas te doy la bienvenida —le dije, medio en broma y riéndome para ayudarla a aplacar sus miedos—, pero también me parece interesante que la idea de tomar una pastilla diaria por el resto de tu vida te enfurezca tanto. ¿Qué significa para ti ser una adicta a las pastillas?

Me esfuerzo por no hacerles *coaching* a mis amigos cuando no me lo piden, pero en este caso, no pude evitarlo. Mi curiosidad hacia sus pensamientos más profundos y el significado que les asignaba a esas historias eran más fuertes que yo.

—Significa que lo que he hecho por mantenerme saludable no ha servido de nada. Significa que voy a terminar como mi familia —gorda y enferma— y ¡yo no soy como ellos!

Permiso

> **Me doy permiso para adoptar nuevas creencias que aumenten mi capacidad de asumir la identidad de alguien que ya es, hace y tiene todo lo que desea.**

#PermisoParaOfender

Ahí estaba. La raíz de la rabia que le provocaba tomar una pastilla salvavidas no tenía que ver con la pastilla, sino con la identidad que no quería asumir: una adicta a las pastillas gorda y enferma. En su mente, tomar pastillas significaba estar enferma. Pude ver cuán dolorosa y aterradora le resultaba esa idea. Hay que entender que Keri es agricultora de productos orgánicos. Okey, no es agricultora comercial, pero en el jardín de su modesto hogar en Los Ángeles, Keri cultiva diversos productos orgánicos. Uno de sus sueños es abrir un restaurante tipo «de la finca a la mesa» y ofrecer alimentos de alta calidad. Claro que no podía ser una persona gorda, enferma y adicta a las pastillas y, a la vez, tener un restaurante de ese tipo. La mera sugerencia de tener que tomar una pastilla diaria fracturaba la base de quién era.

Seguimos trabajando juntas unos minutos más, pero me di

cuenta de que mi acción de hurgar en sus pensamientos más profundos, en vez de tranquilizarla, avivaba aún más el fuego. Antes de terminar la conversación, la reté.

—¿Por qué no le dedicas un poco de tiempo a pensar qué significa eso para ti, y cuáles son los hechos de tus historias? ¿Qué nueva creencia puedes adoptar que te ayude a sentirte más alineada con tus próximos pasos?

Al igual que en el caso de Keri, la bola está en tu cancha. Ahora que has identificado una o dos creencias limitantes, tienes la oportunidad de seguir adelante y darte permiso para ofender, adoptando una nueva creencia; una que aumente —en lugar de limitar— tu capacidad de asumir la identidad de alguien que ya es, hace y tiene todo lo que desea.

¿Con qué creencia nueva o diferente puedes alinearte que te sirva mejor para seguir adelante? Practica repetirte esa creencia en voz alta todos los días. Si de verdad quieres hacer este viaje, te recomiendo implementar una estrategia que he llamado TAC (tiempo para auditar tus creencias). Ponte un recordatorio en el calendario con la etiqueta «TAC» para pasar diez minutos una vez a la semana escribiendo tus creencias y retando las creencias limitantes que surjan. Ésta es tu oportunidad de practicar el TAC por ti y tus sueños. ¡Si se hace de manera constante, todo cambia!

Hay algo más que quiero compartir contigo sobre tus pensamientos y creencias, y es el ejercicio más improbable y poderoso que puedas imaginar.

GRACIAS POR ESE PENSAMIENTO INNECESARIO

—Es muy sencillo, Rachel. Sólo di: «Gracias por ese pensamiento innecesario» —me dijo Wayne, mi terapista.

—¿Qué dices? —le pregunté, riendo—. Eso no tiene sentido. ¿Cómo eso va a ayudarme a no seguir teniendo estos pensamientos?

Llevaba meses luchando contra unas creencias limitantes y pensamientos de miedo respecto a mi salud. Al principio intenté ignorar esos pensamientos, pero en lo más profundo de mi ser sabía que ésa no era la solución. ¿Cuántas veces me había recordado a mí misma y a otros la importancia de escuchar lo que nos dice la mente? En numerosas ocasiones he dicho: *Nuestros pensamientos e ideas son como niñitos: necesitan atención o no van a dejar de molestar.*

> NUESTROS PENSAMIENTOS E IDEAS SON COMO NIÑITOS: NECESITAN ATENCIÓN O NO VAN A DEJAR DE MOLESTAR.

#PermisoParaOfender

Después de tomarme tres años de vacaciones de la terapia, me sentía muy tensa y decidí por fin que tenía que regresar a lidiar con el trastorno de estrés postraumático del diagnóstico de cáncer, así como con la culpa del sobreviviente que estaba experimentando. Durante mi estadía en el centro de tratamiento de cáncer en México, entablé una relación con un maravilloso grupo de mujeres; todas habían muerto al cabo de un año. Ser la única sobreviviente era un peso enorme, y cada vez que se me olvidaba tomarme las pastillas o beberme un jugo verde, sentía que las estaba traicionando. Aunque pertenecía a varios grupos de mentes maestras [*mastermind*] y tenía una *coach* que me apoyaba, seamos realistas, el *coaching* no es un sustituto adecuado para la terapia con un profesional licenciado.

Una amiga me recomendó mucho a Wayne y me conectó con él. Wayne es un alma buena y amable, cuyo acercamiento poco ortodoxo a la terapia no sólo es un reto para mí, sino que también me divierte. Aunque me fascina el trabajo de los grandes doctores del mundo de la terapia cognitivo-conductual, la psicología positiva y la mentalidad de lo posible (*mindset* en inglés), Wayne cree que pasamos demasiado tiempo pensando en nosotros mismos y en nuestros pensamientos. Su filosofía es que a todos nos iría mejor si miráramos hacia afuera y expresáramos amor en vez de intentar procesar nuestros pensamientos internos.

—Es muy sencillo, Rachel —dijo Wayne un día, mientras analizábamos mis creencias negativas por quinta vez—. Sólo di «Gracias por ese pensamiento innecesario» —y siguió con una analogía—. El subconsciente necesita que lo traten con sentido del humor y gratitud. Imagínate que estás en un restaurante encopetado, sentada en una mesa puesta a todo dar. Tienes el tenedor de ensalada, el tenedor, la cuchara de sopa, el cuchillo para la mantequilla, el cuchillo para la carne y la cuchara de postre. Estás comiendo y aparece un mesero que te ofrece un tenedor. No necesitas el tenedor. Es innecesario. Así que le dices al mesero: «Gracias por ese tenedor innecesario». El mesero reconoce su error, sonríe y se va con el tenedor. El tenedor no es necesario, como tampoco lo es ese pensamiento que sigue apareciendo.

Solté una carcajada porque me pareció ridículo. En verdad,

empecé a preguntarme si Wayne era un terapista de verdad o uno autoproclamado. ¡En serio! Me reí, pero también fui de inmediato a su sitio web a chequear si el hombre tenía credenciales y siglas al final de su nombre. Me complace informar que está licenciado e inscrito en el estado de Florida. ¡Uf! En cualquier caso, creo en que hay que dejarse guiar, así que escogí poner en práctica el acercamiento de Wayne antes de decidir si funcionaba o no.

La semana siguiente, cada vez que experimentaba temor, culpa o algún pensamiento angustioso, me decía a mí misma en silencio: *Gracias por ese pensamiento innecesario.* Luego le añadí mi toquecito personal y dije: *Gracias por ese pensamiento innecesario. Prefiero que me sirvas pensamientos afirmativos de la vida.* Pensé que, si mi subconsciente era como un mesero que me ofrecía cubiertos, entonces podía intentar pedirle que me trajera algo. Al cabo de una semana, en la siguiente sesión con Wayne le dije:

—¡Está funcionando, Wayne! Me están trayendo cada vez menos pensamientos angustiosos y más pensamientos afirmativos. ¡Qué chévere!

Hace más de un año que Wayne me enseñó esa práctica, y ya casi no me traen esos tenedores de pensamientos angustiosos. En cambio, me traen más pensamientos poderosos que afirman la vida. He compartido este concepto con muchos clientes y estudiantes, que también han visto los resultados positivos de esta práctica. Inténtalo y recuerda que las creencias que mantienes influyen sobre todas tus acciones e inacciones. En última instancia, eres lo que crees. Escoge con sabiduría e intención.

Ahora que hemos terminado con las creencias, pasemos a la segunda parte de la ecuación (Creencias + Valores = Identidad) y hablemos sobre los *valores*.

VALORES

—Tus hijas están suplicándote atención —dijo, convencida, mi amiga Linette.

Bien pudo haberme dado una bofetada; tal fue el dolor que me causaron sus palabras.

—¿Qué? —pregunté, intentando mantener la calma.

—Están hambrientas de atención. Trabajas demasiado.

En aquel tiempo, mis hijas tenían dos y cuatro años, y yo llevaba dos años desarrollando mi negocio. ¿Estaba inmersa en los trajines de una compañía de emprendimiento pionera? Seguro. ¿Mis hijas estaban hambrientas de atención? Claro que no, y resentí cada sílaba que salió de esa boca que me juzgaba. No sólo me había molestado; estaba furiosa.

Linette era una madre a tiempo completo, que estaba criando dos chicos. Todo su mundo giraba en torno a su esposo y sus hijos. Desde que ponía un pie en el suelo por la mañana hasta que recostaba la cabeza en la almohada por la noche, todo lo que hacía era por ellos: desayuno, almuerzo, limpiar la casa, lavar la ropa, preparar la cena, hacer recados; todo. Si sus niños deseaban algo, Linette lo hacía. A mí me crio una madre soltera independiente, de modo que no podía ni imaginar el estilo de vida de Linette y, sinceramente, no me encantaba la forma en que estaba criando a sus hijos. Pero no perdí la elegancia y cerré el pico. Así que cuando de forma inesperada me dio su opinión sobre mis bebés, me sentí rara. Sobre todo porque, al cabo de varios años de matrimonio y de sobrevivir múltiples crisis de identidad, según me ajustaba a la maternidad, por fin estaba viviendo según *mis* valores.

Nuestros valores cambian con el tiempo, como verás en breve, y en aquel momento yo valoraba mi trabajo, tener una carrera, dejar un legado y ser un ejemplo para mis hijas. Quería construir algo que les proporcionara seguridad. Quería vivir según dice el libro de los Proverbios: «La gente buena deja una herencia a sus nietos» (Proverbios 13:22, NTV). Quería ser ejemplo no sólo de alguien que iba tras sus sueños, sino también de alguien que los *realizaba*. Creía que era capaz y tenía las herramientas para ser a la vez mamá y dueña de un negocio, pero estaba rodeada de mujeres como Linette, que no creían que era posible tenerlo todo. Ella vivía en su mundo de esto *o* lo otro; yo vivía (y sigo viviendo) en un mundo de esto *y* lo otro. Siempre he valorado la idea de las posibilidades infinitas, y ese sistema de valores me ha permitido personificar la identidad de una mujer que vive en una fe profunda. Después de todo, según mis creencias, Dios nos promete una vida abundante. Los libros del Éxodo, Deuteronomio, Proverbios, Salmos y muchos otros nos detallan, versículo tras versículo, todo lo que está a nuestra disposición.

Permiso

Me doy permiso para vivir en un mundo de esto *y* lo otro.

#PermisoParaOfender

Tan segura estaba de mi verdad que, sin dudarlo, contraataqué:

—Mis hijas no están hambrientas de atención. Viven con sus dos padres, juego con ellas, les leo y también les estoy demostrando cómo ir tras sus sueños, a pesar de lo que los demás piensen de ellas —le disparé.

Y, cuando dije eso último, la miré con cara de, tú sabes, con *esa cara*. Con cara de *Atrévete a decirme algo así otra vez para que veas.* No tengo que decir que la conversación terminó de forma abrupta, y nunca más volvió a ofrecerme consejos de crianza que no le hubiera pedido. De hecho, nuestra amistad floreció. Linette cuidó a mis hijas muchas veces mientras yo trabajaba, y con el tiempo ¡hasta me contrató como *coach* para ayudarla a empezar su nuevo negocio!

Todo ese tiempo, ella también quería ser fiel a su identidad e ir tras sus sueños y ambiciones, además de la maternidad, pero nadie le había demostrado que era posible. Se había aferrado tanto a su rol de madre y esposa, que ésa se había convertido en su identidad. Hoy Linette es una exitosa agente de bienes raíces *y* una esposa y madre dedicada. Sólo necesitaba ver lo que era posible y anclarse en sus propias creencias y valores.

EL TIEMPO TE DIRÁ DÓNDE ESTÁN TUS VALORES.

#PermisoParaOfender

¿Y tú? ¿Tienes claro cuáles son tus valores? Más importante aún, ¿estás viviendo conforme a ellos? Es fácil saberlo; sólo tienes que hacer otra auditoría, esta vez de tus actividades, con la siguiente oportunidad de alineamiento. A ésta la llamo auditoría del valor de tu tiempo. El tiempo te dirá dónde están tus valores.

¿Qué descubriste? ¿Estabas trabajando? ¿Estabas en las redes sociales? Si las redes sociales son parte de tu trabajo, sé sincera contigo misma, ¿estabas realizando algún trabajo *significativo* que rindió fruto? ¿Creaste más de lo que consumiste? Según reflexionas sobre tu lista, ¿qué pensamientos te surgen, y cómo te hacen sentir?

OPORTUNIDAD DE ALINEAMIENTO

Piensa en las últimas veinticuatro horas y haz una lista de todas las actividades que realizaste. Ve minuto a minuto, si puedes, y escribe en qué pasaste el tiempo. Sé sincera contigo misma. Éste no es el momento de juzgarte, culparte o avergonzarte. La meta es tomar conciencia. Si eres valiente de verdad, audita los últimos siete días, a ver qué encuentras.

Nota: no te enfoques en ordenar las actividades por prioridad. En esta lista no hay jerarquías.

Puede que hayas descubierto que has dedicado tiempo a cosas que consideras importantes, o a cosas que tal vez no sean tan importantes, pero son estimulantes. Si es así, es probable que no te sobrara mucho tiempo para hacer las cosas que valoras. Si esa es tu verdad, está bien. No te conozco bien, pero cuando yo era pequeña nadie se sentó conmigo a enseñarme la importancia de definir mis valores y alinearme con ellos a diario. Sí recuerdo haber hecho una o dos veces algún tipo de prueba corta de valores, pero nunca se me inculcó conectar con mis creencias y valores regularmente. Ahora es parte de mi rutina. Todos los días escribo mis valores en la parte superior de mi diario. Esto me ayuda a mantenerme alineada no sólo con mi identidad, sino también con mis metas. Como te sugerí un poco antes, una vez por semana —todos los lunes, para ser precisa— hago mi TAC. Escribo mis creencias y reto cualquier creencia limitante que surja. Una vez al mes también hago una auditoría del valor de mi tiempo. Esos ejercicios son increíblemente poderosos y reveladores.

Una vez hice una auditoría del valor de mi tiempo y, para mi espanto, descubrí que, aunque *decía* que valoraba a mi familia más que mi trabajo, tenía el calendario demasiado comprometido de trabajo; el tiempo de calidad con mi familia había sido relegado a un segundo lugar. Aunque había desarrollado el hábito de escribir mis valores a diario, había permitido que el valor de la constancia derrotara el valor de la familia. A medida que practiques personificar tus valores, es posible que descubras que cambian según la etapa de la vida en la que te encuentres. Por eso es tan importante crear rutinas diarias y mensuales.

Del mismo modo, la rutina de escribir tus creencias y valores te ayuda a mantenerte conectada de forma constante con tu verdadera identidad. Cuando tengas que opinar o mantenerte firme con relación a algo, no dudarás o dudarás muy poco. *Sabrás* quién eres, qué defiendes, por qué es importante y cómo quieres mostrarte.

OPORTUNIDAD DE ALINEAMIENTO

Recapitulemos.

¿En qué crees?

¿Qué valoras?

¿Qué defiendes?

¿A qué te opones?

¿Por qué te importa?

¿Cómo quieres demostrarlo hoy?

EL ORIGEN DEL AUTORECHAZO

—Su madre también murió de SIDA.

Estaba dando saltitos y me detuve en seco. Miré hacia las escaleras del edificio de apartamentos de mi padre y vi a mi madrastra apuntar hacia mí mientras hablaba con una vecina. ¿Sabías que, si el mundo se detuviera de repente, nos envolverían unos vientos de tornado y la tierra se estremecería en un gran terremoto que provocaría una catástrofe indescriptible? Ésa es la mejor descripción que puedo dar de la magnitud del golpe que sentí en el alma al escuchar esas palabras.

—¿Qué? ¡No! Mi madre murió de pulmonía, y tengo su certificado de defunción para probarlo —le repliqué a mi madrastra.

Por mi mente de doce años pasaron un millón de pensamientos mientras trataba de comprender lo que ella había dicho. *Está mintiendo. Sólo intenta lastimarme. Siempre hace lo mismo cuando vengo. Siempre busca la forma de mortificarme.*

Fue en una de esas raras ocasiones en que visité a mi padre y a su pe.... No, no voy a decirlo. Hoy no. Eso sería insultar a las hembras de la raza canina. Estaba visitando a mi padre y a su nueva esposa. Punto. Ella era una mujer despiadada, que siempre encontraba la forma de mortificarme. Tal vez porque yo era rebelde. Tal vez porque me despertaba temprano, y tanto ella como mi padre eran aves nocturnas a quienes les molestaban mis necesidades infantiles matutinas, como el desayuno y un abrazo de buenos días. Tal vez porque ella tenía celos de una mujer muerta y yo, que era idéntica a mi madre, le recordaba a la mujer que nunca llegaría a ser. Tal vez simplemente era mala. Creo que era lo último, pero da igual.

Independientemente de sus motivos, esa tarde soleada en

que yo daba saltitos y disfrutaba de la tranquilidad del verano, mis cimientos se estremecieron, ¡*otra vez*!

¿No bastaba con que mi madre biológica hubiera muerto cuando tenía tres años y medio?

¿No bastaba con que un día mi padre me llevara a casa de mi madrina y me abandonara?

Por fin empezaba a disfrutar de un poco de estabilidad y seguridad, ¿y entonces eso? ¿Difamar a mi madre frente a una vecina desconocida? ¡No! ¡Claro que no! No iba a permitirlo.

—¡Eres una mentirosa! —proseguí—. Estás celosa porque mi papá la quería más que a ti.

Le lancé todas las palabras injuriosas que se me ocurrieron. Quería herirla del mismo modo en que ella me había herido a mí. Entonces lo hizo, me enterró un machete en el corazón y asesinó la poca infancia que me quedaba.

—Tu madre murió de SIDA, y tu padre también lo tiene. ¡Va a morir como ella! —dijo, con veneno en la mirada.

Ooh, era muy mala.

—¿Qué? ¡MENTIROSAAAA! ¡ERES UNA MENTIROSA! —grité, y corrí hacia el patio del edificio y subí al apartamento—. ¡Paaaaapiiiii! ¡ME MENTISTE! ¡Todos me mintieron! —grité, histérica.

Las lágrimas me quemaban el rostro mientras intentaba comprender lo que acababa de ocurrir.

—¿Qué dices, Loi?

Loi era el nombre que mi papá y mi madre biológica me pusieron cuando era bebé. Él era Papa Loi, ella era Mama Loi y yo era Baby Loi.

—Todos me dijeron que Mama Loi murió de muerte natural, pero Margie acaba de decirme que murió de SIDA y que tú también lo tienes y que te vas a morir como ella. ¡Me mentiste! —sollocé sin consuelo.

La expresión de mi padre cambió de confusión a una rabia que nunca le había visto. Hasta aquel momento, jamás había visto a mi padre enfurecerse, excepto la vez que yo misma me corté el flequillo, y ni siquiera esa vez se puso como aquel día al verme ahí de pie, llorando.

Arrugó la frente y frunció el ceño cuando Margie entró en el apartamento. Ese día —el día que descubrí que mi padre se estaba muriendo— vi un lado de Ventura Rodríguez que no conocía. Vinnie (nombre oficial: Ventura), mi padre, era un personaje increíblemente paciente, divertido y amoroso. Tenía talento en todas las artes. Era un gran dibujante, tocaba varios instrumentos musicales y era un escritor dotado y articulado, a quien le encantaba construir modelos de veleros en miniatura y rasgar la guitarra por horas. Siempre que Vinnie estaba presente, se pasaba bien, pero Ventura era otra cosa. Ese tipo era de armas tomar. No conocía ese lado de mi papá, pero, en secreto, *me gustó*.

Porque, si bien Vinnie hacía todo lo que le decía su esposa, aun cuando nos hería a mi hermana o a mí, Ventura no le aguantaba la mie*da. ¡Se activó!

—Rachel, ve a la habitación —dijo, mirando a través mío a su esposa.

Intenté componerme, para que ella no viera mi dolor, y me dirigí a la única habitación del apartamento. Mientras me alejaba, lo escuché gritar.

—¿Qué le dijiste?

—La verdad. Tenía que saberla tarde o temprano —contestó Margie con indiferencia, como el ser despiadado que era.

Discutieron un buen rato, mi padre hablaba en un tono y un lenguaje que nunca le había escuchado usar. Yo lloraba en silencio, acostada en la cama en posición fetal. No recuerdo las palabras exactas del intercambio, o la conversación que sostuve con mi padre cuando por fin se calmó, pero recuerdo sentirme confundida e insegura, y dudar de todo lo que hasta entonces creía que era cierto. *¿Cómo es posible que mi madre muriera de SIDA? Tengo su certificado de defunción. Dice claramente: «Causa de la muerte: causas naturales». ¿Se trata de una broma cruel? ¿Mi madre biológica está muerta de verdad o me abandonó porque no me quería?*

Me repetía esas preguntas una y otra vez.

Ese domingo, mi papá me llevó a casa en el tren, y cada vez que veía a una mujer bajita de pelo castaño y ojos azules, me preguntaba: *¿Eres mi mamá? ¿Me abandonaste? ¿Estás viva todavía? ¿Me extrañas?*

Cuando llegué a casa, confronté a mi mamá.

—¿Es verdad, mamá? ¿Mi madre murió de SIDA?

No titubeó ni me doró la píldora.

—Sí. Es cierto —dijo algo más, pero no pude escuchar sus palabras.

La Tierra se detuvo en seco otra vez. Aunque en lo profundo de mi ser sabía que Margie había dicho la verdad, una parte de mí aún tenía la esperanza de que sólo se tratara de uno de sus trucos malintencionados. Tenía la esperanza de que mi mamá me dijera que era mentira, de que las manecillas del reloj retrocedieran y pudiera regresar a la época en que mi papá estaba saludable y mi madre biológica había muerto joven de pura casualidad.

—¿Cómo pudiste ocultármelo? ¿Cómo puede ser verdad, si tengo su certificado de defunción?

Fui a mi habitación a buscar la última prueba de que se trataba de un malentendido terrible.

—En aquel momento no se sabía qué era el SIDA, y si se ponía eso en el certificado de defunción no había funeraria que preparara el cuerpo. Por eso el ataúd se mantuvo cerrado en el funeral. Nadie sabía cómo se propagaba, o si moría con el cuerpo —me explicó mi mamá.

Desde hacía más de dos décadas ejercía la profesión de enfermera, así que me habló como si yo fuera una paciente o una colega y no su hija afligida.

—¿Y papi lo tiene también? —pregunté, con una pizca de esperanza de que me dijera que no.

—Sí. Tu padre lo tiene también.

Me desplomé de nuevo y me hundí en la cama. Aquello era demasiado. *¿Qué hice para merecer esto? ¿Por qué mi vida es una cosa mala detrás de otra? ¿Cuándo va a mejorar?*

—Un momento —dije, mirándola—, ¿eso significa que yo también lo tengo? ¿Voy a morir como ellos?

Me cubrí el rostro con las manos, las lágrimas me corrían como una llave abierta.

—No. No lo tienes. Te hicieron las pruebas de bebé —dijo con calma, sentándose en la cama y abrazándome.

—¿Tú me hiciste las pruebas?

El pánico se apoderó de mí. *¿Qué pasa? ¿Qué más me hicieron sin decirme nada? ¿Yo era parte de un experimento? ¿La vida es real o hay alguien mirando mi vida en un televisor en algún lugar del cosmos?*

—Respira profundo, Rachel. Respira profundo. Trata de calmarte —me instó.

¿Calmarme? Para ella es fácil decirlo. A ella nadie le ha mentido toda la vida.

No obstante, sabía que tenía razón. Debía componerme porque, ya que sabía la verdad, tenía que averiguar cómo seguir adelante. Intentando recuperar la compostura, me enderecé y respiré profundo.

—Entonces, ¿qué significa todo esto?

—No significa nada, Rachel. Nada ha cambiado. Tu padre te quiere mucho. Yo te quiero mucho. Él aún está aquí. Nada ha cambiado, excepto que ahora lo sabes. Pero estás a salvo. Estás saludable y eso es lo único que importa.

Sus palabras me consolaron un poco. La cabeza seguía dándome vueltas. Todo lo que creía cierto hasta ese momento estaba en tela de juicio. ¿Qué partes de mi vida eran reales y qué partes habían sido convenientemente inventadas o encubiertas?

Ése fue el trauma que activó mi autorrechazo. ¿Recuerdas que te dije al principio de este libro que el autorrechazo es el mecanismo de supervivencia al que recurrimos para sentirnos seguros? Descubrir las mentiras que me habían dicho abrió una herida profunda en mi identidad. No sabía quién era ni en quién podía confiar. Las historias que me conté se basaban en la evidencia de mis experiencias.

Todas las personas que quiero me mienten.

Todas las personas que quiero me abandonan.

Todas las personas cuyo amor anhelo me rechazan.

El dolor que sentía en aquel momento era tan intolerable que comencé a autorrechazarme de diversas formas para sobrevivir al trauma. También fue un modo de protegerme de que me rechazaran y me abandonaran otra vez. Me rechazaba a mí misma antes de que otras personas lo hicieran. A veces, mi autorrechazo se manifestaba en que me juzgaba o era demasiado crítica de mi cuerpo; otras veces abandonaba alguna gran oportunidad. Aunque me encantaba bailar, recuerdo que dejé las clases de baile el año después de que me admitieron en una reconocida escuela de danza en la ciudad de Nueva York. Según me hacía mayor, el autorrechazo se manifestó en mi vida a través de mi alimentación desordenada, mi abuso del alcohol y muchos sabotajes profesionales. ¿Te resulta familiar?

Puede que mi historia te parezca megatraumática o, tal vez, comparada con tu propia historia, la mía sea un paseíto. Lo bueno es que esto no es una competencia, y la experiencia de una persona no minimiza ni maximiza la de otra. La vida, desde el inicio, está entretejida de traumas. Esas experiencias a veces pueden llevarnos a adoptar identidades que no corresponden con nuestra verdad, no sólo porque no estamos seguras de quiénes somos, sino también porque buscamos formas de mantenernos seguros y protegidos. Por ejemplo, si a una niña simpática y conversadora la castigan en el hogar por hablar cuando los adultos conversan, esa niña puede asumir la identidad de una persona tímida o callada que no habla a menos que le dirijan la palabra. Al mantenerse callada, la niña evita el castigo, la desconexión y el rechazo en el hogar, pero esto también se extiende fuera del hogar en la adultez. Cree que tiene que mantenerse callada para ser aceptada, y la creencia de que el silencio equivale a la seguridad se imprime en su identidad. En lo más profundo de su ser, su verdadera identidad también pudo haber sido la de una persona de grandes ideas, atrevida y con mucho que decir.

No hablar y vivir tu verdad es una forma de autorrechazo que le dice a tu subconsciente: *No valgo lo suficiente*. Por eso es tan importante que saques el tiempo para examinar tus creencias y valores, y buscar el origen de esos pensamientos. Déjame ser la primera en decir que darnos cuenta de que hemos incurrido en una conducta de autorrechazo puede ser doloroso. Incluso podemos caer en la tentación de ripostar. *Sé que valgo. Ese no es mi problema.* Si esa es tu verdad, pues bien, pero ¿*estás segura*? ¿O es que la vida te ha golpeado tanto que, si asumieras el hecho de que en algún lugar en lo profundo de tu ser sientes que no vales lo suficiente, ese reconocimiento te haría caer de rodillas? Tal vez eres como mi mejor amiga, que a menudo dice: «Oh no. Hoy no tengo tiempo de derrumbarme. A otro perro con ese hueso», cada vez que le ofrezco una pregunta de *coaching* que la obligaría a ser sincera consigo misma y examinar las partes más íntimas de su vida; esas partes temibles que habitan en los rincones más oscuros de su mente.

Dondequiera que estés, ésta es tu invitación a indagar más profundo, porque en el siguiente capítulo te voy a presentar el Marco de la Identidad Ofensiva, y saber en qué te has autorrechazado (si lo has hecho) te ayudará a determinar dónde caes en el marco.

Antes de proseguir, tómate un momento para afirmarte.

━━━ AFIRMACIÓN ━━━

SÉ QUIÉN SOY, LO QUE DEFIENDO Y POR QUÉ IMPORTA. SÉ EXACTAMENTE CÓMO QUIERO MOSTRARME HOY.

PRINCIPIOS PARA ANCLAR TU IDENTIDAD

▶ Puedes validar y desaprobar tus creencias y valores todos los días.

▶ Tus creencias amplifican tu identidad.

▶ Tú no eres la vergüenza. La vergüenza es el sentimiento que provoca realizar (o no) acciones que no se alinean con tu verdadera identidad. Nadie puede avergonzarte o estigmatizarte, a menos que tú se lo permitas.

▶ Una creencia limitante es un estado mental, convicción o creencia que asumes como verdadera y te limita de un modo u otro.

▶ Agradece los pensamientos innecesarios y pide que te sirvan pensamientos de afirmación de la vida.

▶ Tus valores pueden cambiar, y cambian según la etapa de la vida en que te encuentres. Haz un TAC y escribe tus creencias una vez por semana, para asegurarte de que te mantienes alineada a tu verdadera identidad.

▶ Hacer una auditoría del valor de tu tiempo una vez al mes es algo poderoso y revelador.

▶ El autorrechazo es el mecanismo de supervivencia al cual recurrimos para sentirnos seguros. Las experiencias traumáticas a veces pueden llevarnos a adoptar identidades que no corresponden con nuestra verdad, no sólo porque no estamos seguros de quiénes somos, sino también porque estamos buscando formas de mantenernos seguros y protegidos.

¿Ves la importancia de sacar el tiempo para anclar tu identidad? Examinaste tus creencias y valores, ¿verdad? *Sabes* quién eres. No eres los errores que has cometido. No eres lo que pesas ni lo que has rebajado. Eres la suma de tus creencias y valores. Eso es todo. Nada más y nada menos. Con este conocimiento y seguridad en ti misma puedes empezar a vivir sin filtros, sin vergüenza y sin miedo; ¡puedes ser tan poderosa como decidas!

Debes hacer este tipo de trabajo con frecuencia. Al igual que haces una limpieza anual de tu hogar, asegúrate de regresar a esta sección y limpiar cualquier residuo de creencias y valores pasados que te hayan impuesto. Y recuerda estar atenta a las creencias y valores nuevos que hayas adoptado y que no te sirvan. Ésos son difíciles de detectar, porque lucen muy bonitos. ¡Estas pequeñas acciones tienen resultados enormes y te acercan a una vida sin filtros, sin vergüenza y sin miedo!

4

LA OFENSORA EMPÁTICA

Tengo algo que confesar: me encantaban los *reality shows*. Bueno, corrijo: todavía me encantan los *reality shows*, pero he pasado de las mujeres escandalosas de la franquicia de Real Housewives a HGTV, Food Network y otros shows que te enseñan a hacer cosas. Porque, ¡oye!, ya soy una adulta. Además, me encanta ver cómo me inspiran mis preferencias más sofisticadas. Sin embargo, hubo un tiempo en que tenía una cita semanal con las Housewives de cada ciudad. En un episodio de *Real Housewives of Atlanta: Reunion*, NeNe Leakes y Kandi Burruss discuten acaloradamente, hasta que NeNe dice con autoridad y convicción: «Dije lo que dije», a lo que Kandi responde: «Pues lo que dijiste es una mie*da». Siguen discutiendo y, aunque no recuerdo cómo termina el episodio, recuerdo que NeNe no se disculpa en absoluto a pesar de las muchas veces que Kandi le dice lo molesta que está. Ese «dije lo que dije» de NeNe se convirtió en un meme viral que todavía circula por ahí.

Mi meta para ti con este libro es que te des permiso para ofender y hablar con el mismo grado de convicción que NeNe, pero con compasión y empatía. Eso es lo que aprenderás a medida que sigas trabajando con este libro. Vivir una vida sin filtros es el resultado de dirigir con empatía.

> **LA EMPATÍA ES LA CAPACIDAD DE COMPRENDER Y COMPARTIR LOS SENTIMIENTOS DE OTROS.**
>
> #PermisoParaOfender

La empatía es la capacidad de comprender y compartir los sentimientos de otros. A medida que nos adentremos en nuestro viaje hacia un estilo de vida con permiso para ofender, es importante que entiendas que para hablar sobre tu verdad sin herir a los demás debes acoger una naturaleza empática. Esto te permite conocer, sentir, conectarte y, si es necesario, ayudar a otros sin apropiarte de sus historias. Cuando acoges la empatía, puedes «ofender» con más libertad porque hablarás sobre tu verdad con más amor, compasión y comprensión hacia la otra persona. Si NeNe se hubiera tomado cinco minutos para considerar la perspectiva de Kandi, la conversación habría ido mejor. A veces, nuestras palabras y acciones lastiman a otros no por lo que hayamos dicho o hecho, sino porque no nos tomamos el tiempo de darle un espacio a la experiencia emocional de la otra persona.

Piensa en alguna ocasión en la que hayas llamado a una amiga para ventilar y, en vez de escucharte y darte espacio, te haya lanzado un monólogo tipo «te lo dije», o te haya contado una historia suya. El problema no es el discurso no solicitado —si tiene la razón, pues la tiene y eres lo suficientemente adulta como para admitirlo—, sino que no te dio espacio primero para procesar y experimentar tus sentimientos.

Ser empática significa ser capaz de *entender* el punto de vista de otra persona. No tienes que estar de acuerdo, ni hacer tuyo lo que la otra persona dice, hace o siente, o molestarte; pero ser capaz de entender por qué o cómo llegó ahí es indicativo de tu capacidad de empatía. En el intercambio en *Reunion*, parece que NeNe no se tomó el tiempo de considerar la postura de Kandi.

En serio: lo sé. Cuando estoy molesta y enfrascada en lo que siento acerca de algo, lo último que deseo es empatizar con la persona que me está mortificando. Antes de asumir un estilo de vida con permiso para ofender, siempre que me molestaba, lo primero que quería era *pelear*. Tal vez no físicamente, aunque —y no me siento muy orgullosa de ello— me metí en un par de escaramuzas en el pasado. Sin duda, lo que quería era gritar y maldecir a todo el mundo y a su madre. Ahora, cuando estoy muy molesta, herida, furiosa, rabiosa o lo que sea, aún grito, no voy a mentir. Pero no le grito *a* la otra persona. Más bien proceso mis emociones usando el Marco para la Libertad que practicaste en el Capítulo 1. Me recuerdo a mí misma mis creencias, valores e identidad, y luego recurro a mis destrezas de empatía. Aún digo lo que pienso y comparto mi verdad, sólo que ahora ofendo sin herir. En breve hablaremos más sobre esto.

Lo que quiero ahora es asegurarme de que no confundas «empatía» con «simpatía». Brené Brown distingue con mucha elocuencia ambos conceptos. «La empatía aviva la conexión. La simpatía lleva a la desconexión»*. La empatía dice «comprendo tu verdad». La simpatía dice «lamento tu verdad».

---

* Brené Brown. «The Power of Vulnerability». RSA (Royal Society of Arts). Video en YouTube, 21:47. 15 de agosto de 2013. https://www.youtube.com /watch?v=sXSjc-pbXk4&t=0s

Si alguna vez has estado en una situación donde la otra persona no fue capaz de empatizar con lo que te ocurrió, creo que apreciarás lo que sigue. Vas a aprender acerca del Marco de la Identidad Ofensora, las cuatro identidades y los escollos, lecciones y afirmaciones de cada identidad. Es mucha «identidad», lo sé. Este ejercicio te retará y te estirará, pero creo que por eso estás aquí. Porque estás lista para experimentar más libertad, y ése es, precisamente, el resultado de este marco. Empecemos.

MARCO DE LA IDENTIDAD OFENSORA

Al igual que los superhéroes de nuestras películas, todos nos ponemos un traje especial para protegernos de las fuerzas del mal que habitan en el mundo. Okey, tal vez estoy siendo un poco dramática, pero en cierto modo, es cierto. Nos convertimos en quienes necesitamos ser para mantenernos «seguros» y evitar los tres grandes: *que nos juzguen*, *que nos rechacen* y *que nos difamen*. El miedo a esas tres experiencias, y el deseo de evitarlas, es lo que nos impide decir nuestra verdad, vivir en la fe y en la libertad. Nos ponemos la identidad que se ajusta a cada situación para asegurarnos de que los demás no nos juzguen, rechacen o difamen. Por ejemplo, crecí en un hogar puertorriqueño y me enseñaron a hablar sólo cuando me dirigían la palabra. Para una bocona como yo, ésa era una regla que a menudo debía retar. Hasta el día en que me metí en una conversación de adultos y mi madre me lanzó *la mirada*.

—Yo te cojo en casa —me susurró al oído.

Todavía me sube un escalofrío por la espalda cuando

recuerdo ese día. ¡Y me cogió! Oh sí, me dio una pela. *Nunca, jamás* volví a meterme en una conversación de adultos. De hecho, después de esa experiencia, incluso cuando los adultos me hablaban, yo miraba a mamá para pedirle permiso antes de abrir la boca. Eso se convirtió en una respuesta automática de autoconservación que me tomó años abandonar.

Permiso

¡Me doy permiso para ocupar espacio y hablar!

#PermisoParaOfender

Puede que nunca te hayan lanzado *la mirada*, pero estoy segura de que has pasado por alguna situación en la vida que te haya obligado a ser un poco menos tú misma. Quizás hayas tenido que apagar un poco tu luz y poner tus necesidades y deseos en pausa. No importa lo que hayas experimentado en el pasado, puedes superar esa respuesta aprendiendo a personificar la identidad de la Ofensora empática.

El primer requisito es aprender a operar con un nivel alto de fe y verdad personal. Después de completar el ejercicio de identidad de los capítulos 2 y 3, debes tener claro y confiar en lo que crees. No pasa nada si aún estás ensayando nuevas creencias y valores. Recuerda que en cada etapa de la vida producimos nuevas ideologías en ambos renglones. El siguiente paso es crear capas de fe para que puedas defender esas creencias y valores según vives tu verdad personal. Para asegurarnos de que estamos en la misma página, definamos algunos términos.

FE: confianza total en algo o alguien.

VERDAD OBJETIVA: el estado real del asunto.

VERDAD PERSONAL: lo que has escogido creer a pesar de las opiniones, ideas o pruebas que te presenten otras personas.

Cuando estoy en total conexión con mi identidad de Ofensora empática, de la que aprenderás más en breve, me siento muy cómoda de decir en voz alta: «Jesucristo es mi Señor y mi Salvador». Esa aseveración requiere dos niveles de fe profunda. En primer lugar, fe para creer y aceptar la historia como una verdad personal; la verdad objetiva es que Jesús es un hombre en la Biblia. En segundo lugar, fe para decirlo en voz alta a riesgo de ofender o atacar a alguien o, peor aún, que me digan que hablar de mi fe es proselitismo. (Te digo un secreto: uno de mis mayores temores es que me llamen fundamentalista religiosa. ¡Uf! No puedo. Basta. Sigamos).

Me he adelantado un poco al hablar de la identidad de la Ofensora empática. Me encanta y respeto tanto esa identidad que quise hablarte de ella inmediatamente, si no es que antes. Pero hay tres identidades más en el Marco que debo compartir contigo primero.

El Marco de la Identidad Ofensora se divide en cuatro cuadrantes. Cada cuadrante muestra un nivel de verdad personal y fe, ubicado en los ejes de la «x» y la «y» (mira la siguiente imagen). Encontrarás el término «poca verdad personal», que no es sinónimo de «inauténtica», el cual quiere decir que operamos con un nivel bajo de verdad personal cuando realizamos acciones que no están necesariamente alineadas con nuestros valores o creencias para satisfacer nuestras necesidades inmediatas. También verás el término «poca fe», que es lo que reflejamos cuando no creemos en nosotros mismos o no tenemos el valor de mostrarnos en nuestra máxima expresión.

En el cuadrante superior izquierdo, te presento la Identidad crítica.

LA IDENTIDAD CRÍTICA

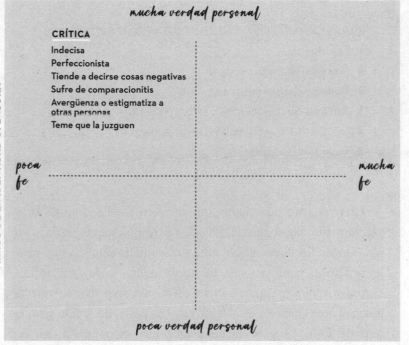

mucha verdad personal

CRÍTICA

Indecisa
Perfeccionista
Tiende a decirse cosas negativas
Sufre de comparacionitis
Avergüenza o estigmatiza a otras personas
Teme que la juzguen

poca fe

mucha fe

poca verdad personal

MARCO DE LA IDENTIDAD OFENSORA

Esta identidad aparece cuando tienes alta la verdad personal, y la fe, baja. Si has estado en tu Identidad crítica, es probable que pienses *mucho* las cosas: conoces tu verdad pero no te atreves a compartirla libremente. Tienes tanto miedo de que te rechacen, te saquen o, ¿lo digo?, te cancelen que, en vez de decir tu verdad, te quedas callada. Inventas excusas y, en última instancia, acabas por criticar y juzgar —a ti misma y a los demás— sin piedad. Si estás en la Identidad crítica, es probable que incluso descubras que tú misma te estás haciendo dudar de tu propia realidad. En ese caso, si te preguntas: *Un momento, ¿estaré equivocada?*, aun cuando sabes en lo más profundo de tu corazón que tienes la razón, tú misma te estás haciendo dudar de ti misma.

OTRAS CARACTERÍSTICAS DE LA IDENTIDAD CRÍTICA

▶ Es indecisa

▶ Tiende al perfeccionismo

▶ Tiende a decirse cosas negativas

▶ Sufre de comparacionitis

▶ Avergüenza o estigmatiza a otras personas

▶ Teme que la juzguen

Una vez tuve una clienta que *vivía* en ese cuadrante. Sabía exactamente lo que quería, y estaba profundamente anclada en sus valores. En nuestras llamadas individualizadas, sus ojos azules brillaban cuando hablaba de sus grandes sueños y metas. Dicho de otro modo, tenía un alto nivel de verdad personal; tomaba muchas notas cuando establecíamos sus pasos de acción para la semana. Pero, pasadas apenas unas horas, empezaba a caer en una espiral de negatividad y comparacionitis. Luego se quedaba dando vueltas en la indecisión y, las pocas veces que actuaba, su perfeccionismo le impedía avanzar. Yo sentía compasión por ella porque sabía cuánto deseaba alcanzar el éxito en sus propios términos, pero su Identidad crítica no se lo permitía.

Le hice *coaching* a través del Marco para la Libertad

(Capítulo 1) y pudimos identificar el origen de sus patrones de perfeccionismo, negatividad y comparacionitis. Resulta que tenía el recuerdo de estar con su abuela pintando un plato, que no le quedó bien. Su abuela era una perfeccionista y, cuando mi clienta no pintó el plato tal y como su abuela quería, ésta la hizo a un lado y le dijo que lo había hecho «mal». A partir de ese momento se aferró a la historia de que todo tenía que ser perfecto; de otro modo, la echarían a un lado.

La historia no termina ahí. Aunque amaba a su abuela, aquel intercambio dejó en mi clienta una huella profunda de resentimiento. Según trabajábamos en las oportunidades de alineamiento que he esbozado en este libro, mi clienta pudo reconciliarse con su abuela, romper el patrón y moverse hacia unos niveles altos de verdad personal y fe. Hoy mi clienta actúa consistentemente, honra su verdad y se da permiso para que las cosas le salgan ¡imperfectamente perfectas!

LA IDENTIDAD COMPLACIENTE

En el cuadrante inferior izquierdo, la Identidad complaciente opera con niveles bajos de verdad personal y fe.

Si estás en la Identidad complaciente, lo más probable es que seas una persona temerosa, introvertida o tímida. *Sabes*, pero te cuesta *creer*. La Identidad complaciente da un paso hacia el frente y tres hacia atrás. A menudo se esconde o halla formas de desviar o minimizar su verdad. De vez en cuando, la Identidad complaciente asumirá una postura, pero muy pronto la abandonará y se esconderá antes de que la vean. La Identidad complaciente es el camaleón del grupo. Es capaz de transformarse en lo que sea necesario, para encajar y mantenerse segura en el momento.

mucha verdad personal

MARCO DE LA IDENTIDAD OFENSORA

CRÍTICA

Indecisa
Perfeccionista
Tiende a decirse cosas negativas
Sufre de comparacionitis
Avergüenza o estigmatiza a
otras personas
Teme que la juzguen

poca
fe

mucha
fe

COMPLACIENTE

Ignora los límites
Tiene poca integridad propia
Influye, pero no tiene autoridad
Teme que la rechacen o difamen
Tiende a decirse cosas negativas
Arranca en falso
Demuestra culpa o temor

poca verdad personal

OTRAS CARACTERÍSTICAS DE LA IDENTIDAD COMPLACIENTE

- Ignora sus propios límites y los de las otras personas
- Tiene poca integridad y muchas veces rompe las promesas que se hace
- Tiende a decirse cosas negativas
- Es inauténtica
- Arranca en falso
- Demuestra culpa o temor

Después de pensárselo por más de un año, Iviana por fin se atrevió a lanzar su *podcast Grace for Breakfast*. Luego de unos cuantos episodios, decidió grabar una serie sobre el perdón. Uno de los episodios de la serie era acerca de perdonarse a sí misma. Al cabo de una semana de que el episodio saliera al aire, un miembro de su iglesia le envió un mensaje privado por las redes sociales que decía: «Escuché tu *podcast* y no estoy de acuerdo, porque como cristianos no se supone que nos perdonemos a nosotros mismos». Confundida por el mensaje, Iviana le envió el *podcast* a una amiga para que le diera una segunda opinión. Para su sorpresa y consternación, la amiga estuvo de acuerdo con el hombre, y le reiteró la misma creencia: en ninguna circunstancia los cristianos se perdonan a sí mismos. En sus propias palabras, Iviana dijo: «Después de que mi amiga me puso en mi lugar, me sentí muy incómoda por haber compartido mi *podcast* con varias personas religiosas, y de haber compartido mis creencias en el *podcast*, lo cual me hizo suavizar mis puntos de vista para complacer a otras personas».

Iviana no sólo suavizó los puntos de vista que había expresado en su *podcast*, también mermó su fe en sus habilidades y en el programa, que canceló tras apenas dos temporadas. Lo bueno es que siguió todos los pasos esbozados en este libro y decidió que estaba lista para regresar a su amor. Puedes escuchar *Grace for Breakfast* en cualquier plataforma de *podcasts*. Iviana se ha comprometido a darse permiso para ofender, ¡así que no encontrarás contenidos diluidos!

Una nota al margen, antes de pasar a la siguiente identidad: perdonarte a ti misma es uno de los ejercicios más poderosos y sanadores que puedes hacer. Comprendo el razonamiento de los dos individuos que criticaron a Iviana, pero la Biblia te dice que perdones a los que pequen contra ti» (Mateo 6:14, NTV). Como verás en el próximo capítulo, *tú* eres tu peor transgresora. Además, la Biblia dice: «No juzguen a los demás, y no serán juzgados» (Mateo 7:1, NTV). Oigan, amigas, los cristianos son seres humanos falibles, no todos somos unos santurrones. Así que, por favor, ¡dense permiso para perdonarse! Okey, dije lo que dije. Seguimos.

LA IDENTIDAD DE LA OFENSORA HERIDA

A lo largo de mi vida, he oscilado entre la Identidad crítica y la Identidad complaciente, pero la identidad que más he adoptado es la de Ofensora herida. He luchado por causas ajenas porque me he sentido indignada por alguna injusticia; a menudo he reaccionado impulsivamente, sin considerar las consecuencias o pensar que otras personas pudieran sentirse ofendidas por mis palabras. Simplemente he atacado sin cuidado ni consideración cualquier cosa fuera de mi agenda personal, porque eso es lo que hace la Ofensora herida. Si recuerdas el ejemplo de *The Real Housewives of Atlanta: Reunion*, NeNe Leakes es la típica Ofensora herida.

La Ofensora herida opera con poca verdad personal y mucha fe. Por fuera parece la hermana gemela de la Crítica. Comparten algunas características como la tendencia a culpar o avergonzar a otras personas y la negatividad; pero, contrario a la Crítica, la Ofensora herida suele ser más extrovertida. Opera con los niveles de fe más elevados, y cree que sus verdades personales son universales. En realidad, es increíblemente empática, pero se muestra combativa porque la gente ha confundido demasiadas veces su bondad con debilidad. Con frecuencia, las personas que han sido victimizadas o que pertenecen a algún grupo marginado y defienden la justicia suelen adoptar la identidad de la Ofensora herida. El peso de todo lo que han sufrido es tal que tienen que hablar y realizar acciones radicales sin considerar su impacto.

mucha verdad personal

MARCO DE LA IDENTIDAD OFENSORA

CRÍTICA

Indecisa
Perfeccionista
Tiende a decirse cosas negativas
Sufre de comparacionitis
Avergüenza o estigmatiza a otras personas
Teme que la juzguen

poca fe

mucha fe

COMPLACIENTE

Ignora los límites
Tiene poca integridad propia
Influye, pero no tiene autoridad
Teme que la rechacen o difamen
Tiende a decirse cosas negativas
Arranca en falso
Demuestra culpa o temor

HERIDA

Dramática
Carismática
Extrovertida
Apasionada
Puede parecer áspera
No es percibida como «miembro del equipo»
Se proyecta como «grande y poderosa»
Puede ser percibida como «juzgona»

poca verdad personal

OTRAS CARACTERÍSTICAS DE LA IDENTIDAD DE LA OFENSORA HERIDA

▶ Es extrovertida

▶ Es apasionada

▶ Parece áspera

▶ No es percibida como «miembro del equipo»

▶ Se proyecta como «grande y poderosa»

▶ Puede ser percibida como «juzgona»

Resulta interesante que esta identidad aflora no sólo en momentos de conflicto, sino también en relaciones interpersonales, como le ocurrió a mi amiga Verónica.

Verónica llevaba un periodo de vacas flacas. Señoras, ustedes saben a lo que me refiero: celibato involuntario (ejem, ejem).

—Nena, estoy en celo —me confesó por teléfono—. Necesito acostarme con alguien. ¡Esto no es vida!

Nos reímos y no le di mucha importancia, hasta que una semana después recibí un mensaje de texto: «Me acosté. Hermanas, digan amén».

Solté una carcajada y le contesté: «¡Weppppaaaaaa y amén!». *Wepa* es una interjección puertorriqueña equivalente a «¡Guau!», pero mejor.

La semana siguiente, mientras conversábamos, le pregunté por su nuevo amorío. Resulta que lo había conocido en una aplicación de citas, famosa por conectar personas que no buscan ataduras sentimentales. Me dijo que él le había parecido un poco extraño y que ni siquiera sabía si le había dicho su verdadero nombre. Le pedí más detalles.

—Su nombre no me sale en ninguna búsqueda y me dijo que su esposa había muerto.

—¡Está mintiendo! —grité al instante—. Veo muchas series de investigación en la tele y ésa es la primera mentira que dicen los locos.

—Es mi chico *mientras-tanto* —me dijo cuando le pregunté por qué seguía con un tipo que a todas luces estaba mintiendo.

—¿Pero eso es lo que deseas de verdad? —pregunté.

—¡NO! Quiero un cabr*n que esté loco por mí, que me de masajes en los pies, que me estimule la mente, que tenga salud emocional y todos sus dientes.

Se reía, pero pude sentir el dolor en su alma. Quería una pareja de verdad y estaba agotada de jugar esos juegos. Pero fue su Ofensora herida la que abrió la aplicación y conectó con ese tipo que estaba muy por debajo de sus estándares. En este caso, Verónica estaba operando con un nivel de verdad personal bajo. El problema era que el tiempo y la energía que desperdiciaba en ese tipo ocupaba el espacio disponible para buscar la pareja que en realidad quería.

Siento una profunda simpatía por la Ofensora herida, no sólo porque me identifico con ella, sino también porque sé que, si buscara en el alma y corazón de su verdad, podría canalizar toda esa energía, atraer lo que su corazón desea y ser un verdadero agente de cambio.

Mírate a ti misma: ¿te has visto en alguna de estas identidades? ¿Puedes recordar alguna época en que oscilaste entre identidades para encajar en una situación? Si eres alguien que responde negativamente a las etiquetas, trata de ver el marco sin los nombres y enfócate en las características de cada cuadrante. Tu meta —si vas a personificar los atributos y características que necesitas para darte permiso para ofender— es practicar vivir con un nivel alto de verdad personal y de fe. Lo que nos lleva a...

LA IDENTIDAD DE LA OFENSORA EMPÁTICA

La identidad de la Ofensora empática es la identidad de alguien que demuestra empatía hacia sí mima y hacia los demás. Una Ofensora empática es, además, elegante. Cuando operas bajo esta identidad, respondes antes de reaccionar. Estás dispuesta a decir lo que piensas y compartir tu verdad, aunque eso suponga sostener conversaciones difíciles. Estás dispuesta a defender lo que crees y arriesgarte por tu verdad personal y la de otros.

MARCO DE LA IDENTIDAD OFENSORA

mucha verdad personal

CRÍTICA	**EMPÁTICA**
Indecisa	Está profundamente anclada a su identidad
Perfeccionista	Cree mucho en sí misma
Tiende a decirse cosas negativas	Es comprensiva
Sufre de comparacionitis	Puede darles espacio las creencias que van en contra de las suyas, sin renunciar a su propia verdad
Avergüenza o estigmatiza a otras personas	Es compasiva
Teme que la juzguen	Es firme
	Es honorable
	Busca la justicia

poca fe .... *mucha fe*

COMPLACIENTE	**HERIDA**
Ignora los límites	Dramática
Tiene poca integridad propia	Carismática
Influye, pero no tiene autoridad	Extrovertida
Teme que la rechacen o difamen	Apasionada
Tiende a decirse cosas negativas	Puede parecer áspera
Arranca en falso	No es percibida como «miembro del equipo»
Demuestra culpa o temor	Se proyecta como «grande y poderosa»
	Puede ser percibida como «juzgona»

poca verdad personal

OTRAS CARACTERÍSTICAS DE LA IDENTIDAD DE LA OFENSORA EMPÁTICA

▶ Está profundamente anclada a su identidad

▶ Es comprensiva

▶ Confía mucho en sí misma

▶ Puede crear espacio para las creencias que van en contra de las suyas, sin renunciar a éstas

▶ Puede ser compasiva

▶ Tiende a ser firme

▶ Es honorable

▶ Busca la justicia

▶ Defiende a otros sin traicionarse a sí misma

Una Ofensora empática hace y dice cosas que a otras personas les podrían resultar ofensivas, de no ser por su capacidad de hacerlo con dignidad y respeto hacia las personas en cuestión. Una Ofensora empática dice lo que hay que decir y hace lo que hay que hacer sin comprometer sus propios valores y creencias. Punto.

OPORTUNIDAD DE ALINEAMIENTO

Ahora que comprendes mejor el Marco de la Identidad Ofensora, ¿cuál de estas cuatro identidades has personificado con más frecuencia? ¿Qué cuadrante has cumplido menos? Está bien si te identificas con más de uno. ¿Cuál se siente más dominante ahora?

¿Qué significa para ti ser una Ofensora empática, y cómo puedes personificar esa identidad hoy? Has una lista de al menos tres maneras de comenzar a vivir como una Ofensora empática. (Cuatro ejemplos: «Preguntar más para entender más», «Escuchar con atención», «Expresar compasión» y «Mantener límites firmes»).

¿Quién o qué (organización, institución o causa) se beneficia de que asumas una identidad de Ofensora empática?

Ahora quiero ofrecerte algunas herramientas que te ayudarán a moverte entre los cuadrantes, y mudarte para siempre a la esquina de la Ofensora empática. Comprender los obstáculos que tiene que superar cada identidad puede darte una idea sobre cómo saltar y desplazarte para llegar a la esquina superior derecha.

OBSTÁCULOS, LECCIONES Y AFIRMACIONES DE LA IDENTIDAD

Los obstáculos son retos específicos que cada identidad debe superar para desplazarse entre los cuadrantes. Tu oportunidad es reconocer cuándo se te presenta un reto y actuar con rapidez.

Las lecciones son los atributos positivos de esa identidad que puedes traer contigo a lo largo del Marco de la Identidad Ofensora.

Las afirmaciones son las anclas que puedes usar para recordarte que el cuadrante de la Ofensora empática es la mejor posición que puedes ocupar para vivir en la verdad, la fe y la libertad, sin filtros, sin vergüenza y sin miedo.

Juega con las identidades con que te sientas más alienada, y practica superar los obstáculos, adoptar las lecciones y repetir las afirmaciones. Para seguir adelante y superar las emociones asociadas a la mentalidad tipo «me siento estancada», debemos hacer cosas que nos ayuden a crecer. ¡Esto es trabajo de crecimiento! Es hora de desestancarte y empezar a decir y vivir tu verdad.

LA CRÍTICA

MUCHA VERDAD PERSONAL, POCA FE

OBSTÁCULOS: tomar decisiones sin dudar; dejar de compararte con otras personas; reducir la negatividad.

LECCIÓN: practicar la autocompasión. ¿Qué tienes que perdonarte y perdonarles a otros?

AFIRMACIÓN: *Puedo decir mi verdad sin sentir culpa o vergüenza.*

LA COMPLACIENTE

POCA VERDAD PERSONAL, POCA FE

OBSTÁCULOS: defender u oponerte a lo que crees; buscar verificación en lugar de validación (más en el Capítulo 6).

LECCIÓN: tener clara tu verdad y apoyarte en ella. ¿En qué crees? ¿Qué valoras? Hónralo.

AFIRMACIÓN: *Cuando digo mi verdad, preparo el camino para que otras personas puedan hacerlo también.*

LA OFENSORA HERIDA

POCA VERDAD PERSONAL, MUCHA FE

OBSTÁCULOS: dejar el papel de víctima sin negar el daño sufrido.

LECCIÓN: revisar las historias de tu vida y encontrar la verdad de quién eras antes de tener que protegerte y proteger a otros; vivir con la verdad de tu identidad.

AFIRMACIÓN: *Me ven, me escuchan y me comprenden mejor cuando defiendo mis creencias con empatía y compasión hacia todos.*

LA OFENSORA EMPÁTICA

MUCHA VERDAD PERSONAL, MUCHA FE

Nota que, aunque tu meta es la identidad de la Ofensora empática, quiero enfatizar que este cuadrante también tiene sus propios obstáculos, su lección y su afirmación. Por tanto, lo he incluido para demostrarte que cada identidad conlleva un esfuerzo.

OBSTÁCULOS: dejar de apropiarte o hacerte responsable por las verdades de otras personas para intentar ser empática o compasiva.

LECCIÓN: la justicia requiere verdad y rendición de cuentas. ¿Dónde tienes que rendir más cuentas según adoptas la identidad de la Ofensora empática?

AFIRMACIÓN: *Me resulta más seguro ofender para defender mi verdad cuando lo hago con empatía y compasión.*

—— **AFIRMACIÓN** ————————————————————

SOY UNA OFENSORA EMPÁTICA. VIVO MI VERDAD Y DOY ESPACIO A LOS DEMÁS PARA QUE HAGAN LO MISMO.

———————————————————— #PermisoParaOfender ——————

PRINCIPIOS DEL PERMISO PARA OFENDER

▶ La empatía es la capacidad de comprender y compartir los sentimientos de los demás.

▶ La autoconservación automática nos hace convertirnos en quienes necesitamos ser para mantenernos seguros.

▶ Tu verdad personal es lo que has escogido creer a pesar de las opiniones o ideas de otras personas o las evidencias que te presenten.

▶ Operar con niveles bajos de verdad personal no es lo mismo que no ser auténtica. Más bien, estás realizando acciones que no están alineadas con tus valores o creencias para satisfacer tus necesidades en un momento dado.

▶ Es posible que veas en ti misma una o todas las identidades del Marco de la Identidad Ofensora.

Todas hemos oscilado entre las cuatro identidades del Marco de la Identidad Ofensora. Son identidades que hemos tenido que adoptar para mantenernos «a salvo». Eso está bien. Ahora que conoces y entiendes cada una, puedes practicar ser una Ofensora empática.

Ésa es la identidad que te ayuda a vivir con el nivel más elevado de verdad personal y, además, te permite avanzar con una fe más profunda, lo que lleva a la libertad total. Y déjame decirte algo sobre la libertad: no todo el mundo *quiere* ser libre. Sé que puede parecer una locura, pero hay personas que escogen vivir en las prisiones de sus propias historias, miedos, juicios y creencias limitantes. Según empieces a adoptar la identidad de la Ofensora empática, es muy posible que esas personas se activen también. Probablemente serán las que te juzgarán, rechazarán y difamarán. No digo que *pasará*, pero *puede* pasar. Quiero que estés preparada. Lo que sigue te ayudará a estar preparada para todo lo que puedas enfrentar a medida que te encaminas hacia la máxima expresión de tu verdad personal y tu fe.

SEGUNDA PARTE

ME DOY PERMISO PARA VIVIR EN LA FE

Estén alertas. Permanezcan firmes en la fe. Sean valientes. Sean fuertes.

—1 CORINTIOS 16:13, NTV

5

CAMINA EN LA OFENSA

Angie, una clienta que ahora es una amiga querida y una de las personas que me inspiró a escribir este libro, me envió un interesante mensaje de autodescubrimiento. Habíamos trabajado juntas de manera intermitente por tres años, y durante ese tiempo la observé y apoyé en su transformación de una empresaria introvertida y contenida que luchaba por salir a flote, a una directora ejecutiva segura de sí misma que ganaba un sueldo de seis cifras. Había superado escollos y caídas no sólo en su negocio, sino también en su vida personal, pero aún tenía algunas luchas pendientes. (Lo digo en serio, aunque, ¿quién no las tiene?).

—¡Ay, Dios mío! ¡Cuánto me cuesta establecer límites! Me da miedo que me rechacen. Los límites son una puerta abierta para que la gente se vaya y me demuestre lo que más temo en el mundo: que no soy tan importante para ellos como ellos lo son para mí, y que soy reemplazable.

¡Uf! Me daba cuenta de que le estaba costando mucho procesar ese descubrimiento. Tampoco me sorprendía que los límites siguieran siendo un problema. Cuando empezamos nuestro viaje juntas, Angie era una típica Complaciente, que luego se graduó de Ofensora empática con algunas apariciones especiales de su Identidad crítica. Ahora, casi siempre dice su verdad, se expone y enfrenta las metas que le asustan, pero de vez en cuando, su Identidad crítica aparece y los límites se convierten en un grave problema. Por cierto, independientemente de que tu identidad recurrente sea la Crítica, la Complaciente o la Ofensora herida, es probable que hayas tenido que ceder límites de vez en cuando. Ceder límites te impide vivir tu vida en su máxima expresión, con altos niveles de verdad personal y fe. Quienes adoptamos y personificamos la identidad de la Ofensora empática comprendemos que los límites no son negociables.

Pensé no incluir este capítulo, porque hay muchos libros que enseñan la importancia de los límites y cómo establecerlos. Sin embargo, la cantidad de gente que aún lucha con ese asunto es alarmante. ¿Qué las detiene? ¿Qué hace falta para que lo comprendan, establezcan un bendito límite y lo honren? ¡En serio! Vamos a hacerlo. Juntas.

Permiso

Me doy permiso para que honrar mis límites sea un acto de amor propio.

#PermisoParaOfender

Pero, aunque escucho esas palabras en mi mente, sé que tenemos que exponernos varias veces a un concepto o una idea antes de que éste pueda romper la barrera del subconsciente y llegar a nuestro consciente. Incluso así, requiere mucho más que simplemente leer un libro y hacer algunos ejercicios.

Tienes que *decidir* que vas a ser el tipo de persona que se ama y respeta tanto a sí misma que honrar tus límites sea un acto de amor propio.

Establecer límites y honrarlos significa más que vigilar tu tiempo y energía; es proteger tu paz y preservar tu salud. No honrar y proteger tus límites, a menudo produce una supresión emocional que puede manifestarse en enfermedades físicas. No sé tú, pero yo, después del camino que recorrí para superar el cáncer de seno, insisto en los límites. Es por eso que en este capítulo aprenderás un proceso simple de integración de límites que puedes adoptar hoy mismo. También conocerás el Cociente de Capacidad para la Ofensa, que te ayudará a navegar con seguridad a través de situaciones y conversaciones difíciles.

NO ESTOY DISPONIBLE

«No estoy disponible a las 11:00 a. m., pero sí estoy disponible a las 10:00 a. m., que es la hora que acordamos».

Fue uno de los mensajes de texto más difíciles que había enviado en mucho tiempo, pero sabía que tenía que decírselo. De lo contrario, corría el riesgo de reprimir mis propias emociones y avivar un resentimiento profundamente arraigado hacia una amiga a quien quería mucho. No era la primera vez que me enviaba un mensaje a última hora para reprogramar una llamada, pero fue la primera vez que me atreví a decirle algo. La media docena de veces que lo hizo antes, la excusé y justifiqué. Me decía a mí misma cosas como: «Está superocupada. Yo no tengo tanto que hacer ahora mismo. En verdad, no pasa nada». «Yo también he tenido que cancelar alguna vez, así que es justo que le demuestre comprensión». «En realidad no me cuesta nada reorganizar las cosas, eso es lo que hacen las buenas amigas». Pero ese día no hallé forma de excusarla más. En especial porque ese día, al ver el mensaje de texto donde me pedía reprogramar la cita, puse los ojos en blanco y me enfadé. Así supe que tenía que expresarme; la semilla del resentimiento ya se había sembrado.

Si alguna vez sientes inseguridad respecto a algún límite que hayas establecido con alguien, presta atención a cómo te sientes en el momento en que te piden doblegar o romper ese límite. ¿Te enfadas? ¿Te sientes triste, molesta, herida o incómoda? ¿Dónde se refleja esa emoción en tu cuerpo? Presta atención a esas claves sutiles. *¡Son importantes!* Cuando puse los ojos en blanco, supe inmediatamente que, si no decía algo, ambas corríamos el riesgo de que Rachel Rodríguez hiciera una aparición y *nadie* quiere enfrentarse cara a cara con Rachel Rodríguez. (Por cierto, Rachel Rodríguez es mi nombre de soltera. Es también mi alter ego menos evolucionado. Hago todo lo posible por mantenerla a raya y controlar su mezquindad, pero no soy perfecta y, de vez en cuando, araña para salir a la superficie. *Hoy no. Satanás, retrocede*).

Mientras escribía un largo mensaje de respuesta, repasé los ejercicios que hicimos antes. *¿Qué está pasando? ¿Qué me estoy diciendo a mí misma? ¿Qué significado le estoy atribuyendo? ¿En qué creo? ¿Qué valoro? ¿Quién quiero ser en este momento?*

Al principio pensé no escribirle otro mensaje —ése donde iba a decirle exactamente lo que pensaba y sentía—, porque sabía que parte de lo que me decía a mí misma sobre el hecho de que me hubiera pedido reprogramar nuestra cita era una historia. Conozco a mi amiga. Sé lo que siente. Conozco sus intenciones. ¿No es eso parte del problema? ¿Es que estamos dispuestos a poner en pausa nuestros sueños, metas y deseos para complacer a otra persona porque nuestra creencia en su bondad es mayor que nuestro compromiso con nuestro propio legado? ¡No! No podía ignorarlo esta vez.

Permiso

| Me doy permiso para dejar de permitir que mi creencia en la bondad de otros me impida honrar mis límites. |

#PermisoParaOfender

La verdad es que, aunque *técnicamente* no tenía nada más en mi agenda y podía cambiar la hora de nuestra llamada, en aquel momento estaba escribiendo un libro, poniendo al día mi sitio web y alineándolo todo para la siguiente iteración de quién soy y el legado que estoy creando. No se trataba de reprogramar una hora; era la energía mental y emocional de cambiar el rumbo de mi día para darle prioridad al trabajo de otra persona sobre el mío propio. No, no estaba disponible para hacer eso. Así que empecé a escribir el mensaje de seguimiento para compartir las historias que me estaba contando a mí misma sobre sus constantes reprogramaciones.

Sabía que me arriesgaba a herir sus sentimientos o, tal vez, provocar que ella empezara a contarse sus propias historias a raíz de mi mensaje de texto, (¿recuerdas el ciclo del cual hablamos en el Capítulo 1?). Pero las historias o sentimientos de otros no son responsabilidad mía, ¡y *tampoco tuya*! Soy responsable de mí misma, de mis propias historias y de asegurarme de que la gente conozca mis estándares. Sinceramente, debí haberle dicho algo antes.

Tuve que recordarme que enseñamos a la gente cómo debe

tratarnos. Si no estableces tus estándares desde el inicio, tus límites seguirán doblegándose hasta romperse. Si hubiera escogido no defenderme y honrar mis límites, le habría confirmado tanto a ella como a otros: *Está bien reprogramar una cita con Rachel a última hora. Está bien dejarla plantada hasta que sea más conveniente para ti.* ¡Y a mí eso no me parecía bien! Tenía la oportunidad de ser una Ofensora empática y decir lo que pensaba. Así que lo hice.

Le expliqué que sabía que me estaba contando a mí misma una historia y asignándole un significado a sus frecuentes reprogramaciones, pero tenía que honrarme a mí misma, y honrar mis pensamientos y mis sentimientos. Le dije que sabía que ella me quería, pero sus repetidas cancelaciones no reflejaban respeto a mi tiempo y quería honrarnos a ambas diciéndoselo. Terminé el mensaje con estas palabras: «Dicho esto, no estoy disponible a las 11:00 a. m., pero sí estoy disponible a las 10:00 a. m., que es la hora que acordamos. Y te quiero».

Sí, me asustaban todos los «y si...» que pudieran surgir después de que enviara el mensaje. Quiero aclarar que tenía mucho miedo, y me sentía muy nerviosa de enviar ese mensaje de texto. El corazón me galopaba en el pecho. Incluso me temblaban un poco las manos. Tenía todos los síntomas. No obstante, temía más a los efectos a largo plazo de no defenderme que al malestar que sentía en ese momento.

Piensa en todas las veces en que no has dicho lo que debías, y en cómo eso te ha afectado hasta hoy.

Piensa en las veces en que te has quedado callada y has dejado que la otra persona te haga dudar de ti misma.

Piensa en las veces en que has cedido por temor a molestar a alguien.

Piensa en las veces en que has puesto en pausa tus sueños y tu vida para ayudar a otra persona a realizar los suyos.

Practica decir: «No estoy disponible». Sí, corres el riesgo de que a alguna gente no le guste que te defiendas a ti misma y, sí, puedes perder a algunas personas en el camino. ¿Lo digo? Es probable que pierdas incluso a algunos miembros de tu familia. Me recuerda la historia de Lot y Abraham (Génesis 13:1-18, NTV), el tío y el sobrino que tuvieron que separarse para recibir sus bendiciones. Pero ninguno murió antes de tiempo por esa separación, ¡y tú tampoco! Recuerda que tu cerebro siempre está trabajando para asegurar tu supervivencia, y que inicialmente percibe cualquier cambio en los patrones y hábitos que has desarrollado como una amenaza*. El antídoto es buscar oportunidades para honrar tus límites.

¿Y si desconectarte de las personas que no te honran y aceptan como deseas te permite crear un espacio para conectar con personas que te aceptan y celebran tal como eres en tu máxima expresión? ¿Verdad que sería maravilloso?

¿Qué oportunidades se les presentan a ti y a las personas que más quieres cuando haces el cambio y te escoges a ti primero?

ABUSADORAS DE LÍMITES

Está bien, llevamos un buen rato hablando sobre cómo otras personas intentan traspasar nuestros límites. ¿Pero qué pasa

---

* «Why Change Is so Hard—and How to Deal with It», Your Brain at Work, NeuroLeadership Institute, 12 de diciembre de 2019. https://neuroleadership .com/your-brain-at-work/growth-mindset-deal-with-change cuando la que abusa de los límites eres *tú*? Yo sé muy bien lo que es ser la que abusa de mis propios límites. A ésa tuve que decirle cuatro cosas justo el otro día.

Me había inscrito para asistir a un retiro virtual y, aunque inicialmente había planificado reservar una habitación en un hotel de lujo y secuestrarme a mí misma por el fin de semana, a última hora decidí quedarme en casa porque, bueno, no me apetecía mucho hacer maletas. En cualquier caso, le dije a mi familia que, aunque me quedaría en casa el fin de semana, íbamos a «imaginar que mamá no está».

—No me pidan nada, no toquen a la puerta de mi oficina —instruí a mis hijas—. Si necesitan algo, pídanselo a papi. Si surge una emergencia, llamen al 911 y luego busquen a papi. Si necesitan un abrazo, abracen a papi. Si necesitan papel higiénico, llamen a papá.

Luego fui a la oficina de mi esposo.

—Este fin de semana voy a participar en un retiro virtual —le dije—. Será como si no estuviera aquí. Vas a tener que alimentarte y asegurarte de que las niñas y el perro coman. Imprime todo lo que tengas que imprimir hoy porque, una vez que comience mi retiro, no quiero que entres en mi oficina.

—Pero, si no estás ahí, ¿por qué no puedo entrar en tu oficina? —respondió mi marido, haciéndose el payaso.

Le lancé *la mirada*, advertencia de que no estaba bromeando.

—No uses mis cosas mientras no esté —dije—. Mi oficina está cerrada para ti y para todo el mundo. No voy a cocinar. Y tampoco voy a dejarles la comida preparada, así que asegúrate de organizarte bien. ¿Entendido?

Me ha tomado casi trece años de matrimonio llegar al punto en que me doy permiso para no ser la única responsable de organizarlo todo para cuando no esté. Antes, era la esposa que dejaba todas las comidas preparadas en el congelador o hacía arreglos para que les trajeran comida o se fueran a dormir a otra parte, a fin de que mi ausencia no incomodara a nadie. Ojalá pudieras verme negar con la cabeza mientras lo pienso. Una cosa es hacer todo eso porque te da alegría y satisfacción. Si es así, ¡fantástico! Sigue haciéndolo. Pero yo no hacía todo eso desde un lugar de amor, alegría y satisfacción, lo hacía por temor e inseguridad. Temía que, si no hacía todas esas cosas, mi familia se sentiría abandonada, mi esposo pensaría que era una mala esposa y mis hijas muy probablemente pasarían hambre.

Mi esposo me miró con una sonrisa juguetona.

—¡Entendido, nena! Te envío un mensaje de texto cuando esté listo para sentarme a comer, y te envío a las niñas si necesitan algo —dijo. Luego me dio un beso en los labios y agregó—: Es broma. Entendí. Mamá no está. Ordenaré pizza y pollo frito para las niñas.

—Estupendo. Haz lo que tengas que hacer. No estaré aquí hasta el lunes —le respondí.

Llegó el primer día del retiro y todo iba de maravilla, hasta que mi abusadora interior apareció de repente y me dijo que fuera a abrazar a las niñas durante el receso de almuerzo. Claro que no tiene nada de malo que una mamá quiera darles unos apretoncitos a sus hijas en los recesos, ¿verdad? Así que fui a la habitación de cada una.

—¡Rápido! ¡Vamos a darnos amor y abrazos antes de que vuelva a encerrarme! —les dije.

El rostro de mi hija Isabella se iluminó.

—¡Mamá! Pensé que no estabas aquí. —Sin duda, alguien aparte de mí recordaba lo que debía estar pasando.

—No estoy aquí. Sólo quiero un abrazo y me voy —respondí.

Le di un abrazo a mi otra hija, Valentina, y de camino a mi

oficina le planté un besote en los labios a mi esposo, antes de encerrarme a disfrutar de la segunda mitad del retiro. Sinceramente, esos dos abrazos y ese besote me llenaron de alegría. Fue un límite bien doblegado.

Abusadora de límites 1, Mamá 0.

Según llegaba a su fin el primer día del retiro, me sentí inmensamente agradecida y satisfecha. Trabajo desde casa, mi esposo está retirado y, gracias a la pandemia por el COVID-19, las niñas estaban tomando clases de forma virtual. Estábamos *siempre* en casa y ésa era la primera vez, desde que había comenzado la pandemia, que podía dedicar tiempo a enfocarme en mí misma. ¿Cómo era posible? Sencillo. Había establecido límites claros y había comunicado lo importante que era ese retiro para mí. Los había embarcado en mi visión. Embarcar a otros en tu visión es la clave para establecer y honrar tus límites.

Había logrado embarcar a mi familia en mi visión del fin de semana. Entonces ocurrió...

Mi abusadora de límites interna apareció la mañana siguiente. *¡Wepa! Qué bien hemos dormido, y mira lo temprano que es. Tal vez debas sorprender a la familia con café para el esposo y donas para el desayuno de las niñas. Podría vestirme rápido, conducir un poco y regresar antes de que comience el retiro.* Pensé en lo bien que me haría sentir ver sus caritas iluminadas cuando pusiera las donas en la mesa para que se dieran el gustazo. Eso las alegraría tanto.

De pronto sonó en mi mente un chirrido, como cuando la aguja del tocadiscos ralla un disco de vinil. *¿Qué? ¡Nooooo! Este es* mi *fin de semana. Dije que no estaría aquí. Sí, tengo el tiempo, pero, si lo hago, me arriesgo a perder la oportunidad con que cuento ahora mismo de centrarme y prepararme para el segundo día del retiro. ¡No! Les dije que se imaginaran que no estoy aquí. Tengo que honrarme y honrar mis propios límites. Si no, ¿para qué gasté tanta* *saliva dando esas instrucciones? ¡No! ¡No! ¡Y no! Tienen suficiente comida y, aunque no fuera así, su padre las puede llevar a desayunar a cualquier lugar. Este fin de semana es mío, y esta vez lo voy a disfrutar. ¡Pum! ¡Toma, abusadora de límites!*

OPORTUNIDAD DE ALINEAMIENTO

Practiquemos establecer un límite y crear un proceso para que otros se embarquen en tu visión ahora mismo.

¿Qué límite has querido proteger, pero tu abusadora interior ha traspasado? (Por ejemplo: «Mi límite deseado son tres horas de trabajo sin interrupciones». «Mi límite deseado es que mi mamá respete mis decisiones como madre»).

Mi límite deseado es:

_____

Ahora entendamos por qué ese límite es importante para ti. Tendrás que ser clara si quieres que los demás se embarquen en esa visión.

Este límite es importante para mí porque:

_____

Por último, me encanta, y recomiendo, llevar una bitácora sobre cómo lograr lo que deseo afecta a la gente que amo. Ese paso no es imprescindible, pero es muy útil, en especial si eres de las personas que luchan con la culpa cuando estableces límites.

Este límite beneficia a otros además de a mí porque:

_____

(P. D.: sí, de verdad sostengo ese tipo de conversaciones conmigo misma).

Abusadora de límites 1, Mamá 1.

En vez de ir a buscarles desayuno, me serví una taza de café, agarré mi libreta y disfruté de una poderosa sesión de *scripting* o escritura manifiesta. Las sesiones de escritura manifiesta son lo que hago y enseño para manifestar una experiencia de vida mejorada a través de la escritura en un diario. Fue una mañana muy feliz y satisfactoria. Y adivinen qué. Nadie pasó hambre en mi casa y, por lo que pude ver a través del cristal de las puertas francesas de mi oficina, todo el mundo estaba contento, saludable y lleno de vida. ¡Y estuve a punto de arruinarlo!

¿Te diste cuenta de lo que sucedió? Cuando le permití a mi abusadora de límites interna doblegar mi límite el primer día, al día siguiente intentó avanzar un poco más, y estoy segura de que, si hubiera ido a buscar las donas aquella mañana, no habría quedado nada de mi límite al final del retiro. Habría tenido a las niñas, el perro y el esposo encima de mí pidiéndome cosas.

Tienes que contestarte la siguiente pregunta. *¿Quién es la verdadera abusadora de límites?* ¿Eres tú u otra persona? Tal vez sean tú *y* otra persona.

Eso me recuerda a Sara, una mujer que asistió a uno de mis eventos en vivo. Sara se me acercó y me pidió una sesión para que la ayudara con una cuestión de límites con una clienta. Cuando comenzó su negocio, Sara proveía apoyo técnico, pero, según empezó a realizar el trabajo que tú y yo hemos hecho hasta ahora, descubrió que quería dar el salto al *coaching* y la consultoría. Mientras más se apoyaba en sus valores y se apropiaba de su identidad, más claramente veía dónde la necesitaban. Comenzó a hacer *coaching* con grupos pequeños, y ofrecer consultoría estratégica individualizada, pero sabía que debía hablar en eventos y empezó a buscar oportunidades en sesiones de discusión y paneles virtuales. Sara estaba empezando a encontrar y usar su voz. ¡Estaba dándose permiso para ofender! Pero tenía una clienta que seguía solicitándole apoyo técnico. Sara ya le había dicho que estaba haciendo la transición para dedicarse a tiempo completo a las charlas, el *coaching* y la consultoría, y que ya no estaría disponible para ofrecer servicios técnicos.

—No quiero dejarte abandonada, así que seguiré apoyándote por treinta días más, para que te dé tiempo de conseguir a alguien que me reemplace, y a mí, de entrenar a esa persona como es debido —le dijo.

La clienta estuvo de acuerdo.

Por los siguientes treinta días, lo que Sara esperaba que fuera una transición suave, se convirtió en una pesadilla. Su clienta le enviaba mensajes de texto con solicitudes urgentes, a menudo en las noches y los fines de semana. Nunca empezaba o terminaba las comunicaciones con amabilidad, y con frecuencia le enviaba a Sara comentarios irrespetuosos y pasivo-agresivos. En vez de confrontarla y activar su identidad de Ofensora empática, la Complaciente de Sara se hacía cargo de la situación: evitaba confrontaciones, traspasaba sus propios límites en la relación cliente-contratista y constantemente luchaba contra los sentimientos de culpa y miedo por lo que pudiera pasar si la confrontaba.

—No puedo encontrar a nadie que haga todo lo que hay que hacer. Esto es imposible. Necesito retenerte un poco más de tiempo. Te pagaré más —le dijo la clienta a Sara cuando se acercaba la fecha en que dejarían de trabajar juntas.

Uno de los grandes retos que enfrentaremos cuando estemos al borde del cambio es que otras personas querrán que permanezcamos igual. Como podrás apreciar en la historia de Sara, su clienta estaba tan reacia a que Sara cambiara, que hasta intentó sobornarla ofreciéndole más dinero para que no siguiera adelante con sus planes. Ésa es una táctica de manipulación desesperada. No te dejes engañar por una abusadora de límites. A menudo dirán y harán lo que sea para salirse con la suya, (eso sucede sobre todo cuando tú eres tu propia abusadora de límites).

Por desgracia, Sara se quedó, no por el dinero, sino porque, según me dijo, «No quería que la relación terminara mal».

Permiso

| **Me doy permiso para dejar que algunas relaciones terminen «mal».** |

#PermisoParaOfender

¿Cuántas veces has permanecido en una situación negativa porque no quieres que la relación termine mal?

En serio: las relaciones terminan mal porque una o más de las partes involucradas demuestran poco respeto hacia una o más partes. Si haces tu parte para mostrarte alineada con tus valores y creencias, ¡*qué se le va a hacer*! Date permiso para dejar que algunas relaciones terminen «mal».

¿CUÁL ES TU COCIENTE DE CAPACIDAD PARA LA OFENSA?

¿Cuán tolerante eres a las ideas, opiniones y juicios de otra gente? Mi meta personal es llegar a un punto en que me importe un comino lo que cualquiera piense, crea, sienta o diga sobre mí, mi familia o mi trabajo, aunque se trate de la persona cuyo amor y respeto sea lo que anhele más en el mundo. Borra eso: ¡*en especial* si se trata de la persona cuyo amor y respeto es lo que anhelo más en el mundo! ¿Por qué? Porque darle entrada a las ideas, opiniones y juicios de la gente, en particular de la gente que quiero y respeto, puede desviarme, y me ha desviado, de perseguir mis sueños. Por ejemplo, me dieron una beca completa para ir a una escuela de arte, pero mi mamá insistió en que fuera a Penn State University y estudiara Administración de Empresas. Esa beca era un sueño hecho realidad que pudo haberme dado un futuro financiero más estable. Sin embargo, adquirí una deuda de más de cuarenta mil dólares en préstamos estudiantiles para que mi mamá pudiera cumplir con la promesa que le hizo a mi madre biológica en su lecho de muerte. Recuerdo lo que mamá me dijo.

—Si no te gradúas de una universidad y consigues un buen empleo, me van a criticar.

El «ellos» implícito a quienes se refería eran los miembros de la familia de mi madre biológica. Si hubiera sabido entonces todo lo que sé ahora sobre las historias, las creencias, la identidad y cómo navegar a través de conversaciones delicadas, no habría renunciado a mi sueño de hacerme de una carrera en las artes. Y, sin duda, no habría pedido tantos préstamos estudiantiles. Pero ¡*c'est la vie*! Estoy en paz con la forma en que se ha desarrollado mi vida porque encontré un nuevo sueño y una carrera que me *fascina*, pero por muchos años sentí mucho resentimiento y desesperanza mientras intentaba encontrar mi lugar en el mundo, lejos de mis sueños de niñez. Por eso procuro incansablemente que las cosas me importen un bledo.

¿Y qué pasa en los momentos en que la opinión de otros sí debe importarte? Por ejemplo, la opinión del jefe sobre tu desempeño en un empleo sí debe importarte; la satisfacción de un cliente con tu servicio sí debe importarte; la opinión de tu pareja sobre cómo te comportas en la relación definitivamente debe importarte. Entonces, ¿cómo dejar de preocuparte tanto por lo que otros piensan sin dejar de pensar en tu carrera, tus relaciones y las cosas que más te importan?

Pues, bien, es muy sencillo: aumentando tu Cociente de Capacidad para la Ofensa o CCO. Mientras más alto sea tu CCO más fácil se te hará moverte hacia la fe y la libertad. Además, es una gran oportunidad para que sostengas diálogos significativos, encuentres tejidos conectivos y te unas a las personas que te rodean, *aunque* tus creencias sean completamente diferentes de las de ellas.

Tu CCO es un indicador de cuánta ofensa de otros puedes tolerar. Es una medida de tu capacidad de permanecer anclada en tu identidad, independientemente de los pensamientos, acciones, palabras y comportamientos de otros. En resumidas cuentas: mientras más alto sea tu CCO, menos te molestará cuando alguien diga alguna estupidez mayúscula. Tu mundo no se tambaleará; tus cimientos permanecerán firmes y podrás seguir adelante sin que nada te perturbe.

Aumentar tu CCO es importante cuando adoptas la identidad de la Ofensora empática y vives un estilo de vida con permiso para ofender, pues según aumente tu capacidad de que te ofendan, podrás escuchar y establecer vínculos con personas que quizás digan o hagan cosas que, de otro modo, te enfurecerían y provocarían discordia.

Supe que había aumentado mi CCO cuando compartí un comentario en las redes sociales en el cual expresé mi opinión sobre intercambiar las palabras «Dios» y «universo». Hasta entonces, decía con frecuencia: «Dios, universo, origen o como quieras llamarlo», pero en lo más profundo de mi corazón sentía que eso era traicionar mis creencias y a mi Dios. Así que lo hice. Puse un mensaje con *mi* opinión y creencia de que Dios había creado el universo y, por tanto, esas palabras no eran intercambiables. Sabía que al menos una persona se iba a enfadar y dejar de seguirme, pero era un riesgo que estaba dispuesta a asumir para defender mi verdad. Como era de esperar, unas quinientas personas dejaron de seguirme en la primera hora. Me llegaron algunos comentarios desagradables; hubo uno en particular que sobresalió entre los demás. La mujer escribió: «Acabo de perder todo el respeto que sentía por ti. Dejo de seguirte». A lo que respondí: «Gracias por compartir lo que piensas».

En el pasado, me habría escondido, habría llorado hasta el agotamiento y, al despertar, me habría atiborrado de toda la comida chatarra que encontrara en la alacena. En el pasado, perder tantos seguidores en tan poco tiempo me habría destruido el ego. Practicar una y otra vez lo que propone este libro me preparó para aquella tarde. En vez de llorar, atiborrarme de comida chatarra y contemplar mis opciones de vida, escogí agradecerle a cada una de las personas que respondieron a mi mensaje, ya fuera de forma positiva o negativa. Tuve varios intercambios maravillosos con gente que no compartía mi creencia, pero respetaba mi punto de vista. Una mujer escribió: «Aunque mis creencias son diferentes, me encanta este mensaje. 🖤 Todos tenemos puntos de vista diferentes y odiarnos por no estar de acuerdo en todo es una locura. Gracias por compartir 🖤».

Le contesté: «Muchas gracias por unirte a la conversación y ver mis verdaderas intenciones. Te reconozco y te envío amor y bendiciones 🖤».

Mentiría si dijera que los comentarios y la pérdida de casi mil seguidores en un día no fue algo duro al principio. ¡Lo fue sin duda! Después de todo, cada seguidor es una persona de carne y

PENSAMIENTOS PROPIOS DE UN CCO BAJO	PENSAMIENTOS PROPIOS DE UN CCO ALTO
¿Quién se cree que es?	Me pregunto qué querrá decir.
¡Qué idiota! Voy a dejar de seguirle.	Voy a seguir observando a ver qué pasa. O no me siento alineada con esas ideas. Voy a dejar de seguirle por un tiempo y luego regresaré a ver si fue sólo un momento de humanidad.
¡No puedo creer que haya hecho/dicho eso!	Oh, eso me parece interesante. Me encantaría saber más para tener una imagen más completa.
Van a reírse de mí/van a juzgarme.	No puedo complacer a todo el mundo siempre. ¡Voy a intentarlo!
Si hago esto, perderé todo lo que amo.	Si no hago esto, puede que me pierda a mí misma. Valgo lo suficiente como para hacer aquello hacia lo que me siento llamada. No importa que los demás no me sigan.

#PERMISOPARAOFENDER

hueso. Sentí la pérdida como mil rechazos; era algo que no había experimentado hasta ese día. Me hizo recordar que compartir tu verdad conlleva consecuencias y oportunidades. Creo que las personas olvidan las oportunidades porque les temen demasiado a las consecuencias. Ese día, y durante varios días después, seguí sosteniendo un diálogo positivo con las personas que estaban y no estaban de acuerdo con mi punto de vista. Cada conversación me ayudó a aprender acerca mí misma y de ellas.

Esta nueva forma de ser alguien que puede tolerar las ofensas me ha permitido sostener conversaciones profundas, a veces muy emotivas, de manera empática. En algunos casos, esos intercambios me han ayudado a pensar de otro modo, porque puedo ver y experimentar una nueva forma de creer y ser gracias a que otras personas comparten conmigo su filosofía. En ocasiones menos afortunadas, he tenido que abandonar amistades y relaciones que ya no nos servían a mí o a ellas. El resultado, aunque doloroso en el momento, a la larga ha sido positivo.

NOTA PERSONAL

LO QUE DUELE EN EL MOMENTO TIENE EL POTENCIAL DE SER POSITIVO A LA LARGA. NO INTENTES ATAJAR EL DOLOR.

#PermisoParaOfender

No habría vivido ninguna de esas experiencias si no hubiera aumentado mi Cociente de Capacidad para la Ofensa. A veces, cuando aumentas tu CCO descubres que deseas lo mismo que la persona cuyos valores y creencias difieren de los tuyos, sólo que lo expresan de forma diferente. Eso aplica especialmente a mi relación con mi mamá. He aprendido que si no pongo intención en nuestros diálogos, podemos darle mil vueltas a un asunto sólo para descubrir que queremos llegar al mismo lugar. ¿Se te ocurre alguien con quien te pase lo mismo? Ambos desean las mismas cosas, pero sus creencias acerca de cómo alcanzarlas son tan diferentes que, si no operas intencional y deliberadamente con altos niveles de CCO, las cosas pueden salirse de control.

Cuando tu CCO es bajo, corres el riesgo de destruir o perder del todo oportunidades, experiencias y relaciones que podrían cambiar y transformar tu vida y la de otros. Por eso desperdicias más tiempo en la ofensa que en intentar lograr un entendimiento.

Aquí tienes tres pasos sencillos para aumentar tu CCO:

Sé curiosa. *Haz preguntas esclarecedoras. ¿Qué quiso decir? ¿Qué quieres decir? ¿Estás contándote alguna historia? ¿La otra persona está contándose alguna historia? ¿Hay algo sobre lo cual estén de acuerdo? ¿Es algo personal? ¿Qué significado estás dándole? ¿Qué significado está dándole la otra persona? Haz todas las preguntas esclarecedoras que puedas para encontrar un punto de conexión.*

Afirma tu verdad. *Continúa recordándote lo que crees y valoras. Cuando se te presente una persona o una situación potencialmente «ofensiva», afirma tu verdad y ejecuta sólo las acciones que se alineen con tus valores y creencias.*

Practica que «te ofendan». *Empieza a hablar, hacer y ser exactamente lo que deseas ser. Persigue una pasión, comparte un mensaje con tus creencias, cambia tu forma de vestir, haz las cosas que temes que puedan ofender a otros y practica responder con pensamientos llenos de CCO.*

¿Te gustaría conocer tu CCO? Haz la siguiente prueba ahora.

1. Llevas semanas intentando escoger la pintura perfecta para tu habitación favorita. Una vez pintadas las paredes, invitas a tu amiga a ver tu obra de arte. Tu amiga entra en la habitación y dice: «Está bonito, pero ¿ése fue el color que escogiste?»:

- ☐ Te desanimas de inmediato y empiezas a dudar de tu decisión.

- ☐ Te molesta un poco la pregunta, pero intentas tomarlo a broma y respondes: «Sí, ¿por qué?».

- ☐ No piensas nada y dices: «¡Sí! Me encanta».

2. Le envías a tu amiga un mensaje de texto y no te responde. Al cabo de unos días vuelves a enviarle el mensaje. Tampoco te responde.

- ☐ Te angustias y te devanas los sesos intentando imaginar qué hiciste mal.

- ☐ Te preguntas qué pasará, pero decides que le vas a dar unos días más y, tal vez, llamarla para asegurarte de que no le haya pasado nada malo.

- ☐ Sigues haciendo tus cosas y hasta te olvidas de haberle enviado un mensaje. Después de todo, la vida es complicada y tú también tienes muchas cosas que hacer.

3. Estás en una actividad para establecer contactos, y la conversación da un giro hacia la política y la religión (ya sabes, los temas «tabú»). La persona a tu izquierda dice algo que va totalmente en contra de tus creencias:

☐ Te enfureces al instante. ¿Quién diablos se cree?

☐ Te sientes incómoda por un instante. ¿En serio? Luego decides no decir nada porque no quieres dramas ni conflictos.

☐ Piensas «Qué interesante. Veamos cuál es la historia de esta persona», y procedes a decir en voz alta: «No estoy de acuerdo. Cuéntame un poco más por qué es cierto para ti».

4. Estás cenando con tu pareja. Emocionada, le cuentas la idea que se te ha ocurrido para un negocio. Sin pensarlo, tu pareja te mira a los ojos y te dice: «Eso no va a funcionar».

☐ Sientes toda una gama de emociones, y no sabes si echarte a llorar o tirarle el vaso de agua en la cara. Por el resto de la cena, te sientes fracasada y cuestionas todas las decisiones que has tomado en la vida.

☐ Te toma por sorpresa y preguntas: «¿Por qué dices eso?». Te sientes un poco lastimada, pero piensas que debe haber una explicación.

☐ Te ríes y dices: «Okey», pero en silencio te imaginas en diez años frente a miles de personas contando la historia de la vez que tu pareja te dijo que no funcionaría, pero ahí estás dirigiendo un negocio multimillonario.

5. Estás en una fiesta con unos amigos cuando alguien hace el siguiente comentario sobre la forma en que estás vestida: «Esos jeans están muy lindos, pero te verías mucho mejor con una camisola en vez de la blusa que tienes puesta».

☐ Te avergüenzas al instante y te sientes mal vestida por el resto de la noche.

☐ Empiezas a tomártelo personal, pero luego te recuerdas que todo el mundo tiene derecho a pensar lo que quiera, así que sonríes amablemente y dices: «¿Sí? Tal vez». Luego te vas a conversar con otra gente.

☐ Dices: «Gracias. Estos jeans son lindísimos y me encanta esta blusa. Gracias por la sugerencia».

6. Empiezas a comentar en las redes sociales algo que te parece una gran injusticia (piensa en asuntos como BLM [las vidas negras importan, por sus siglas en inglés], las leyes a favor o en contra del aborto, los seguros médicos, etc.). Empiezan a llover mensajes y casi todo el mundo está totalmente en contra de tu postura:

☐ Sientes pánico. Empiezas a justificarte para mantener la paz. A la larga, borras todos tus comentarios sobre el tema. No quisieras ceder, pero temes ser #cancelada.

☐ Dejas el mensaje, pero decides desaparecer un tiempo de las redes sociales. El ambiente se está volviendo tóxico y no quieres lidiar con eso.

☐ Respetuosa y amablemente respondes a los comentarios. Haces preguntas y buscas comprender a los demás, aunque estás convencida de tus creencias.

7. Algunas personas te dicen que sienten que contigo tienen que andar como pisando huevos, o tú te sientes así con respecto a alguna gente...

☐ ... más a menudo de lo que te gustaría admitir.

☐ ... no muy a menudo, pero te lo han dicho o lo has sentido alguna vez.

☐ ... nunca. Esas personas saben que pueden ser tal y como son contigo, y tú sabes que puedes ser tal y como eres con ellas.

8. Escoge la frase que mejor te describa:

☐ A menudo reacciono de forma vehemente, no intencionada y emotiva, aun en las situaciones más básicas.

☐ Casi siempre mantengo la calma pero soy muy apasionada respecto a algunas cosas y tiendo a reaccionar con fuerza.

☐ Me tomo mi tiempo para procesar y responder con intención en vez de reaccionar a las circunstancias o situaciones que me suceden o me rodean. Sólo un acto significativo de Dios me haría explotar.

Visita PermissiontoOffend.com/more para calcular tus resultados. Ahí también encontrarás herramientas y recursos que te ayudarán a practicar para subir tu puntuación.

Observa que tu puntuación cambiará según los días, y eso está bien. Cuando mi clienta Elise tomó la prueba, dijo que las preguntas 3 y 6 le parecieron detonantes. Mi amiga Sharon tomó la prueba y dijo que, mientras contestaba las preguntas se dio cuenta de que sus respuestas habrían sido muy diferentes si la hubiera tomado dos años antes. Comparto esto contigo para recordarte que, independientemente de tu CCO actual, todos estamos en un proceso. Este trabajo continuo es necesario porque, según empieces a establecer, definir o incluso redefinir tus límites, necesitarás un alto CCO para no sentirte mal por honrarlos.

Eres un ser humano dinámico, ¿recuerdas? El cambio es parte del viaje. En este libro sólo encontrarás ofertas, no directrices. Pruébalo a ver si te sirve, y, si no encaja en tus valores y creencias, déjalo.

OFENSA EN ACCIÓN

El 6 de junio de 2020, medio millón de personas se reunieron en varios puntos de los Estados Unidos para protestar en apoyo al movimiento *Black Lives Matter*[*]. Luego de ese día hubo manifestaciones por más de un mes. El 6 de junio de 2021, seis meses después, hubo un asalto al Capitolio en Washington, D.C., donde murieron cinco personas. Me encontré en una lucha emocional con relación a ambos eventos.

Quiero aclarar que no pretendo promover ningún partido político, religión o movimiento. Uso este ejemplo para ilustrar cómo mi propio CCO me permitió ver otros puntos de

---

[*] Larry Buchanan, «Black Lives Matter May Be The Largest Movement in U.S. History», *New York Times*, 3 de julio de 2020, https://www.nytimes.com /interactive/2020/07/03/us/george-floyd-protests-crowd-size.html.

vista, y les permitió a otras personas ver el mío. Hubo varias personas con quienes sostuve conversaciones que me permitieron ver y comprender nuestras diferencias, en especial las políticas. Hubo otras con quienes sostuve conversaciones que me permitieron ver y entender por qué sus creencias eran lógicas para ellas, aunque para mí fueran irracionales e ilógicas. Con relación a estas últimas, yo contaba con el empoderamiento para decidir con plena confianza cómo proseguir con esos individuos. Algunos amigos bajaron a la categoría de conocidos, a algunos conocidos dejé de seguirlos y a algunos seguidores los bloqueé. Aunque no estaba de acuerdo con ellos, no me sentí ofendida; más bien me sentí iluminada. Me sentí afortunada de ver lo que ciertas personas en mi vida creían. Escoge sentirte iluminada en vez de ofendida y mira cómo cambia tu vida.

En una nota positiva, hubo algunos encuentros que pensé que terminarían muy mal. Ya sabes, el tipo de conversación donde la otra persona parece estar a punto de saltar y explotar, y tienes que ponerte seria y advertirle que no se meta contigo. Pues, sí, hubo algunas de esas conversaciones. *Pero* porque estaba haciendo activamente los ejercicios que hemos estado realizando juntas...

Examinar mi verdad vs. mis historias

Anclarme en mis valores y creencias

Adoptar mi identidad medular del amor

Defender con amor y empatía los límites que he establecido

... mi alter ego peleón, Rachel Rodríguez, no se disparó ni mordió el anzuelo de enfrascarse en una discusión y encaminarla hacia un precipicio. Más bien, sostuve conversaciones increíblemente productivas y, gracias a algunos buenos amigos y ofensores feroces, pude comenzar una nueva etapa de activismo.

Antes de esos encuentros, rara vez (si alguna) expresé abiertamente mis opiniones acerca de cuestiones raciales o políticas. Temía ofender o alejar a la gente, en especial a mi base de clientes. Y ni hablar de perder seguidores porque, como sabes, el todopoderoso contador de seguidores determina cuán importante y poderosa eres. (Por favor, nota el sarcasmo. Ya sabes que he perdido miles de seguidores y sigo aquí). El punto es que, porque ya no me ofendo con facilidad, casi nunca me preocupa ofender a otros; y cuando esos otros se muestran en su verdad, nada me molesta, me perturba ni me saca de mi verdad. ¡Es todo un nuevo tipo de libertad! No sólo para mí, sino también para quienes me rodean.

NOTA PERSONAL

NO TE SIENTAS OFENDIDA. SIENTE CURIOSIDAD.

#PermisoParaOfender

Prueba esto también a ver si te sirve. *¿Y si a veces necesitas que te ofendan?*

Mi buena amiga Tiphani me ha ayudado a aumentar mi

Cociente de Capacidad para la Ofensa, no porque me hable con tacto y dulzura, sino todo lo contrario. ¡Oye! Decir que a Tiphani no le importa a quién ofende, ni cuántas veces lo hace, es un eufemismo. Si alguien me ha ayudado a darme permiso para ofender ha sido Tiphani, por todas las veces que no se ha cohibido de decirme lo que piensa de mí o lo mucho que a Dios le disgustan mis acciones. ¡Ja! Bromas aparte, mientras más experimento situaciones que en la superficie parecen ofensivas, más oportunidades tengo de averiguar quién quiero ser y cómo quiero añadir valor al mundo. Ésa es la oportunidad que ganas cuando te inclinas hacia la ofensa.

HONRA TUS LÍMITES

Quería hablarte del CCO antes de lanzarnos a la siguiente parte porque, a medida que defines, redefines, estableces y honras los límites, adquieres más capacidad de manejar las ofensas y los resultados potenciales.

¿Recuerdas a Sara? Es la que quería hacer un cambio en su profesión de asistente técnica a oradora y *coach*. Voy a contarte lo que pasó después, y cómo honrar tus límites te libera. Después de aceptar la oferta de la clienta de permanecer como asistente técnica a cambio de más dinero, Sara se tomó el tiempo de establecer algunas normas de trabajo nuevas. Le envió un correo electrónico con una lista detallada de lo que podía y no podía hacer según el nuevo contrato, incluido no trabajar los fines de semana y no contestar correos electrónicos después de las 6:00 p. m. Por desgracia, las cosas fueron de mal en peor. Durante el lanzamiento del siguiente proyecto de su clienta, Sara se halló hundida hasta el cuello en arena movediza.

—Por respeto al hecho de que estábamos en modo lanzamiento, y quiero que los lanzamientos de mis clientes sean un éxito —dijo en una de nuestras sesiones telefónicas de *coaching*—, rompí las malditas reglas que yo misma había establecido y le contestaba después de las horas laborables. Y eso me resultó dificilísimo, porque le pedí de todas las formas posibles que hiciera el esfuerzo de comunicarse conmigo más temprano en el día.

Observa cómo pedirle a alguien que haga un esfuerzo no es lo mismo que decirle a alguien que respete tus límites. Hacer algo y hacer un esfuerzo por hacerlo no son lo mismo. Según empieces a establecer límites, es necesario que prestes atención a la forma en que los expresas. Es importante. Okey, volvamos a Sara.

En resumen, en esa sesión Sara y yo hicimos muchos de los ejercicios que tú y yo hemos hecho hasta ahora.

Descubrimos algunas historias y patrones del pasado de Sara que estaban aflorando en el presente, y cómo su identidad de persona leal atentaba contra su libertad. Sara tenía tanto miedo de parecer desleal, de que su clienta hablara mal de ella y de defraudarla, que ella misma se confinó a una prisión autoimpuesta.

—¿Cómo te sentiste al romper tus propias reglas? —le pregunté hacia el final de la sesión.

—Decepcionada —respondió con un suspiro profundo.

Sentí el peso de sus emociones.

—¿Puedes permitirte la libertad de decepcionar a otros para dejar de decepcionarte a ti misma? —fue mi última pregunta.

NOTA PERSONAL

PERMÍTETE LA LIBERTAD DE DECEPCIONAR A OTROS PARA QUE DEJES DE DECEPCIONARTE A TI MISMA.

#PermisoParaOfender

—Sí, tengo que hacerlo —respondió, y de inmediato tomó la decisión de informárselo a la clienta.

Sara escribió el correo electrónico en ese mismo instante, y estableció con precisión lo que haría y lo que no en los siguientes catorce días. Esa vez no cedió. Me alegra decirte que actualmente el negocio de oradora y *coach* de Sara está boyante. Gana seis cifras en sus propios términos, sólo porque estuvo dispuesta a hacer lo que le correspondía y darse permiso para ofender.

PRINCIPIOS PARA VIVIR EN LA OFENSA

- Inicialmente, tu cerebro percibe cualquier cambio como una amenaza a tu supervivencia.
- El antídoto para que el cerebro deje de percibir el cambio como amenaza es buscar oportunidades.
- Embarcar a otros en tu visión es la clave para establecer y honrar tus límites.

- Está bien decir «No estoy disponible».
- Un Cociente de Capacidad para la Ofensa (CCO) elevado te ayuda en tus relaciones.
- Tu CCO aumenta cuando empiezas a dominar los pasos de integración de límites trazados en este libro.
- Un Cociente de Capacidad para la Ofensa (CCO) elevado te ayuda a honrar tus límites porque dejas de preocuparte por la opinión de otros y puedes sostener conversaciones difíciles con los abusadores de límites, incluida tú misma.
- Cuando tú y otros, de forma colectiva, aumentan su capacidad de sostener conversaciones que se consideran «ofensivas», pueden encontrar más puntos en común y crear más unificación global.

Este capítulo contiene muchas joyas (modestia aparte). Por cierto, si te molestó que me diera esa palmadita en el hombro, tal vez debas volver a leer la sección del CCO. Si no te gustó este capítulo, no importa, pero si te molesta que me celebre por haberlo escrito... hmmm... habrá que pensar al respecto.

En serio, espero que al menos te lleves de este capítulo la práctica de embarcar a otros en tu visión. Ésa es la clave para asegurar que tus límites se honran. Sólo ese cambio puede hacer una gran diferencia en tu vida. Y, luego, si quieres una ñapa —y Dios sabe que me encantan las ñapas—, practica involucrarte en una situación donde pongas a prueba tu CCO. Escucha para comprender, observa las creencias y valores de la otra persona a la luz de tus propias creencias y valores, y busca algún tejido conector. Si no puedes encontrar ninguno, tendrás que tomar una decisión, cosa sobre la cual hablaremos más adelante.

---AFIRMACIÓN---

LA VERDAD DE OTRAS PERSONAS NO ME CONVIERTE EN UNA MENTIROSA. MI VERDAD NO LAS CONVIERTE A ELLAS EN MENTIROSAS. DOS VERDADES PUEDEN COEXISTIR EN ESTE MUNDO.

---#PermisoParaOfender---

No te me canses ahora, amiga. Estamos a punto de entrar en la zona de los juicios. Pasa la página.

6

TERMINA CON LA ADICCIÓN A LA VALIDACIÓN

Cuando recibimos una validación, el centro de recompensas de nuestro cerebro se activa y libera una dosis rápida de dopamina. ¡Ah, la dopamina! Ésa es la droga que nos hace sentir bien, de la cual los seres humanos al parecer nunca nos saciamos. ¡Por eso el sesenta y seis por ciento de los estadounidenses mira su teléfono hasta ciento sesenta veces al día!*. Cada vez que ves una notificación, tu cerebro la interpreta como una recompensa y te llega otra dosis rápida de dopamina. Se trata de una intensa sensación de placer que dura un instante y, cada vez que ocurre, inconscientemente, quieres más.

Una de las razones principales por las cuales los seres humanos queremos que nos validen con tanta frecuencia es porque

---

* Gabrielle Pickard-Whitehead, «66% of Americans Check Phone 160 Times a day, Here's How Your Business Can Benefit», *Small Business Trends*, 3 de marzo de 2020, https://smallbiztrends.com/2020/03/2020-mobile-phone-usage -statistics.html.

nos han criado para esperarlo. Piensa en cómo responden los padres cuando el bebé da sus primeros pasos. ¿Permanecen callados e indiferentes o estallan en elogios y celebración? Según creces, el sistema escolar te entrena para buscar validación a través de las notas, las ceremonias de premiación y las competiciones deportivas. Controvertiblemente, los premios por participación —que reciben todos los participantes en la actividad, no sólo los ganadores— también han desempeñado un rol importante en esa búsqueda constante de validación.

Te han condicionado a buscarla. ¡Nos han condicionado a todos! Eso activa un ciclo*. Más validación equivale a más dopamina, lo que a su vez equivale a un mayor deseo de validación para recibir más dopamina. Así es como el cerebro forma los hábitos.

Cuando pienso en la validación, pienso en cuán desesperadamente deseamos que nos digan que somos buenos y tenemos razón. Por definición, la «validación» es la acción de poner a prueba o demostrar la validez o precisión de algo. La palabra que llama mi atención de esta definición es «demostrar». Queremos demostrar —a los demás y, por ende, a nosotros mismos— que todo lo que hemos hecho y dicho es válido, preciso y, en esencia, suficiente.

Lo sé, lo sé, ya sabes que vales lo suficiente. ¡Estupendo! Yo también sé que vales lo suficiente. ¿Crees que vales lo suficiente? ¿Estás convencida 24/7/365? Si eres un ser humano, seguramente no. Si eres un unicornio, tal vez.

No estoy hablándoles a los unicornios ahora mismo. Les

---

* Mandar Natekar, «Seeking "Validation" on Social Media and How It Is Killing Productivity at Work», *LinkedIn*, 4 de enero de 2018, https://www.linkedin.com/pulse/seeking-validation-social-media-how-killing-work-mandar-natekar/.

hablo a las demás. A quienes somos lo suficientemente valientes como para admitir que no lo controlamos todo siempre. A quienes queremos que nos digan que hemos hecho un buen trabajo, que nuestros sueños son importantes, que la forma en que nos mostramos al mundo es buena y valiosa. Les hablo a quienes *sí* nos importa lo que los demás piensen y digan, aunque no queramos.

Querer que nos validen de vez en cuando no es intrínsecamente malo, pero, como todo en la vida, la clave es la moderación. No, la validación no es mala. El problema es la *adicción* a la validación. El problema es que te estanques porque no te atreves a hacer nada a menos que tengas la aprobación de por lo menos cinco personas o que Dios, el Altísimo, te ponga delante una zarza ardiente.

Amo a Dios, así que lo comprendo. Siempre persigo metas que Dios aprueba. A menudo les he dicho a los amigos que comparten mis creencias: «No dejes que el miedo a los seres humanos te aleje del favor de Dios». Quiero entrar por la puerta del paraíso y escuchar: «Bien hecho, sierva buena y devota». Peeeeero —y es un pero bien grande— esto resulta problemático cuando me la paso buscando la aprobación de seres humanos mortales en vez de mantenerme alineada a mis creencias y valores (es decir, mi identidad en mi relación con Dios). ¿Me entiendes?

Aunque no compartamos las mismas creencias en cuanto a artífices y creadores, ¿podemos estar de acuerdo en que vivir buscando incesantemente la validación de seres humanos falibles es una pérdida de tiempo, energía y talento? No desperdiciemos nuestro potencial satisfaciéndonos con la aprobación y validación de otros. Vamos a seguir adelante y liberarnos. Hay una mejor forma de hacerlo.

> **NO PIERDAS TU POTENCIAL EMBRIAGÁNDOTE DE VALIDACIÓN.**
>
> #PermisoParaOfender

RECUPERAR LA SOBRIEDAD

La clave para deshacerte de la adicción a la validación es reemplazar la validación con la verificación. Tal vez te estés preguntando, *Bueno, Rachel, ¿eso no es cambiar una adicción por otra?* ¡No! No lo es. He aquí la diferencia: la validación es una necesidad emocional; la verificación es una evaluación analítica.

Piensa en la última vez que discutiste con alguien y llamaste a tu mejor amiga a contarle lo que pasó. ¿Esperabas que tu amiga te dijera todos los errores que cometiste en la discusión? ¡Claro que no! ¡La llamaste porque querías que tu mejor amiga te diera toda la razón! Dime que entiendes a qué me refiero.

Oye, cuando me siento mal, la primera persona a quien llamo es a mi mejor amiga, Melisa. La conversación suele ser más o menos así:

—¡Mejor amiga!

—Oh, no, ¿qué pasó, nena? (Mi mejor amiga sabe exactamente cómo me siento sólo con escuchar mi tono de voz).

—Dime por qué fulanita me ofendió.

La hostilidad emana de mi lado del teléfono cuando digo que alguien me ha ofendido. Básicamente, es mi forma de expresar que no me gustó cómo me habló esa persona. Ahora vas a ver todo lo que mi mejor amiga y yo hemos trabajado en nuestra relación a través de los años.

Su respuesta es siempre la misma:

—Espera. ¿Qué mejor amiga quieres que sea en este momento?

¡Tan! ¡Tan! ¡Tan! He aquí la mejor amiga del mundo mundial. Está abordando la conversación con su identidad de Ofensora empática. En vez de lanzarse a validarme o criticarme, opera desde un lugar de amor y curiosidad centrado en el corazón.

—¡Equipo Yo, mejor amiga! E-qui-po-yo-yo-¡yo! No mi importa quién crees que tiene la razón, hoy somos el Equipo Yo.

Ésa puede ser mi respuesta si me siento particularmente vulnerable y necesitada de validación y apoyo. Recuerda que el deseo de validación no es necesariamente malo. De hecho, algunos estudios han demostrado que los elogios y la validación pueden ayudar al individuo a mantenerse motivado, seguir adelante y desempeñarse mejor en el futuro[*]. Hay un lugar y un momento para todo.

Ahora bien, no siempre es el Equipo Yo. Muchas veces respondo algo así:

—Puedes ser *sincera*, mejor amiga. Estoy dispuesta a no tener la razón.

Ese es el primer paso crítico para deshacerte de la adicción a la validación. *Debes estar dispuesta a no tener la razón.* Recuerda que la validación es lo que buscamos cuando tenemos la necesidad emocional de tener la razón, de que nos aprueben y acepten.

Luego, le doy a mi mejor amiga algunos parámetros para que me provea información. Por ejemplo, puedo decirle:

---

[*] Aaron Stern, «Why Did Kids Start Getting Participation Trophies for Sports?», *Fatherly*, 5 de abril de 2022, https://www.fatherly.com/play/participation-trophy/.

—Estoy dispuesta a no tener la razón y, en especial, me gustaría saber qué crees que pude haber dicho o hecho fuera de lugar.

Esa especificidad promueve una conversación más significativa y también sienta otra capa de límites.

¿Sabes cuándo esto me ha servido de verdad? En las conversaciones con mi mamá. Porque a veces acudimos a alguien para que nos valide, y lo que recibimos es una crítica directa, desgarradora, como una bofetada que nos rompe el corazón. Ahora bien, sé que ésa nunca ha sido la intención de mi mamá, pero muchas veces he acudido a ella para que me apoye y me anime (o sea, me valide) y me ha salido con un disparate como «Eso te pasa por...» que no sirve para nada. Cuando recuperé la sobriedad de mi adicción a la validación, dejé de ponerme a mí misma en situaciones comprometedoras o emocionalmente dañinas. Ahora, cuando quiero que mi mamá me reconforte, me apoye y me dé ánimos, lo expreso directamente y con claridad. Le digo algo así:

—Mami, voy a decirte algo y no quiero opiniones ni consejos, sólo quiero que me animes y me digas que todo va a salir bien.

A veces trata de darme su opinión y entonces le recuerdo mis parámetros; pero en general, ha sabido honrar mis límites y apoyarme de la forma en que quiero y necesito.

Ése es el segundo paso para alcanzar la sobriedad respecto a la adicción a la validación.

No compliques las cosas. Sólo toma un momento para tocar base contigo misma y decidir qué deseas de la conversación.

¿Qué deseo y necesito?

¿Estoy dispuesta a no tener la razón?

¿Busco apoyo incondicional o una opinión sincera?

¿Busco información específica?

¿Qué me gustaría obtener de esta conversación/experiencia?

Como todo lo que vale la pena, eso requiere práctica; sólo con el tiempo se vuelve algo natural.

Mientras más confíes en ti misma, menos necesitarás la validación y aprobación de otros. Tal vez cometiste errores graves en el pasado (o tal vez yo estoy proyectando en ti mi pasado desquiciado). Da igual. Borrón y cuenta nueva, aquí y ahora. Sabes cómo confiar en ti misma. Adopta la identidad de alguien que puede confiar en sí misma. Sabes hacer esto también. Adopta la creencia de que puedes confiar en ti misma. Convierte el confiar en ti misma en uno de tus valores fundamentales. Recuerda: Creencias + Valores = Identidad.

Adoptar la identidad de alguien que confía en sí misma te resultará muy provechoso, en especial cuando tengas que tomar decisiones antipáticas. La siguiente oportunidad de alineamiento te servirá para activar la confianza en ti misma. Te reto a que le dediques bastante tiempo de calidad, porque te preparará para el último paso en el proceso de alcanzar la sobriedad respecto a la validación.

Cuando estás alineada con tu verdadera identidad, las cosas marchan de maravilla. Cuando empiezas a seguir las opiniones y patrones de creencias de otros, y a dudar de ti misma, las cosas marchan mal. Cuando empieces a sentirte insegura, practica este ejercicio. Descubrirás que, mientras más practiques, más podrás empezar a tomar decisiones atrevidas que crearán transformaciones radicales en tu vida, aunque otros no estén de acuerdo contigo.

OPORTUNIDAD DE ALINEAMIENTO

Intenta hacer esto ahora.

Paso 1. Haz una lista de tres a diez errores que hayas cometido, o decisiones equivocadas que hayas tomado en el pasado. El momento en que lo hiciste no importa. Trata de no pensar demasiado ni juzgar los errores. Sólo apúntalos en un papel.

Paso 2. Revisa las situaciones una por una y recuerda el momento justo antes de cada error o decisión equivocados. ¿Hubo banderas rojas o indicios de que no ibas por buen camino? ¿Sentiste algún tipo de incomodidad que te hiciera pensar *Hmm, me parece que algo no está bien, pero...* Si fue así, pon una estrellita al lado del error o decisión equivocada.

Paso 3. Compara y contrasta cuántas veces ignoraste esa vocecita, y las sutiles banderas rojas que ondeaban en la distancia. Si hubo al menos una o dos instancias en que escuchaste la vocecita o tuviste la sensación de que algo andaba mal, eso es prueba de que *puedes* confiar en ti misma. Es evidencia de que tu sabiduría innata está bien calibrada. Ahí tienes la prueba de que puedes apoyarte en tus valores y creencias, de que puedes confiar en ti misma. La oportunidad es que les hagas más caso a esos susurros y avisos.

DECISIONES POR COMITÉ

Durante casi toda la vida, la mayoría de las decisiones que tomé fueron por comité. El término «decisiones por comité» me lo enseñó mi buena amiga Candice. Es su forma de describir todas las veces que recurrimos a nuestros amigos, familiares, mentores y, a veces, perfectos desconocidos para que nos ayuden a tomar decisiones.

Cuando me diagnosticaron el cáncer de seno, llevaba varios años trabajando en deshacerme de la adicción a la validación, pero cuando te enfrentas a una situación de vida o muerte hay una propensión a regresar a los viejos hábitos de supervivencia. Claro que quería que me dijeran que todo saldría bien. Sin duda quería validación y la promesa de que iba a vivir. Básicamente, quería todo lo que sólo Dios podía darme. Comprender eso me obligó a apoyarme aún más en mi identidad. *¿Qué valoro? ¿En qué creo? ¿Cómo quiero hacer este viaje?*

Sabía con certeza que no quería seguir la ruta convencional de la quimio y la radio; y sin embargo, cuando mi equipo oncológico me dio las estadísticas y datos alarmantes, comencé a dudar de mi decisión. *¿Estaré haciendo lo correcto? ¿Y si me equivoco? ¿Y mis hijas?* Esas preguntas me daban vueltas en la cabeza según iba de cita médica en cita médica. El tiempo apremiaba y sentía que debía tomar decisiones a la velocidad del rayo. Cada día contaba. Cuando te estás jugando la vida, literalmente, es casi imposible que no quieras consultar con el «comité». Después de todo, no eres la única que se afectará. Así que escuché lo que mis médicos, mi esposo, mi mamá, mi mejor amiga y hasta personas desconocidas me dijeron respecto a las opciones de tratamiento. Hasta que una tarde soleada caí en una crisis.

—¡No estoy en negación! —grité en el teléfono; las lágrimas me quemaban el rostro—. Sé que el diagnóstico es cáncer, ¡pero *nunca* lo aceptaré! ¡No me digas lo que debo sentir respecto a lo que me está pasando a *mí*!

Rara vez, si alguna, en mis treinta y nueve años de vida le

he alzado la voz a mi mamá. Recuerda que me criaron para que no me vieran y no me escucharan, para que hablara sólo cuando me dirigieran la palabra y respetara a mis mayores sin excepción. Después de haber trabajado por años en encontrar mi voz e integrar mi identidad, me resultaba imposible quedarme callada cuando mi madre me acusó de estar en negación sólo porque había escogido una ruta alterna de sanación.

Ya había decidido y dejado claro que, aunque estaba dispuesta a reconocer el diagnóstico, jamás aceptaría la prognosis. Les había dicho a mi familia y a las personas más cercanas a nosotros que no me sentía alineada con la mentalidad popular de «que se jod* el cáncer». Más bien, escogí abordarlo con amor, curiosidad y paciencia. En vez de cincuenta y dos semanas de quimio y radio agresivas, opté por la modalidad menos conocida y más controvertida de la naturopatía. Escogí agradecerle al tumor que me permitiera ver que algo en mi cuerpo estaba mal a nivel sistémico. Hice todo tipo de cosas «raras» que la mayoría de la gente, incluida mi madre, no entendieron.

No me sorprendió que hubiera *muchas* opiniones sobre las decisiones que estaba tomando respecto a mi salud. Después de todo, ir en contra de las opiniones populares o convencionales requiere un alto nivel de fe; algo que me parece que le falta a mucha gente en estos días. Sin embargo, me sorprendió que mi mamá deseara tanto que me apropiara de mi enfermedad. Eso fue lo que me hizo explotar ese día.

—Mami, ya tomé una decisión y no voy a debatirla ni discutirla. Sé que tengo un tumor canceroso. Entiendo lo que significa. No estoy en negación. Si estuviera en negación, no estaría haciendo nada en absoluto. Ése no es el caso. Lo estoy haciendo todo. Estoy tomando medidas drásticas. Pero no estoy haciendo lo que la mayoría de la gente quiere que haga. Necesito que te unas a mí y me apoyes en lo que ya he decidido. Necesito que estés de mi lado. ¿Puedes hacerlo?

Mi mamá es maravillosa y, afortunadamente, no solo dijo que sí, sino que también ha estado y sigue estando a mi lado todos los días, de todas las formas posibles.

Mantener la sobriedad respecto a la validación, y renunciar a las decisiones por comité requiere una tremenda cantidad de fe. Requiere que desarrolles un profundo sentido de integridad propia e intimidad con tu identidad. También requiere que adoptes la identidad de la Ofensora empática y te des permiso para ofender. Tuve que estar dispuesta a ofender a mi madre comportándome de una forma que contradecía el modo en que me había criado. Tuve que estar dispuesta a ofender a muchos miembros de mi familia y a mi equipo médico. No fue fácil, pero era necesario. Verás que, cuando activas tu identidad de Ofensora empática y defiendes tu verdad, experimentas un nuevo nivel de libertad.

A modo de paréntesis, amiga, debo hacer una confesión. Me está costando mucho escribir esta parte de mi historia. Para ser sincera contigo y conmigo, está poniendo a prueba mi fe y empujándome al borde de la incomodidad. Al escribir esto, sólo han pasado veinte meses desde el diagnóstico. Llevo diecinueve meses y cuarto libre, limpia y sin evidencia de la enfermedad. Aún no sé si tomé la decisión «correcta» porque el reloj contra el que corro seguirá marcando el tiempo hasta que pasen cinco años. Entonces comenzará otro reloj hasta los diez. Entonces, *tal vez*, sólo *tal vez*, según la opinión popular, podré decir: «¡Lo logré! ¡Vencí el cáncer!». Pero no hay garantías. La técnica que me hizo la sonomamografía hace unas semanas me dijo que llevaba veinte años libre y limpia, y que en el año veintiuno le encontraron un bulto. Es sólo por mi *fe* que puedo compartir mi historia y decir: «¡Sí! Lo logré. Tomé la decisión correcta». A veces tendrás que tomar grandes decisiones sólo con tu fe. Si operas alineada a tu verdad, no te equivocarás, independientemente de cómo salga todo al final. Descargo de responsabilidad: no soy médico. No te estoy dando consejo médico ni afirmando que lo que hice es una cura para el cáncer. Consulta a profesionales certificados para tomar decisiones respecto a tu salud. Fin.

OPORTUNIDAD DE ALINEAMIENTO

Cuando comenzamos a trabajar juntas, no quise admitir que era una persona que no sólo anhelaba, sino que *necesitaba* la validación para actuar o seguir adelante. Pensé que era más fuerte que eso. Pensé que sabía más que eso. ¡Ja! Me salió el tiro por la culata, pero luego hice este ejercicio y mi hermosa burbuja rosada reventó. Hagámoslo juntas ahora.

Piensa en la última vez que le pediste a alguien su opinión.

Cuando esa persona te dio su opinión, y no era tan positiva como esperabas, ¿cómo te sentiste? ¿Sorprendida?, ¿decepcionada?, ¿triste? ¿Tal vez te sentiste irritada, incomprendida, confundida?

Si tus emociones tendían más a la negatividad, es un buen indicador de que no buscabas retroalimentación, ni siquiera ánimos. No, estabas buscando validación.

Si pudieras rehacer esa experiencia, ¿qué parámetros de verificación podrías establecer en vez de tan sólo pedir retroalimentación/ opiniones? (Por ejemplo: pedirle a la persona que conteste una pregunta específica, establecer un límite de tiempo, ofrecer opciones de selección múltiple).

La validación y certeza que anhelamos es una ilusión. A nadie le sirve ir tras aquello que no existe. La validación en sí misma es una ilusión. Queremos tener la razón y, sin duda, habrá al menos una persona en un planeta lleno de miles de millones de seres que dirá que estás equivocada. Olvida la validación, busca la verificación.

Nadie dice que querer que te validen sea malo. Recuerda que sólo significará lo que tú decidas. Buscar validación sólo será problemático si dejas de confiar en ti misma y sigues dependiendo de la aprobación y las opiniones de otros por encima de lo que ya sabes. La validación es lo que buscas cuando quieres permanecer en tu zona de confort; la verificación es lo que estableces cuando estás lista para pasar al siguiente nivel.

JÚZGAME, JÚZGAME, DIME QUE ME QUIERES

Hemos establecido que estamos en un espacio seguro. No voy a juzgarte. Bueno, en realidad, ya lo he hecho. Tenía que hacerlo. Si quería escribir un libro que ayudara a transformar vidas, tenía que partir de varias presunciones y juicios sobre quién eres, en qué etapa de la vida estás y cuáles son los asuntos apremiantes que te han impedido vivir en la verdad, la fe y la libertad.

Es probable que tú también me hayas juzgado a mí o hayas juzgado este libro. Está bien. Juzga todo lo que quieras, amiga. Como te dije, toma lo que necesites de este libro, aprópiate de las perlitas que se alineen con tus valores y creencias, y descarta el resto. No voy a dejar de quererte por eso, te lo prometo. En realidad, nos la pasamos juzgándonos unos a otros de algún modo, forma o manera, y seguiremos haciéndolo mientras vivamos en este mundo. Juzgar es algo que sucede y punto. Ya hemos cubierto este asunto: casi todos los pensamientos son automáticos.

De hecho, hay investigadores que han descubierto que algunas áreas específicas de la amígdala se activan a partir de los juicios respecto a la confiabilidad y la no confiabilidad. Según concluyeron los investigadores, esto es evidencia de que nuestro cerebro juzga a las personas antes de que empecemos a procesar quiénes son y qué nos parecen*.

Si has estado sintiéndote culpable por ser juzgona, relájate. Tu cerebro está haciendo aquello para lo cual está programado. En serio, ¿cuándo fue la última vez que te sentaste a pensar de forma malintencionada *Voy a sentarme aquí y voy escoger a esa persona y juzgarla por los próximos diez a quince minutos*? Estoy segura de que, si eres una persona amable, amorosa y que se preocupa por los demás, la respuesta es *nunca*. Si eres una cab*ona, tal vez lo haces *¿a menudo?* Pero, en serio, casi nunca es así. Juzgar es algo que sucede, y yo lo acepto porque, para mí, el significado que le he asignado a cuando otros me juzgan es el siguiente:

Si me juzgas, tengo tu atención. ¡Ésta es mi oportunidad! Estás viéndome. Estás escuchándome. Estás prestándome atención de una forma u otra y, para mí, ésa es una oportunidad de vivir mi llamado. Pon atención a lo que tengo que decir y lo que estoy intentando hacer en este mundo porque puede que seas la persona que me ayude a avanzar en ese camino, y puede que yo sea la persona que te ayude a transformar tu vida. En cualquier caso, si estás juzgándome, entonces tenemos una oportunidad de servirnos una a la otra. Más aún, este servicio

---

* Alexandra Sifferlin, «Our Brains Immediately Judge People», *TIME*, 6 de agosto de 2014, https://time.com/3083667/brain-trustworthiness/.

recíproco no se reduce a lo que podemos hacer una por la otra. También tiene que ver con cómo podemos crecer una con la otra. Juzgar tiene un poder asombroso, en especial cuando observamos y procesamos juntas nuestros juicios.

OPORTUNIDAD DE ALINEAMIENTO

Usa estas entradas de diario para mantenerte al tanto de lo que te está deteniendo.

¿Dónde no me he estado haciendo visible por miedo a que me juzguen?

¿De quién es el juicio que más temo?

¿Qué es lo peor que temo que pueda pasar?

¿Cómo cambiaría mi vida —qué perdería— si mis miedos más grandes se volvieran realidad?

¿Qué es lo mejor que puede pasar si me hago visible en un área de mi vida hoy?

Bono: realiza un acto de valentía y hazte visible, di algo o defiende algo en un área donde hayas estado escondiéndote. Permítete que te vean y te escuchen. Que te juzguen —si alguien lo hace— sólo será un reconocimiento de que la gente te está prestando atención. Ahora tú tienes el poder.

¿Puedes aceptarlo? ¿Puedes permitirte que el juicio de otros te hiera, pero no te destruya? Más aún, ¿puedes permitirte ser vista, elogiada y celebrada por mostrarte y defender tu verdad? ¿O sueles hallarte diciendo *No me juzguen*? ¿Te preocupa tanto el juicio de otra persona que le has pedido permiso para que no te juzgue? ¿En serio? ¿Quién empezó esa tendencia? ¿Podemos acabar con ella ahora, hoy y para siempre? Entiendo. Soy culpable de haberlo dicho también. Sobre todo, esas mañanas cuando me conecto a las redes sociales y en el fondo se puede ver mi cocina hecha un desastre.

—No me juzguen. Mi cocina es un desastre.

—No me juzguen. No me he puesto maquillaje.

—No me juzguen.

Supéralo de una vez. Déjalos que juzguen. La única forma de evitar que te juzguen es permanecer escondida. Y, aun así, es posible que te juzguen por no dejarte ver.

Permiso

Me doy permiso para dejar de decir «no me juzguen».

#PermisoParaOfender

Lo hermoso de pasar de la validación a la verificación es que te das permiso para establecer el estándar. La verificación tiene que ver con que te des permiso para equivocarte al mismo tiempo que pides información que se ajuste a los parámetros y criterios establecidos por ti. Es tu medida personal; no se basa en lo que otra persona quiera imponerte. Esos parámetros deben alinearse con tus valores, creencias y resultados deseados. Cuando te das permiso para hacer eso, dejas de intentar medirte según los estándares de otros y comienzas a medirte según aquellos que tú misma estableces. La necesidad y el deseo de que te validen interfiere con tu capacidad de vivir en la verdad, la fe y la libertad. La verificación prepara el camino hacia la libertad.

HERIDA, PERO NO DESTRUIDA

A una comediante le pidieron que asistiera a una conferencia telefónica para discutir la posibilidad de una gira junto con otras comediantes. Llegó a la reunión temprano, con el micrófono silenciado, de modo que las demás mujeres no se dieron cuenta de que estaba ahí, y las escuchó hablar de ella. No fue una conversación agradable. Escuchó comentarios venenosos sobre su aspecto, sus destrezas de comediante y la probabilidad de que participara o no en la gira. ¿Te imaginas lo que es escuchar en silencio a unas personas a quienes respetas y admiras, y con quienes te encantaría trabajar, hablar pestes de ti y cuestionar tu talento y lo que vales? ¡Ay, señor, no! ¡Devastador! ¡Estoy segura! Pues eso fue lo que pasó. ¿Puedes adivinar qué hizo la mujer que escuchaba la conversación?

Nada.

No hizo nada. Dejó el micrófono en silencio, se quedó callada y tomó notas.

No sé tú, pero yo no hubiera sido capaz de quedarme sentadita con la boca cerrada. No. Esta chatita no. Bueno, Rachel Rodríguez no. Rachel Luna quizás —pero sólo quizás— y dependiendo de quién estuviera en la conversación. Porque darte permiso para ofender no significa quemar los puentes y enajenarte, significa ponerte en pie cuando sea verdaderamente importante. Mientras escuchaba a la mujer contar su historia, me preguntaba si habría sido por sabiduría o por temor que se quedó callada.

Muchos años después, la mujer compartió su historia en la televisión nacional.

—Estaba tan en shock y tan herida que no podía activar el micrófono y decir: «¡Cabr*nas, las estoy oyendo!...» —dijo—. Así que me quedé callada el resto de la teleconferencia, con el micrófono silenciado. Pero pensé: *Toma nota. Escucha.* Porque rara vez se nos presenta la oportunidad de escuchar a alguien hablar de nosotros y decir todo lo que piensa... Después de escuchar todo aquello, estaba herida, pero no destruida.

NOTA PERSONAL

QUE SEA POR SABIDURÍA Y NO POR TEMOR QUE TE QUEDES CALLADA.

#PermisoParaOfender

Al cierre del segmento, se dirigió al público y explicó que nunca les dijo nada a las otras mujeres y, de hecho, había trabajado con cada una de ellas individualmente en otros proyectos.

—En vez de ponerme furiosa o vengativa, decidí aceptar la verdad de lo que decían, y su derecho a opinar, e intentar ser una mejor persona... estoy justo donde debo estar —dijo.

El público estalló en aplausos.

Esa mujer era Sheryl Underwood. Contó su historia en *The Talk*, el famoso show de difusión nacional en la televisión estadounidense, del cual ha sido copresentadora por más de una década. Su comentario final acerca de la situación fue el siguiente:

—Les agradezco la bendición de decirme cosas que tal vez tenía que escuchar para llegar hasta aquí, y ellas me ayudaron a lograrlo.

---

* Trina Divaa, «Sheryl Underwood Bruised But Not Broken @TrinaDiva», video en YouTube, 5:33, 3 de octubre de 2014, https://www.youtube.com /watch?v=ahYe3p_yvKA.

Sheryl fue capaz de sacar provecho de una situación dolorosa, donde la estaban juzgando, para acercarse a su legado. ¿De qué situación en que te hayan juzgado en el pasado puedes aprender y sacar provecho? Al igual que Sheryl, ¿estás dispuesta a dejar que la herida de ser juzgada te ayude a convertirte en aquello que siempre has estado destinada a ser?

ESO ERES TÚ, PERO ¿QUÉ SOY YO?

Sería un descuido de mi parte continuar sin compartir algo más acerca de que nos juzguen. A lo largo de los años, he escuchado muchas historias de mujeres que han luchado contra la procrastinación. Eran consistentemente inconsistentes, y tenían muy arraigado el miedo a que las juzgaran. Aquí viene el giro en la trama: esas mujeres no temían que las juzgaran de vez en cuando. No. Lo que aterrorizaba a esas chicas era que las juzgaran tan severamente como ellas habían juzgado a otras personas. ¡Oooh! ¿Lo sentiste?

Según indagaba en sus experiencias e historias, pude identificar que muchas mujeres que temían que otras personas las juzgaran cargaban con mucha culpa y vergüenza por haber sido juzgonas. Una mujer en particular, Sharece, se sentía así respecto a abandonar su matrimonio. Criada en un devoto hogar cristiano, creció creyendo que el divorcio era inaceptable, y ni hablar de lo que diría la gente si rompía su hogar y se convertía en madre soltera.

Por vivir conforme a los valores y creencias que le habían impuesto desde pequeña, seguía sufriendo en silencio en su matrimonio. Creencias tales como «*No protestes*», la ahogaron cuando su esposo se compró impulsivamente un Mercedes-Benz, sin discutirlo con ella. Esa compra puso en riesgo sus finanzas y provocó que se retrasaran en el pago del alquiler en múltiples ocasiones. Cuando necesitó que la ayudaran en la casa al nacer su hijo, lo único que escuchaba era el eco de la voz de su madre: «*No molestes a tu esposo; ya tiene suficiente estrés con su trabajo*». Tal vez, la historia más dañina de todas era el recordatorio que ella misma se hacía: «*Los hombres son infieles; hazte la loca*», que resonó en su mente cuando descubrió una carta que su esposo le escribió a otra mujer, donde le decía que era su «alma gemela». La verdadera identidad de Sharece quedó aplastada. Cada día, en vez de «ofender» o «crear problemas», rebotaba entre la identidad de la Complaciente y la Crítica, adoptando aquella que le sirviera en cada momento para sobrevivir.

A menudo pensó en los juicios y comentarios severos que ella misma había hecho de otras mujeres divorciadas y madres solteras.

—Con toda la mie*da que he dicho de la gente que se divorcia y las madres solteras —me dijo, cuestionándose a sí misma—, ¿qué dirán de mí?

La preocupación de que la juzgaran con la misma severidad con que ella había juzgado a otras personas obligó a Sharece a permanecer en un matrimonio infeliz por muchos años. Al fin y al cabo, no fue ella la que pidió el divorcio, fue su esposo quien decidió disolver la unión. Hoy, Sharece está aprendiendo a ajustarse a su nuevo rol de madre soltera, y se esfuerza activamente por redefinir su identidad.

Al escuchar la historia de Sharece, ¿te identificas? Si no, tal vez puedas reconocer algún tejido conector en la historia de Kelly.

Kelly es una *coach* muy exitosa que trabaja con mujeres

ejecutivas de alto perfil. Cuando le pregunté si alguna vez se había estancado por temor a que la juzgaran con la misma severidad con que ella había juzgado a otras personas, inmediatamente recordó una semana en particular:

—Cuando mi *podcast* llegó a los cien episodios, me hicieron un reportaje en una revista y me estaban pasando un montón de cosas buenas. Me pregunté: *¿Debo publicar esto?* Porque recordé todas las veces que puse los ojos en blanco cuando veía que otras mujeres celebraban sus triunfos. Hacía comentarios como: *Oh, ¿vas a decir todo lo que ganas y lo grandiosa que eres otra vez?* La verdad es que estaba comparándome con ellas. Así que, cuando llegó esa semana en que me pasaron tantas cosas buenas, dudé de publicar todos mis triunfos. *¿Estaré celebrando demasiado? ¿Qué pensará la gente? ¿Pondrán los ojos en blanco como yo lo hice con otras mujeres?.*

No sé tú, pero yo me puedo identificar con Sharece y Kelly, sobre todo, cuando Sharece dijo: «¿Qué van a pensar de mí?». Es como el juego de burlas que jugaba de pequeña con mis amigos: «Eso eres tú, pero ¿qué soy yo?». Sé que hallarme atrapada en un momento de autoestima baja y *comparatitis* me ha llevado a juzgar injustamente a otras mujeres en el pasado. Eso me ha hecho cuestionar los momentos en que he brillado. Sinceramente, esas experiencias me obligaron a vivir reducida cuando sabía que Dios me había creado para vivir en grande.

Ahora te toca a ti. Piensa en alguna ocasión en que hayas juzgado a alguien sólo para hallarte después en una situación similar. ¿Ves cómo eso podría impedirte avanzar? Si es así, no te preocupes. Aquí tienes tres entradas de diario que te ayudarán a procesar y seguir adelante:

¿Estoy dispuesta a perdonarme por juzgar a otras personas?

¿Cuál es la postura más empática que puedo asumir hacia ellas y hacia mí?

¿Cómo quedarme ahí me ayuda o me impide vivir libremente?

Mi entrada favorita es la segunda, porque la empatía es un unificador maravilloso. Pero las tres son valiosas, así que pruébalas y ayúdate a ser libre.

───── **AFIRMACIÓN** ──────────────────────

BUSCO VERIFICACIÓN, NO VALIDACIÓN. QUE OTROS ME JUZGUEN ES PRUEBA DE QUE ME ESTÁN VIENDO Y ESCUCHANDO.

──────────────────────────── #PermisoParaOfender ─────────

Usa esta afirmación para recordarte buscar verificación, no validación, y aceptar los juicios de otros.

PRINCIPIOS PARA DESHACERTE DE LA ADICCIÓN A LA VALIDACIÓN

▸ La mayoría de los juicios son automáticos y no intencionados.
▸ Que otros te juzguen es indicativo de que has capturado su atención.

- ❭ La única forma de evitar que te juzguen es esconderte, aunque entonces puede que te juzguen por no dejarte ver.
- ❭ Deja que la sabiduría, no el temor, dicte tu silencio.
- ❭ La búsqueda de la validación genera el deseo de validación.
- ❭ Busca la verificación más que la validación.

¿Alguna vez te has sentido muy orgullosa de una muy buena amiga o incluso de alguien a quien no conoces personalmente, pero sigues y admiras? Eso es lo que siento ahora mismo al saber que has completado este capítulo. Trabajar con los juicios y la validación requiere muchos momentos de honestidad, y acercarse a Jesús (o a quienquiera en quien creas). También requiere práctica para que, con el tiempo, puedas dominarlo. Mientras más te perdones por tus juicios automáticos hacia los demás, y te permitas ser juzgada, más fácil se te hará. Según empieces a crear parámetros de verificación en vez de buscar validación, de seguro notarás que tu confianza en ti misma aumentará, así como tu resiliencia. En última instancia, decir y hacer lo que quieras sin perder tu integridad propia se vuelven acciones automáticas y no una ocurrencia *a posteriori*.

Y adivina qué. El resto del camino no tiene que ser una lucha. Exploremos un poco más, ahora mismo.

7

ARRIESGA TU REPUTACIÓN

Me sentí como la madre de todas las madres heroínas cuando mi hija me miró con ojos de adoración y dijo:

—¡Wepa, mamá! Eso estuvo increíble. Fuiste tan valiente y ¡mira ahora! Podemos hacer limonada y tal vez hasta vendérsela a los vecinos.

No estoy segura de que la madre de todas las madres heroínas exista, pero, si consideramos que me fue diagnosticada depresión posparto y que me costó mucho conectar con mis dos hijas los primeros años de vida de cada una, ese momentáneo placer de unión y conexión fue indescriptible. Al recordarlo, aún puedo ver cómo le brillaban los ojos de alegría. De verdad, la gratitud abunda.

Cuando era adolescente me dijeron que muy probablemente no tendría hijos. Perdí tres embarazos (uno entre nuestras dos hijas). Así que, cuando por fin tuve a mis hijas y no pude conectar con ellas, sentí que todo mi viaje hacia la maternidad había sido una traición tras otra. Por eso, aquel momento —el momento en que mi hija mayor resplandecía de orgullo por mi valentía— fue tan especial.

Habíamos salido a dar nuestro paseo diario por el vecindario, una práctica que adopté cuando me curé del cáncer de seno. Aprendí que caminar por treinta minutos todos los días, a cualquier paso, reduce el riesgo de recurrencia del cáncer de seno hasta en un cincuenta por ciento. No tengo que decir que estaba convencida. Así que, ese día, cuando Isabella y yo doblamos por la calle principal, le dije:

—Mira, Bella, hay un árbol ahí delante que tiene naranjas, y cada vez que paso me dan ganas de agarrar una.

—¡Hazlo, mami! Agarra una.

Mi hija es valiente. Siempre quiere ir en busca de aventuras y descubrir nuevas maravillas.

—De ninguna manera, señorita. Eso es robar. Pero cómo me gustaría ser una ladrona en este momento —respondí, riendo—. Siempre he querido tocar a la puerta de esas personas y preguntarles si me puedo llevar una, pero...

Divagué. Nos acercábamos a la casa y podía sentir que algo se movía dentro de mí. Era un momento importante, lo sentía. La forma en que manejara mis deseos le enseñaría a mi hija a manejar los suyos. ¡Oh, cuánta presión!

—¿Tal vez deba preguntarles hoy? —le dije a Isabella.

—¡Sí, mamá, pregúntales! Tú puedes —me animó Isabella.

—Pues lo haremos al regreso, porque todavía tenemos que dar la vuelta, así no tendremos que cargarla —dije, y seguimos caminando y conversando de diversos temas, pero no olvidé mi naranja.

Como crecí en la ciudad de Nueva York, nunca había visto un árbol de naranjas hasta que nos mudamos a Florida, y aun así nunca había experimentado el placer de probar el jugo dulce de la fruta recién arrancada del árbol. Cuando vivimos en Alemania, había recogido manzanas, calabazas y hasta fresas, así que conocía la satisfacción de extender el brazo, tocar y probar los frutos de la naturaleza estando en la naturaleza. Es algo que me hace sentir muy conectada con Dios y con toda la creación; algo que me hace sentir parte del ciclo de la vida. Es la libertad de saber que Dios siempre provee.

Según dejaba que mi mente divagara, y escuchaba sólo a medias las historias de Isabella, volvimos a doblar y vi el árbol más adelante. Había llegado el momento de la verdad. Había llegado el momento de hacer lo que predicaba. Excepto que, *estaba aterrorizada*.

—Okey, Bella, aquí estamos. Toquemos a la puerta. ¡Uy! ¿Por qué tengo tanto miedo? —dije en voz alta.

Aunque no puedo imaginar que alguna vez escriba un libro sobre la crianza —créanme, ese no es mi fuerte—, algo que he aprendido es la importancia de ser franca con mis hijas respecto a mis sentimientos. Mostrarles que está bien sentir miedo es darles permiso para sentirlo. Eso nos ha brindado muchas oportunidades de dialogar acerca de sus sentimientos, y a mí, de ayudarlas a atravesar situaciones difíciles.

—¡Puedes hacerlo, mamá! —repetía Bella, animándome.

—Pero ¿por qué tengo miedo? —pregunté. Pensando en voz alta, comencé un monólogo de preguntas retóricas—: ¿Tengo miedo de que piensen que estoy loca? ¿Tengo miedo de que me digan que no? Esto es absurdo. ¿Qué importa? ¿Qué importa si creen que estoy loca? Me importa que pongan un aviso en el boletín de la comunidad: «¡Atención! A todos los puertorriqueños de la ciudad de Nueva York, por favor dejen de tocar a la puerta de los vecinos para pedirles naranjas. Siembren sus propias naranjas o vayan a Publix a comprarlas». ¡Ay, no!

Sin darle a Isabella la oportunidad de decir una palabra, proseguí:

—Sé que son pensamientos absurdos, Bella, pero quiero ver cómo proceso mis pensamientos cuando estoy asustada. Quiero que veas cómo valido o desapruebo mis propios pensamientos e historias. La conclusión es que sí, me asusta que los vecinos piensen, hagan o digan todas esas cosas, pero, a fin de cuentas, todo se reduce al hecho de que me da miedo que me rechacen y me da miedo que el hecho de que veas que me rechazan haga que tú no quieras tomar riesgos en el futuro. Y es precisamente por todas esas razones que voy a tocar a esa puerta en este instante. Reza por mí, hijita.

—¡Tú puedes, mami! —dijo aplaudiendo y sonriendo.

Caminamos hacia la puerta y oprimí el botoncito negro del timbre. El corazón se me salía por la boca. Estarás pensando *¿En serio? ¿Todo eso por una naranja?* ¡Sí! En serio. *Todo* eso por una naranja. ¡Esta chatita estaba asustada!

¿Mencioné que vivo en una comunidad cerrada «establecida»? Y cuando digo «establecida» me refiero a gente blanca mayor. La mayoría de mis vecinos son adultos jubilados que pasan mucho tiempo chismeando en el chat de la comunidad. Esa gente no come cuentos. Una vez, en el fondo de nuestro jardín había crecido un musgo que a mí me parecía bonito, pero que resultó ser hierba mala. Pues alguien se quejó ¡y nos multaron! ¡¡¡Por un musgo!!! ¡Que ni siquiera se veía desde la calle! Alguien tuvo que acercarse mucho a nuestro jardín para verlo. En serio, a esta gente le sobra el tiempo.

Luego de esperar lo que me pareció una eternidad, pero que en verdad fueron unos treinta y cuatro segundos, un hombre setentón abrió la puerta. Su expresión confirmó todos mis miedos. *Oh, no. Este tipo no va a estar disponible para mí ni para que le pida que me deje agarrar una naranja.*

—¿Sí? —dijo mirando por encima de mi metro y medio de estatura.

—¿Hola? —respondí, dubitativa—. Lamento mucho molestarlo, pero paso por su casa todos los días y siempre veo el árbol de naranjas...

La expresión de su rostro no se suavizaba. Parecía entre confundido y molesto.

—Y me preguntaba... nunca me he comido una naranja acabada de arrancar del árbol. ¿Podría tomar una?

¡Ya! ¡Lo hice!

De repente, el hombre sonrió.

—Te propongo algo mejor. Llévate tres —dijo.

¿¿¿¿Qué???? ¡Dijo que sí! ¡Dijo que me llevara tres! ¡No una, sino TRES! Por dentro estaba dando saltitos de felicidad como una niña.

—¿De verdad? ¡Muchísimas gracias! Se lo agradezco tanto.

El señor sonrió y cerró la puerta.

—Bella, ¿viste eso? ¡Dice que nos llevemos tres! ¿Ves, nena? Sólo tienes que arriesgar tu reputación y preguntar —dije.

Entonces se me detuvo el corazón.

—¡Disculpe! —una mujer mayor salió por la puerta de la casa. *Oh, no.*

—¡Él no sabe lo que siembro ni lo que hago aquí afuera! —nos gritó.

Oh, no. Hasta aquí llegamos. Me iba a decir que no podía llevarme las naranjas. Tal vez eran naranjas que habían ganado premios, o la señora pertenecía a algún club de jardinería o, como yo, estaba dándose la Terapia Gerson y necesitaba todas las naranjas para sus jugos matutinos. Me preparé para lo que viniera.

—Ésas no son naranjas —dijo—. Puedes llevarte todos los que quieras, pero son limones Meyer, y quería asegurarme de que lo supieras antes de que les metieras un mordisco y te encontraras algo inesperado.

¡Uf! Por poco.

Mi corazón recuperó su pulso habitual cuando la amable mujer nos dio un paseo por su propiedad y nos mostró otros árboles frutales. Luego nos dio una bolsa plástica.

—Tomen. Llévense los que quieran. Yo no puedo aprovecharlos todos —nos dijo.

Agarré la bolsa y le agradecí a la mujer su generosidad.

Según arrancábamos los limones del árbol, Isabella me miró.

—¡Wepa, mamá! Eso estuvo increíble. Fuiste tan valiente y ¡mira ahora! Podemos hacer limonada y tal vez hasta vendérsela a los vecinos —dijo.

Al igual que su mamá, mi hija es una empresaria innata que siempre anda buscando qué crear y vender.

Ese recuerdo tan dulce y especial sólo fue posible porque, aunque estaba asustada, escogí arriesgar mi reputación entre los vecinos. Giré una llave y no sólo me liberé, sino que además le mostré a Isabella que ella también podía arriesgar su reputación y conseguir la libertad. O, al menos, limones Meyer.

Esa tarde, Isabella, mi hija menor Valentina y yo hicimos limonada con los limones Meyer, pasamos una hermosa tarde de unión y conexión, y probamos juntas por primera vez una limonada de limones Meyer, cuyo dulce recuerdo guardaríamos.

Me di permiso.

Respondí al llamado.

Practiqué la obediencia.
Arriesgué mi reputación.
Giré la llave.
Les di esperanza a mis hijas.
Hallé la libertad.

GIRAR LAS LLAVES DE LA LIBERTAD

Amiga, hemos llegado a la parte del libro donde no puedes ignorar lo que hemos descubierto juntas. Es cierto que podrías regresar a los ejercicios que hicimos en el Capítulo 1 y decidir que nada de lo que hemos cubierto te sirve, pero aun así, sabrás que, si bien puedes controlar tu propia historia, no puedes ni debes siquiera intentar controlar las historias de las personas que interactúen contigo.

Puedes trazar la línea aquí y ahora. Decide quién quieres ser, qué vas a hacer y cuál quieres que sea el resultado de honrar tu verdad y tu identidad. Según te haga falta, adoptarás tu identidad de Ofensora empática, lo que conlleva una de las decisiones más difíciles que tendrás que tomar: ¿estás dispuesta a arriesgar tu reputación? En específico, ¿estás dispuesta a arriesgar la reputación de la versión anterior de ti misma? Eso es lo que requiere pasar al siguiente nivel de esta nueva manifestación de quién eres realmente. Para muchas personas es un salto temible, pero tú ya estás lista para dar un salto cuántico. No fuiste creada para pasar desapercibida. Has sido llamada para salir de tu escondite por el simple hecho de que estás leyendo este libro y has llegado hasta aquí.

Échale la culpa a la forma en que te criaron, a tu trauma, a tus hijos, a tu pareja, a tu jefe, a tu gobierno, a la sociedad;

échale la culpa a quien quieras, pero en lo más profundo de tu corazón sabes que cada vez que te has acercado a tu sueño has sido *tú misma* quien se ha detenido. A pesar de que toda generalización tiene excepciones, casi siempre has sido *tú misma* quien ha retenido en sus manos el permiso final. Has tenido tanto miedo de arruinar tu reputación que has dejado ese permiso tan estrujado y ajado que ya no es reconocible. Y hasta puede que no seas capaz siquiera recordar para qué lo querías.

Permiso

Me doy permiso para arriesgar mi reputación.

#PermisoParaOfender

¡Está bien! Despacio, inhala profundo y, cuando ya no te quepa más aire en los pulmones, aguanta la respiración por cuatro segundos. Inhala. Uno... dos... tres... cuatro... Aguanta. Uno... dos... tres... cuatro... Exhala. De nuevo: inhala contando hasta cuatro. Uno... dos... tres... cuatro... Aguanta. Uno... dos... tres... cuatro... Exhala y *suelta*. Deja que toda la culpa, la vergüenza y el resentimiento vuelen al aire. Puede que sientas temor, pero tienes el poder de moverte con o sin él. ¿Y si, en vez de intentar erradicar el miedo, escoges reconocerlo como una madre protectora en tu vida? ¿Y si el miedo es como una madre helicóptero que sólo quiere sobrevolarte para asegurarse de que estás a salvo y protegida por el resto de tu vida, a como dé lugar? Está ahí. No va a moverse de ahí. Maneja tu miedo como manejarías a una madre sobreprotectora. Sé clara en tus intenciones. Comprende los motivos del miedo. Establece límites. Sigue todos los pasos que cubrimos en el Capítulo 5 y ¡adelante! Puedes liberarte del yugo del miedo. El miedo no tiene por qué cortarte la respiración.

Mientras te liberas del yugo del miedo, ¿qué tal si también liberas esos viejos permisos que has estado esperando tener el valor de usar algún día? Ya no los necesitas. Hoy vamos a redactar un nuevo tipo de permiso; uno que te permita arriesgar tu reputación con la fe y la confianza de que, al hacerlo, no sólo honrarás tu identidad y te adentrarás en tu propósito, sino también cambiarás la vida de las personas que te rodean: tanto las que más te importan como las que aún no has conocido. ¿Puedes permitirte sentir eso un instante? Inténtalo. Cierra los ojos y pasa sólo uno o dos minutos respirando y pensando en las siguientes preguntas:

Si esta fuera mi última llamada, ¿estoy lista para abandonar este mundo sabiendo que la ignoré?

¿Quiero que mi legado sea el de una persona tímida y retraída o quiero que me recuerden como alguien que estuvo dispuesta a arriesgar su reputación para hacer una diferencia?

¿Estoy lista para usar el permiso que he pedido?

Cada vez que me obligo —sí, que me *obligo* (no siempre me resulta fácil conectar íntimamente con mi alma)— a contestar estas preguntas, al instante me siento llena de energía y convicción. Sobre todo, la última pregunta. No soy inmune a ninguno de estos ejercicios, yo también quiero permiso. En lo profundo de mi alma, yo también deseo validación. Quiero confirmaciones de que estoy en el camino correcto. Pero si ni tú ni yo nos permitimos nunca recorrer ese camino, ¿cómo lo sabremos? Por eso debes crear tus propios parámetros de verificación. Por eso debes darte permiso para *redactar* tus propios permisos. Por eso debes estar dispuesta a arriesgar tu reputación. Para que cuando comiences a andar por ese camino sin pavimentar y la gente empiece a decirte de todo menos el nombre que has escogido para ti, puedas hacerlo con plena fe y libertad. Te prometo esto: *¡encontrarás la libertad en ese camino!*

Sé de seguro que otros hablarán de ti, hagas lo que hagas. Seguirán juzgando cada uno de tus movimientos, incluso si haces exactamente lo que piensan que deberías hacer. Puede que eso te funcione a corto plazo, pero así nunca encontrarás la libertad. Tú misma te habrás confinado a una prisión de cuello blanco, donde los reclusos reciben clases de entrenamiento, televisión por cable y correo electrónico; una cárcel donde los presos se las arreglan para crear comunidades y conexiones. Todo eso se asemeja un poco a la felicidad y la normalidad, pero nunca ofrece la realización plena ni la libertad.

Imagina lo siguiente: tienes varias llaves en las manos. Esas llaves son todas tus grandes ideas, tus metas, tus acciones, todo eso que has dicho que harás algún día. Entre esas llaves, hay al menos una que abrirá la puerta de tu prisión y te liberará. Pero, para encontrar «esa llave», primero tienes que probar cada una de las otras frente a los demás presos, ninguno de los cuales cree que haya forma alguna de salir. Con cada llave que giras, tu credibilidad —tu reputación— disminuye. Pero tienes *fe*. En lo profundo de tu ser *sabes* que hay una llave que no sólo te dejará salir a ti, sino también a muchos de tus compañeros de prisión. Esa llave también les dará esperanza a quienes aún no estén listos para escapar contigo.

Ése es el permiso y el poder que tienes en tus manos en este preciso instante. Lo único que tienes que hacer es atreverte a arriesgar tu reputación.

> *¿Por qué permaneces en la prisión, si la puerta está abierta de par en par?*
>
> —RUMI, «UNA COMUNIDAD DEL ESPÍRITU»

PARA ARRIESGAR, TIENES QUE SOLTAR

Siempre obtendrás más de lo que deseas cuando aprendas a soltar tus ataduras emocionales al desenlace. Cuando Isabella y yo volvimos sobre nuestros pasos y volví a encontrarme frente el árbol de limones Meyer (no de naranjas), todos mis temores estaban atados al desenlace, no al hecho mismo de preguntar. A menudo, lo que nos asusta no es hacer algo, sino qué sucederá si lo hacemos.

¿Qué pasará cuando todos mis sueños se conviertan en realidad?

¿Qué parientes me pedirán dinero?

¿Qué amigos me abandonarán?

¿Qué miembros de mi familia pensarán que soy una burguesita?

Ésos son sólo algunos de los temores que he escuchado en los últimos diez años. Es casi una historia que se repite hasta el infinito, y que dice: *Si obtengo lo que deseo, perderé lo que tengo.*

Una parte de mí quisiera decirte que eso no es cierto: «*Por supuesto* que no perderás lo que tienes cuando obtengas lo que deseas», pero no puedo garantizártelo. Sin embargo, lo que sí puedo decir con total certeza es que eso no *tiene* que ser cierto. A veces, obtener lo que queremos sí requiere que perdamos algo, no porque ya no quieras o no te importe ese algo (o alguien), sino porque ya no puede acompañarte adonde vas.

Algunas personas no están listas, y lo último que necesitas es que su influencia y energía negativas te detengan mientras asciendes.

LA MATRIZ DE TODOS LOS DESENLACES

Regresábamos de un increíble viaje de vacaciones de primavera en Florida. En el descenso al aeropuerto JFK de Nueva York, nuestro avión cayó lo que ahora creo que fueron unos mil pies, pero en aquel momento me parecieron diez mil. Durante la caída, miré por la ventana y vi que el agua subía y casi tocaba el ala. Me aterroricé. Otras personas en el avión gritaron. No se trataba de uno de esos momentos «Rachel está siendo dramática», aunque me declaro culpable de haber protagonizado muchos de ésos en el pasado. No, era una auténtica situación de «¡Ea, rayos!». A mi derecha, un niño de unos seis años exclamó «Weeeee. ¡Esto es muy divertido, mamá!», mientras otros pasajeros se aferraban a sus descansabrazos y rezaban a viva voz.

El avión siguió dando brincos, hasta que por fin tocamos

la pista de aterrizaje. Poco después de aterrizar, el piloto habló por el altavoz:

—Estimados pasajeros, sentimos mucho lo ocurrido. Estamos esperando en la pista para llenar un informe sobre lo que ocurrió. Caímos en el vacío de un avión jumbo, y eso fue lo que nos dio esa leve sacudida. Permaneceremos aquí un ratito, pero haremos todo lo posible por sacarlos del avión lo antes posible.

Otros pasajeros se calmaron tan pronto como aterrizamos, pero, como yo seguía llorando, la asistente de vuelo se me acercó y me preguntó si viajaba sola o con alguien.

—Mis amigos están atrás —dije, entre sollozos—. ¿Puedo ir con ellos?

La simpática asistente me ayudó a salir de mi asiento y me acompañó hasta donde estaban mis amigos Geuris y Oso. Cuando los vi, comencé a sollozar aún más fuerte. Medio confundido, Geuris se puso de pie enseguida.

—¿Qué te pasa? —preguntó.

No recuerdo lo que le contesté, pero sí que me aferré a él como si mi vida aún estuviera en peligro.

—Vas a tener que sentarte, cariño. No puedes estar de pie en el pasillo. —La asistente de vuelo nos señaló los asientos.

—Ven, siéntate —dijo Geuris al tiempo que él se sentaba y yo, en su regazo.

Me sentí ridícula por llorar de ese modo. *Sabía* que habíamos aterrizado y que estábamos a salvo, pero no podía dejar de revivir la imagen del ala del avión tan alarmantemente cerca del agua.

—Quiero salir del avión, por favor —dije, llorando aún—. Quiero salir del avión. Por poco nos morimos. Por poco nos morimos.

Geuris, Dios lo bendiga, me acarició la espalda.

—Ya aterrizamos, Raquel, cálmate —aseveró.

Tenía razón. Estaba a salvo. Hice lo que pude por calmarme y, al poco rato, desembarcamos. Tomé el tren y llegué al apartamento de mi mamá, sana y salva. Pero esa experiencia fue tan traumática que por *años* luché contra un inmenso miedo a volar. Éste se tornó tan agudo que, antes de montarme en un avión, tenía pesadillas. No podía volar sin tomar Xanax o, en mi época de bebedora, sin emborracharme hasta perder el conocimiento. La única vez que me sentí segura en un avión fue en el Cuerpo de Marines rumbo a Oriente Medio para apoyar la Operación Libertad para Iraq. Volamos en un avión comercial alquilado, con nuestras armas a bordo. Aunque es completamente irracional, me sentía segura de saber que mi M16 estaba en el suelo a mis pies. ¿De qué me hubiera servido si el avión caía en picada (que era lo que en realidad temía)? No tengo idea. Una vez más, eran los pensamientos de una mente asustada e irracional.

Como he dicho, por años luché contra ese miedo terrible a volar, hasta el punto de perderme algunos viajes increíbles. Recuerdo que una vez, cuando vivía en Alemania, reservé un viaje para ir a Londres un fin de semana a encontrarme con una amiga. Pocos días antes del vuelo las pesadillas fueron tan intensas que cancelé el viaje. Todavía hoy me reprocho haberme perdido la oportunidad de pasar por delante del Palacio de Buckingham y decirle a su majestad, la reina: «¿Qué tal?». ¿Quién sabe? Tal vez una foto frente al palacio me hubiera ayudado a manifestar que me casaría con el príncipe Harry. Pero Meghan Markle se montó en aquel avión y yo no. Ahí tienes.

Finalmente, después de años de comas inducidos por alcohol y drogas en aviones, y de perderme muchos viajes increíbles, decidí que tenía que librarme de mi miedo a volar de una vez y por todas. Hice lo que todos los expertos sugieren: aprendí todo lo que pude acerca del funcionamiento de los aviones. Aprendí acerca de la velocidad y la fuerza que necesita un avión para despegar. Aprendí acerca de los varios sonidos perfectamente normales que hace un avión en distintos puntos de un viaje. Aprendí que un avión puede seguir volando sin un motor, y hasta aterrizar de forma segura, aunque incómoda, sin el tren de aterrizaje. Cuando te digo que aprendí todo lo que pude, me refiero a *todo*. Y eso me ayudó un poco. Cada vez que me montaba en un avión, respiraba profundo y me recordaba a mí misma que esos sonidos eran normales y que el avión promedio y sus alas pueden aguantar mucha turbulencia sin que ocurra algo catastrófico. Pero aún no me sentía *tranquila*. Quería llegar al punto en que pudiera montarme en un avión en paz absoluta.

La paz llega cuando nos rendimos. En mi siguiente viaje, decidí que había llegado el momento, que ya estaba harta de sentir tanto miedo en una situación sobre la cual tenía muy poco control. Así desarrollé la Matriz de Todos los Desenlaces. No es tan sofisticado como suena, pero es muy eficaz. Sólo es cuestión de hacerte las preguntas apropiadas para las circunstancias. Tenía que recordarme a mí misma que, a fin de cuentas, lo único que puedo controlar son mis pensamientos y la forma en que escojo ver la situación. Al fin y al cabo, rendirme fue una opción sólo después de considerar y aceptar todos los desenlaces posibles. En el caso de viajar en avión, tuve que considerar todo lo que podría pasar si me montaba en un avión.

¿Cuál es el mejor desenlace posible de montarme en un avión? Eso es fácil. En el mejor de los casos, aterrizo bien y la vida continúa. ¿Quién sabe? Tal vez ese viaje me permita llegar a uno de los maravillosos lugares que quiero visitar antes de morirme. ¿Me parece bien? ¡Sí! Eso sería fantástico. El mejor desenlace posible es aterrizar bien y eso me encantaría.

Okey, la siguiente pregunta que me hice fue ¿cuál es el peor desenlace posible? ¡Eh, uy! El peor desenlace posible es que el avión se estrelle y nadie sobreviva. ¿Me parece bien? Al principio no me pareció bien. Ése era mi temor mayor y tenía que preguntarme: *¿Por qué esto me da miedo? ¿Por qué temo tanto al peor desenlace posible?* Aquel día, en el avión de regreso de Florida, cuando el avión cayó y vi que el ala se acercaba más de lo que hubiera querido al agua, lo único que pensé fue *¡Ay, Dios mío no! No puedo dejar a mi mamá.* Ella era mi mayor preocupación. Aunque era una mujer adulta, no podía evitar sentir empatía por la devastación que experimentaría si algo me ocurría.

Años después, cuando me convertí en mamá y aún luchaba contra mi miedo a volar, dejé de preocuparme por mi mamá y comencé a preocuparme por abandonar a mis bebés. Según practicaba la Matriz de Todos los Desenlaces, volví a preguntarme: *¿Me parece bien el peor desenlace posible?* No, no me parecía bien. Recuerdo pensar: *Quiero ver a mis hijas crecer. Quiero estar presente para ellas. No quiero dejar a mi esposo solo con esa responsabilidad. No me parece bien ese desenlace.*

En vez de obligarme a que me pareciera bien ese desenlace, pasé a los siguientes. ¿Qué desenlaces intermedios son posibles? Algunos dirán que la vida es todo o nada, pero yo creo que en el mundo hay muchos grises, muchos tonos intermedios. En este ejemplo, un posible desenlace intermedio era que el avión se estrellara y todos sobreviviéramos, y entonces quedaría más traumatizada que cuando me monté en el avión. Aunque resulte extraño, ese desenlace me parecía bien. Racionalicé que era porque estaría viva y podría seguir trabajando con mi fobia.

OPORTUNIDAD DE ALINEAMIENTO

¿Qué te gustaría hacer, pero el miedo te detiene? Escoge un área donde tu verdad pudiera invitar al juicio y, potencialmente, ofender a alguien. ¿La encontraste? Okey, bien. Ahora pongámosla a prueba con la Matriz de Todos los Desenlaces.

La acción que temo realizar es...

¿Cuál es el mejor desenlace posible?

¿Cuál es el peor desenlace posible?

¿Cuáles son los desenlaces intermedios posibles?

¿Me parecen bien esos desenlaces posibles?

¿Qué tiene que ocurrir para que me parezcan bien?

Si no me parecen bien, ¿estoy dispuesta a rendirme ante las cosas que no puedo controlar?

Di un paso más e hice una lista de todos los desenlaces posibles, incluido que secuestraran el avión. ¡Dios no lo quiera! Seguí hasta llegar al punto donde todos los desenlaces me parecían bien, excepto el peor de los escenarios, que era que el avión se estrellara y nadie sobreviviera. Como esa posibilidad seguía dándome vueltas en la cabeza, me pregunté: *¿Qué tendría que suceder para que me pareciera bien este posible desenlace?*

Para ser sincera, años después, todavía no me parece bien. Mi deseo e intención es una vida larga y saludable. Mi intención es vivir, por lo menos, hasta pasados los noventa. Sin embargo, comprendo que hay ciertas cosas que no puedo controlar. Mis decisiones las puedo controlar. Puedo escoger montarme en un avión o puedo escoger renunciar a algunos de mis sueños de viajes y aventuras. Puedo escoger vivir una vida excepcional o puedo escoger conformarme con lo que considero una mediocridad, si mis miedos y preocupaciones me derrotan. Así aterricé en la situación del avión y por eso ahora puedo viajar con facilidad y hasta disfrutar de una experiencia que antes me aterraba. Todos mis asuntos están en orden. Si, Dios no lo quiera, me ocurre algo, sé que mis hijas estarán bien atendidas. Sé que me salvaré y que estaré en el cielo de parranda con los ángeles, en una fabulosa fiesta con mi Creador. No tengo prisa por llegar allí y, sin embargo, confío en el plan soberano de Dios y comprendo que no podré entenderlo todo. Estoy dispuesta a aceptar las cosas que no puedo controlar. *Así* se navega por la Matriz de Todos los Desenlaces.

Decidí compartir esta historia de mi pasada megafobia a los aviones porque quería que vieras un ejemplo extremo de cuán útil puede ser esta herramienta. También es útil para los desenlaces que, aunque den miedo, son menos truculentos y fatídicos, como publicar algo en las redes sociales, pedirle un aumento a tu jefe o protestar por alguna injusticia que hayas presenciado. ¡Inténtalo!

La Matriz de Todos los Desenlaces tiene que ver con aceptar todas las posibilidades: es el primer paso de fe que tienes que dar para adoptar la identidad de la Ofensora empática. Una vez has aceptado tu verdad, el siguiente paso para vivir con altos niveles de fe es aprender a rendirte. La diferencia entre aceptar y rendirse es que cuando te rindes te permites *sentir* las emociones. Cuando usas la Matriz de Todos los Desenlaces, usas procesos cognitivos racionales y razonamientos para alcanzar la aceptación. Según empiezas a rendirte, armonizas el razonamiento con las emociones.

RENDIRSE

Cuando nació mi primera hija, aún estaba en servicio activo en el Cuerpo de Marines de los Estados Unidos. Había ascendido al rango E-6 (para darte una idea, la estructura de rangos llega hasta E-9, así que ¡estaba cerca!). En la mañana del 28 de julio de 2008, entré a trabajar en mi oficina en Stuttgart, Alemania, como cualquier otro día. Mi bebé no nacería hasta el 8 de agosto y yo no tenía ninguna intención de tomarme ni un día de licencia antes de la llegada del bebé. Quería demostrarles a mis jefes que era fuerte y que podían contar conmigo para dirigir a nuestros Marines, aunque no pudiera verme los pies. Más tarde esa noche me puse de parto y la mañana siguiente nació mi hija. Al cabo de treinta y dos días estaba de vuelta en mi oficina, lista para trabajar. Pude haber regresado antes, pero ninguna guardería aceptaba bebés de menos de treinta días. Una amiga tuvo la gentileza de cuidar a mi bebé mientras me apresuraba a regresar a la oficina para demostrarme a mí misma y a mi equipo lo valiosa que era.

Me encantaba mi trabajo, pero antes de que mi bebé cumpliera el año tuve que tomar una decisión muy importante: quedarme en el Cuerpo de Marines y que me reasignaran a los Estados Unidos o aceptar una baja honrosa y quedarme en Alemania con mi esposo. Es importante destacar que, en aquel momento, aún no estábamos casados, así que el Cuerpo de Marines no estaba obligado a transferirme cerca de él. Escogí a mi familia.

Cuando Isabella iba a entrar en el kindergarten, tenía mi

negocio desde hacía poco menos de tres años. Me iba bien, así que decidí unirme a la asociación de padres y maestros, registrarme como comamá de una clase e intentar vivir el sueño de la familia de cuentos de hadas que había visto en la televisión cuando era niña. ¡En qué diablos estaría pensando! Para empezar, no me gusta limpiar lo que otra gente ensucia, y cada vez que horneábamos o hacíamos manualidades con los niños el reguerete me enloquecía. En segundo lugar, no me gustan tanto los niños. Amo a *mis* hijas y me encantan los bebés hasta los seis meses. Una vez pueden moverse y hablar, ya dejan de gustarme. No tenía *ninguna* razón para ser comamá de una clase u ofrecerme de voluntaria para ayudar *dentro* del salón de clases. Aquello fue un estrés tras otro; y ni hablar del hecho de que todo el tiempo que pasaba con los niños era tiempo que le quitaba a mi negocio, lo único verdaderamente *mío*.

Dirigir mi negocio y trabajar con mis clientas me daba una sensación de alegría y satisfacción que no me daba la maternidad. Si acaso, la maternidad me parecía (en aquel momento) una experiencia en la cual te dan gato por liebre. Me vendieron un sueño. Me dijeron: «Cuando veas a tu bebé por primera vez, sentirás un amor que nunca creíste posible». ¡No fue eso lo que sentí! Cuando nació Isabella, lo único que sentí fue miedo. No estaba lista para ser mamá. No estaba lista para asumir esa responsabilidad. Y cuando los doctores descubrieron lo que sospechaban que era un tumor y se la llevaron a la unidad de cuidados intensivos neonatales a los pocos días de nacida, ese miedo se exacerbó. No, no sentí un amor sobrecogedor cuando nació mi hija, sentí miedo y responsabilidad. Afortunadamente, el supuesto tumor no fue más que una glándula inflamada a causa del parto difícil. Los doctores me aseguraron que estaría bien (y así fue), pero yo me sentía herida por la experiencia.

Veintitrés meses después, cuando nació mi segunda hija, pensé que tendría una segunda oportunidad. Quizás esa vez sentiría ese amor eufórico del que me habían hablado. Pues, no. Esa vez sentí alivio. El parto fue muy fácil —sólo cuarenta y cinco minutos de principio a fin— comparado con las doce horas del primero. Sin embargo, no sentí ese amor avasallador e infinito, sólo alivio de que hubiera sido tan fácil, y *culpa* por no sentir ese amor. Fue una experiencia muy dolorosa. Dos veces me había traicionado la idea de la maternidad. ¿Dónde estaban los libros, las películas e historias sobre *mi* tipo de maternidad? En mi mundo y en ningún otro lugar.

Según crecían las niñas, me esforcé por ser la mamá *y* mujer de negocios «perfecta» con la esperanza de que algún día todo lo que me habían dicho sobre ser mamá se convirtiera en realidad. No fue hasta varios años después —después de defenderme una y otra vez frente a otras mamás que no entendían por qué quería una carrera *y* una familia— que pude verlo: tenía que rendirme y aceptar que nunca llegaría a ser la madre que pensé que sería o que los demás querían que fuera.

Al crecer, siempre pensé que sería de esas mamás que hornean galletitas y bizcochos con sus hijos. De las que hacen manualidades y pertenecen a la asociación de padres y maestros, y son comamás de una clase. Y lo intenté, pero nunca he valorado hacer algo con el único fin de quedar bien ante los demás. Valoro hacer cosas por satisfacción, no por obligación. Tan pronto como tomé la decisión de rendirme y abandonar lo que creía que debía ser la maternidad, y me apoyé en aquello que quería que fuera mi relación con mis hijas, *todo cambió.*

Al rendirme, sólo pensé: *Ésta soy yo. No soy el tipo de mamá que pensé que sería y eso me parece bien. Ya no me juzgo a mí misma. No me importa lo que digan los demás. Ya no juzgo mis sentimientos. No importa que mis miedos e inseguridades en torno a la maternidad permanezcan o desaparezcan, estoy a salvo.*

Así fue como descubrí que nuestra conexión con una comunidad que nos apoya nace cuando nos rendimos y hablamos con sinceridad. Empecé a hablar con sinceridad acerca de mi verdad sobre la maternidad y el resentimiento no intencional que sentía hacia mis hijas. Dije que me sentía culpable de querer conservar mi propia identidad fuera de mi rol como mamá. Empecé a buscar apoyo de otras mamás que llevaban la maternidad mejor que yo. De repente me vi rodeada de mamás que sentían lo mismo que yo —una comunidad, ¡qué bien!— y de mamás que me enseñaron a ser una mamá amorosa y no renunciar a mí misma. No sólo eso. Tan pronto como mostré mi verdad y tuve una comunidad de mamás que respetaban y aceptaban esa verdad, mi relación con mis hijas cambió por completo. *Finalmente* pude sentir ese amor avasallador por mis hijas, pero eso sólo ocurrió cuando me rendí. Mis sueños, deseos, creencias y valores no siempre les parecerán «bien» a otros, así que renuncié al deseo de «hacerlo bien» y acogí la idea de alinearme con mi verdad. Tú también puedes hacerlo.

Ríndete respecto a tus heridas.

Ríndete respecto a la necesidad de que te validen.

Ríndete respecto a querer controlar las historias que otros construyan.

Ríndete respecto al deseo de ser aceptada por personas que no comparten tus creencias y valores.

Sencillamente, ríndete.

ES SEGURO ARRIESGAR MI REPUTACIÓN Y RENDIRME RESPECTO A LA NECESIDAD DE QUE OTROS ME VALIDEN.

━━━━━━━━━━━━━━━━━━━ #PermisoParaOfender ━━━━

PRINCIPIOS PARA ARRIESGAR TU REPUTACIÓN

▶ Debes estar dispuesta a arriesgar tu reputación para pasar al siguiente nivel de esa nueva manifestación de quien realmente eres.

▶ Para arriesgar, debes soltar tus ataduras emocionales a los desenlaces.

▶ Usar la Matriz de Todos los Desenlaces con regularidad es clave para soltar tus ataduras.

▶ La paz llega sólo cuando te rindes. Ríndete y acepta quién eres ahora, para que puedas darle la bienvenida a la persona en quien te estás convirtiendo.

Rendirse requiere fe y aceptación. ¿Eres capaz de aceptar tu propia verdad personal y rendirte respecto a cualquier idea que ya no se alinee con esa verdad? Si puedes, serás capaz de disfrutar de la libertad que sé que estás lista para experimentar. Vayamos hacia allá, ahora.

TERCERA PARTE

ME DOY PERMISO PARA VIVIR EN LIBERTAD

Pues ustedes, mis hermanos, han sido
llamados a vivir en libertad; pero no usen
esa libertad para satisfacer los deseos de la
naturaleza pecaminosa. Al contrario, usen la
libertad para servirse unos a otros por amor.

—GÁLATAS 5:13, NTV

8

OFENDER CON INTENCIÓN

—Te amo, Rach, pero ¡tienes que dejar de hablar tanto de Dios! —me dijo mi querida amiga Jess un día, hace muchos años, cuando estaba comenzando mi negocio.

Yo era como una joven aspirante a actriz de un puebleci to del centro de los Estados Unidos que, ilusionada, se muda a Hollywood creyendo que alguien la descubrirá tan pronto como se baje del autobús. Creía que empezar un negocio era algo fácil y que, mientras me mantuviera fiel a mí misma, aportara valor y ayudara a otros, construiría mi propio imperio en poco tiempo.

—¿Cómo que deje de hablar tanto de Dios? —pregunté.

—La gente no quiere escuchar eso. No quiere que la sermoneen. Vas a ofender y a alejar a la gente —dijo Jess.

—¿Qué dices? Yo no doy sermones. ¿Cuándo he sido una sermoneadora?

Entre tú y yo, me sentí bastante ofendida. En aquel momento no sabía lo que era aumentar mi Cociente de Capacidad para la Ofensa y me incomodaba la idea de que me percibieran como «sermoneadora».

—No lo eres. Sin embargo, nadie quiere que le hablen de Dios cuando está buscando una *coach* —dijo fríamente.

Retrocedí un poco.

—Pero yo no hablo de Dios en mis sesiones, a menos que la clienta sea cristiana y sea *ella* quien traiga el tema. Sé separar la Iglesia del Estado. Y, de todos modos, ¿por qué no querría alejar a alguien que no me conviene?

Jess y yo nos conocimos en un programa de mercadeo en línea, y uno de los mensajes que aprendimos fue la importancia de buscar un «nicho» o encontrar a la gente en el mercado que compartiera tus creencias y valores. ¿Acaso hablar de mis creencias no era señal de que estaba aplicando lo que nos enseñaban? Me sentí confundida, por decirlo de algún modo.

Como Jess parecía tener más experiencia en negocios en línea que yo, la escuché. Eso resultó ser un gran error. No es que su consejo no fuera sensato, es que me alejó tanto de mi identidad que me hallaba constantemente luchando contra el síndrome de la impostora y me costaba mucho ser clara en mi mensaje. Sentía que estaba escondiendo una parte muy importante de mi ser para que otros se sintieran cómodos. En el proceso, yo me sentía muy incómoda con mi propio negocio. Y ni hablar de que mis ganancias cayeron de forma dramática. Con el tiempo decidí que tenía que apoyarme en mi verdad personal y darme permiso para ofender. Y adivinen que pasó. Mis ganancias aumentaron exponencialmente. ¿Qué mejor prueba que ésa?

Ahora, cuando alguien me dice que no hable tanto de Dios porque puedo alejar u ofender a la gente, le doy las gracias por compartir su opinión y sigo adelante. Porque no ofender a un ser humano, automáticamente, me hace ofender a mi Dios. Mi salvación no es negociable, no importa cuán ofensivo pueda parecerles a algunos. Reitero: no estoy atada emocionalmente a quien decida servir o no servir. Tampoco me interesa convertirte. Me interesa vivir al máximo y aprender más de ti para que podamos encontrar puntos de conexión que nos acerquen para beneficio de la humanidad.

Esconderte o no estar dispuesta a ofender para defender tu verdad puede ser perjudicial para tu identidad, tu misión y tu propósito. Piensa en la última vez que quisiste hacer algo muy importante, pero no hablaste o no fuiste firme porque te preocupaba ofender a alguien (o que te juzgaran, rechazaran o difamaran). ¿Cómo te sentiste? ¿Te sentiste armonizada? ¿Te sentiste alineada? ¿Sentiste que estabas viviendo en plena libertad? Probablemente no. Este capítulo te ayudará en ese aspecto. Es posible que digas tu verdad y sigas disfrutando de relaciones saludables con personas que tienen valores y creencias diferentes de los tuyos.

No sé si diría que hay un momento apropiado para ofender a alguien, pero sé de seguro que sí hay un momento *necesario*. Vivimos con un falso sentido de seguridad y certeza de que contamos con suficiente tiempo. A menudo posponemos las conversaciones difíciles y buscamos excusas como «no quiero lastimarlos», «esperaré a que estén de mejor humor», «mejor me guardo esto», creyendo que más tarde tendremos la oportunidad. A ninguno de nosotros nos prometen un mañana y, sin embargo, procrastinamos como si tuviéramos alguna suerte de garantía.

Evitar que otros sufran te costará tu propio crecimiento y, automáticamente, te mantendrá en una zona de confort. Pregúntate: *¿Qué es más importante, mi confort o mi verdad?*

OFENDER A LAS PERSONAS QUE AMAS

—Mis padres son mis fanáticos más grandes —dijo Katie—. Tenemos una relación maravillosa y ellos consumen mis contenidos en las redes sociales. ¡Es estupendo! El problema es que atreverme a compartir mi verdad ha provocado que mis padres se sientan afectados por algunos de mis contenidos. He crecido mucho gracias a la forma en que me he presentado, pero ¿cómo contar esas historias sin herirlos? He llegado al punto —prosiguió— en que reconozco que la gente entra en nuestro mundo y nos hace «daño», pero el daño en realidad nos ayuda a crecer. Quiero honrarlos compartiendo mis experiencias con autenticidad, pero sin hacerles daño.

La preocupación de Katie no es inusual. En verdad, una de las preguntas que me hacen con más frecuencia es: «Cómo hago y digo lo que quiero, sin herir ni perder a otras personas?».

Al igual que a Katie, eso le preocupaba mucho a Amanda. Ya había sacudido a su familia cuando decidió abandonar la fe mormona. Ahora quería compartir más de su historia en las redes sociales, pero le preocupaba el impacto que su verdad personal pudiera tener en su familia, en especial, en su mamá. Ésta ya se sentía ofendida por que Amanda dijera malas palabras, pero hablar sobre el templo, algo tan sagrado para la identidad de su madre, era llevar las cosas a otro nivel.

No sé qué significa ser mormona, pero, por lo que me ha contado Amanda, hay muchas tradiciones hermosas que deben mantenerse en secreto. Que Amanda contara su historia podía significar exponer algunos de esos secretos tan valorados, y lastimar a su madre de la peor forma.

No obstante, Amanda se había prometido defender su

verdad, así que anunció en las redes sociales que ella y su esposo estaban renovando sus votos después de diez años de matrimonio. Aunque se había casado con su mejor amigo, Amanda escribió en su publicación: «Ese día completo fue traumático y doloroso para mí. Perdí mi juventud. Mi identidad. Mis sueños. Esto tal vez no signifique nada para alguien que no haya crecido en la fe mormona —o que aún se identifique como mormón—, pero me dieron un nombre nuevo, juré tener hijos, escuchar y obedecer a mi esposo, y usar una ropa interior especial, entre otras cosas. Incluso me siento sucia por compartir esto, porque hice un voto de silencio». Y añadió un breve paréntesis: «(esta es mi historia y tengo derecho a compartirla)». Esa última oración fue su mejor intento de validarse, así como de defenderse.

Al ver lo que publicó, y sabiendo lo importante que era, inmediatamente la llamé.

—Estoy orgullosa de ti, amiga —le dije. En realidad, lo primero que le dije fue—: ¡Yo no estoy llorando, tú estás llorando!

Nos reímos y *luego* le dije que estaba orgullosa de ella.

En los dos años desde que empecé a hacerle *coaching* y nos hicimos amigas, había visto a Amanda salir de su zona de confort pasito a pasito. Poco a poco, Amanda fue compartiendo cada vez más su verdadera identidad. Trabajó con diligencia para tener una idea clara de en qué creía y qué valoraba. Según veía más claramente aquello en lo cual de verdad creía —por oposición a lo que le habían enseñado a creer— más valiente se volvía en su fe.

Hablar de su matrimonio fue un acto de valentía para Amanda, sobre todo porque esa misma mañana su madre había visto otra publicación donde usaba una mala palabra, y la había llamado para decirle: «Lo que publicaste fue ofensivo». Con razón Amanda se sentía nerviosa de compartir sobre la renovación de sus votos. Como no podía quitarse de la cabeza la conversación telefónica con su mamá, le recordé:

—Tu verdad no es ofensiva. Ella se ofendió. Hay una gran diferencia... recuerda que cuando dices tu verdad, haces que los demás se cuestionen sus propios valores y creencias. Su identidad se pone en tela de juicio, y eso asusta. Gracia y empatía para ambas.

Seguimos conversando y, cuando le pregunté quiénes estaban invitados a la renovación de los votos, prácticamente exigiendo que me invitara, me dijo:

—Sólo seremos nosotros y los niños, lo cual me entristece, porque pensé en quiénes me gustaría de verdad que vinieran: mis hermanas y mi mamá, pero todavía están en la fe y no entienden. Sería casi absurdo, y no quiero invitar a mis amigos más cercanos y dejar fuera a mi familia... —Su voz se apagó. Luego añadió—: Sólo quiero que me digan: «Estoy orgullosa de ti».

—Amiga, por favor, no confundas la falta de comprensión de ellos con que no sienten orgullo por ti y lo que has logrado —le dije al sentir su dolor—. ¿Por qué le atribuyes ese significado? ¿Será posible que tu familia esté increíblemente orgullosa de ti, incluso que admire lo valiente que eres? Recuerda que tu verdad reta su verdad. Pedirles que celebren tu verdad, una verdad que va en contra de sus creencias fundamentales, es pedirles que traicionen su identidad. Has trabajado por años para encontrar tu identidad. ¿Te gustaría que ellos te pidieran que celebres las partes de la fe a las cuales ahora te opones fundamentalmente?

—No, tienes razón —dijo Amanda con resolución serena—. Estoy muy orgullosa de mí misma por haber hablado, y tengo mucho apoyo de muchas mujeres dentro y fuera de la fe mormona. Otras mujeres necesitaban esto de verdad.

Ése es el regalo del movimiento del Permiso para Ofender: nos trasciende. De esa forma damos voz a quienes no tienen voz. De esa forma aprendemos a tender puentes entre creencias, valores, culturas y sistemas económicos diferentes. De esa forma crecemos juntas. No te equivoques: eso nunca ha significado ni significará faltarles el respeto abiertamente a otras personas. Darte permiso para ofender siempre será alzarte para honrar tus valores y creencias con empatía, compasión, comprensión y respeto mutuo.

A propósito, mientras más permiso para ofender se daba Amanda, más crecía su negocio. Durante el tiempo en que trabajamos juntas, hizo crecer los ingresos de su negocio de 250.000 dólares anuales ¡a más de un millón! Es impresionante cómo cambia tu vida cuando operas con altos niveles de verdad personal y fe.

OPORTUNIDAD DE ALINEAMIENTO

Practica decir las siguientes declaraciones en voz alta. Deja que te sirvan de recordatorio cuando navegues a través de conversaciones difíciles que puedan provocar ofensas.

Tu verdad no me hace una mentirosa. Mi verdad no te hace una mentirosa. Simplemente creemos cosas diferentes. Si queremos coexistir y cocrear, sólo tenemos que encontrar un hilo que nos una, a pesar de nuestras diferencias.

Seguramente habrá momentos en tu vida en los cuales tendrás que trabajar con alguien cuyas creencias, valores, opiniones o ideología contradigan los tuyos. Recuerda estas declaraciones, mantente en tu verdad y sigue adelante.

Cada situación es diferente, así que, aunque no hay una forma estándar de «ofender» con el mínimo de daño colateral, haré todo lo posible por darte algunas estrategias para manejar diversas situaciones. Hay nueve principios medulares que debes considerar cuando vivas en tu verdad.

1. COMUNICA TU INTENCIÓN

Es fácil evitar ofender a la gente si comunicas tu intención. La probabilidad de ofender a alguien es mayor cuando no te tomas el tiempo de sostener una buena conversación acerca de lo que es importante para ti y de cómo esas cosas que tanto te importan pueden afectar al otro.

¿Alguna vez has oído a alguien decir «Ésa no fue mi intención», para recibir por respuesta «No se trata de la intención, sino del impacto»? Una conversación clara puede generar resultados mucho mejores.

2. EMBARCA A OTROS EN TU VISIÓN

Una vez hayas compartido tu intención, el siguiente paso es embarcar a otras personas en tu visión. Eso significa demostrar aquello que es posible si dices, haces o eres lo que deseas. En este paso, también puedes considerar compartir por qué eso que quieres decir, hacer o ser es importante para ti y cómo beneficia (si algo) a otras personas.

En verdad, este paso es más para las conversaciones con la familia, la pareja, los amigos y las personas amadas. Sin embargo, para ser completamente transparente, en algunas ocasiones les he comunicado mi intención y visión a mis clientas y estudiantes antes de compartir algo en las redes sociales.

Este paso es importante porque te ayuda a asegurarte de que el impacto es cónsono con tu intención. He visto muchas situaciones que hubieran podido evitarse fácilmente si la persona hubiera comunicado su intención y embarcado a otros en su visión *antes* de decir su opinión.

Estos primeros dos pasos requieren que tengas fe y estés dispuesta a replantearte las cosas. Tarde o temprano te sentirás incómoda. Arráncate la curita, siéntete incómoda, cruza la línea de fuego.

3. EVALÚA LA SITUACIÓN

¿Recuerdas la Matriz de Todos los Desenlaces? Este principio tiene que ver con ella. Ahora que has comunicado tu intención y (ojalá) embarcado a otras personas en tu visión, tienes que evaluar su respuesta. Si tu intención fue bien recibida, estupendo. Sigue adelante con tus planes y encamínate en esa libertad hacia tus deseos. Si, por el contrario, fue recibida con oposición, es momento de evaluar la situación.

- ¿Cómo fue la conversación? Recuerda separar los hechos de tus historias.
- ¿Te mostraste abierta y sincera durante toda la conversación o sentiste que algo te aguantaba? ¿Qué quedó por decir? ¿Qué hubieras podido hacer diferente?
- ¿Cómo terminó la conversación? ¿Hubieras preferido que terminara de otro modo? ¿Se llegó a algún acuerdo?

Toma notas mentales, pero también agarra una libreta y escribe lo que pasó. Documenta lo que te resultó difícil. Presta atención a cómo se siente tu cuerpo. Recuerda que el cuerpo es capaz de experimentar emociones antes de que la mente sea consciente de los pensamientos que se repiten en el subconsciente. Aquí tienes algunas formas de hacerlo:

▶ Disminuye la velocidad y respira.
▶ Empezando por la cabeza, evalúa si tienes el ceño fruncido o la quijada tensa.
▶ Chequéate la garganta. ¿La sientes tensa o relajada? ¿Sientes alguna tensión en el cuello?
▶ Baja hasta los hombros y fíjate si están encogidos. ¿Cómo sientes el pecho? ¿Sientes alguna presión?
▶ ¿Qué tal la espalda? ¿Sientes algún dolor muscular?
▶ Sigue bajando y presta atención a los latidos de tu corazón. ¿Están acelerados, lentos o estables?
▶ ¿Cómo tienes la barriga? ¿Tienes el estómago revuelto? ¿Sientes un mariposeo?

Sigue así por todo el cuerpo y observa qué te dice. Estás buscando dónde sientes algo fuera de lo normal, para que puedas separar la verdad de la historia en torno a esos sentimientos. Toma nota y sigue practicando. Con el tiempo se volverá automático, y mientras más trabajes con las emociones de tu cuerpo, más pronto podrás liberar los sentimientos innecesarios que te están deteniendo.

Para acceder a un archivo de audio donde te guío en el examen detallado de tu cuerpo, vista persmissiontooffend.com/more.

4. TOCA BASE CON TU IDENTIDAD

Recuerdas esto de antes, pero repasémoslo. ¿En qué crees? ¿Te has mantenido fiel a tus creencias? ¿Qué valoras? ¿Te has mantenido fiel a esos valores? ¿Puedes mirarte al espejo y pensar cosas buenas de tus creencias y valores? Practicar esto a diario es un paso hacia una vida en la libertad.

5. TOMA UNA DECISIÓN Y HAZ QUE FUNCIONE

Uno de los mejores consejos que me han dado en la vida es: «Toma una decisión y haz que funcione». Creo firmemente que la indecisión te hace inestable. Te hace dudar constantemente de ti y de tu capacidad, y te mantiene estancada cuando deberías estar moviéndote hacia adelante. Esa creencia, acompañada de una afirmación para tomar decisiones y hacer que funcionen, me ayuda a rendirme cuentas de mis acciones. Inténtalo y observa cómo cambian las cosas.

6. ASUME RESPONSABILIDAD POR EL IMPACTO QUE PROVOQUES

Dentro de poco hablaremos más de la mitigación de los daños que puedan causar tus ofensas, pero, en esencia, se trata de que asumas toda la responsabilidad y rindas cuentas del impacto que provoques. Puedes minimizar el impacto negativo si expresas claramente tu intención y usas la Matriz de Todos los Desenlaces que cubrimos en el Capítulo 7. Discúlpate cuando lo amerite y asume la responsabilidad.

7. RESISTE LA URGENCIA DE DEFENDER TU INTENCIÓN

Tu intención no está en tela de juicio; el daño ocasionado es lo que se está bajo escrutinio. No siempre te resultará fácil, pero haz todo lo que puedas por no intentar convencer a la otra persona de que comprenda tu intención. A una persona herida no le importa tu intención; le importa cómo tus palabras y acciones la hicieron sentir. Dale espacio a esa persona para que se exprese a cabalidad. En vez de precipitarte a defender tu intención, prueba alguna de estas declaraciones:

Lamento que mis acciones o palabras te hayan herido.

Comprendo que lo que hice o dije te hirió, y lo siento.

Gracias por compartir tus sentimientos conmigo.

Son declaraciones de empatía. Podrás encontrar más ejemplos en el Capítulo 10.

8. LIBÉRATE DE LA ATADURA EMOCIONAL AL DESENLACE

Ya sabes hacer eso. Antes de hacer algo que pueda provocar una ofensa, repasa la Matriz de Todos los Desenlaces, que está en el Capítulo 7, y ríndete. Vuelve a tu identidad. ¿Quién quieres ser? ¿Cómo quieres mostrarte al mundo? Vive en tu verdad y camina en la fe. En palabras de Elsa, la princesa de Disney: «¡Suéltalo!».

9. OFENDE PARA DEFENDER TU VERDAD

Recuerda que estos nueve principios no establecen que le pidas permiso a nadie para ser, hacer o decir lo que desees. Son estrategias, por decirlo de algún modo, para ayudarte a alcanzar el resultado y el impacto que deseas. No te equivoques, habrá momentos en que intentarás por todos los medios honrar a otros y, aun así, no estarán satisfechos. Entonces tendrás que tomar una decisión y hacer que funcione. ¿Estás dispuesta a ofender para defender tu verdad?

Habrá ocasiones en que escojas no ofender. *Habrá* momentos en que escojas evitar herir a alguien, no por temor a que te rechacen —sabes que no lo harán—, sino porque simplemente no quieres herirlos. Cuando pase eso, significará sólo lo que tú decidas que significa.

Hay algunas historias que quería compartir contigo en este libro, pero me abstuve, porque el impacto negativo en algunas personas que quiero mucho habría sido mayor que el impacto positivo de inspirarte. Considera tu impacto. Revisa la Matriz de Todos los Desenlaces y piensa en todas las posibilidades. ¿Cuál de ellas se alinea mejor con tu identidad? Ahora que estás leyendo este libro y haciendo los ejercicios, confía en que sabrás exactamente cuándo debes ofender y cuándo serás más auténtica si eliges otro camino. Puedes estar segura de que, cuando te plantas en tu verdad, no es algo gratuito.

¿Recuerdas a Amanda? Ella quería y necesitaba que alguien le dijera «Estoy muy orgullosa de ti porque defiendes tu verdad». Espero poder ser esa persona para ti.

Hablando en serio: cada vez que leo un libro donde el autor da una arenga, se me encoge el cuerpo. Pienso: *No necesito esta* *mie*da empalagosa de ¡ra, ra, ra!; necesito que me digas* cómo *se hace, y me muestres lo que es necesario para mi transformación.* Espero haberte dado suficientes pasos de acción que compensen por la arenga que sigue, porque es importante que sepas que alguien en este mundo te celebra por honrar tu verdad.

Yo estoy orgullosa de ti. En serio, en serio. ¡Te celebro! Sacar el tiempo para aprender e implementar las herramientas que contiene este libro no es fácil. Salir al mundo, vivir tu verdad y darte permiso para ofender *asusta* y requiere una cantidad enorme de valentía. Pero el mundo *necesita tu voz* ¡más que nunca! Necesitamos que hables y protestes contra la injusticia. Necesitamos que les des el ejemplo a las nuevas generaciones, para ayudarlas a sentirse más cómodas con su verdadera identidad. Necesitamos que seas la voz del cambio en las salas de juntas donde se oprime y suprime a las comunidades marginadas que han sido privadas de sus derechos. En serio: necesitamos que ofendas para defender tu verdad. Gracias por estar dispuesta a cruzar la línea de fuego y abrir el camino.

MÁS QUE LAS PALABRAS

—No es sólo lo que dijo, es *cómo* lo dijo.

Una conocida influenciadora de las redes sociales fue atacada por algunas cosas que dijo frente a la cámara acerca de su estilo de vida. Mientras observaba la grabación, comprendí por qué tanta gente se enfureció y a qué se referían cuando comentaban «No es sólo lo que dijo, es *cómo* lo dijo». Cuando de hablar, defender tu verdad y usar tu voz para el cambio se trate, es importante que consideres no sólo tus palabras, sino también la forma en que las dices. Tus emociones y energía pueden afectar tu tono. Si eres una persona apasionada, tu tono puede percibirse como de enfado o rabia, cuando en realidad sólo estás emocionada o muy comprometida con el asunto. Algunas cosas que debes considerar al hablar de tu verdad son el lenguaje corporal, la expresión facial y el tono; todo eso ayuda a tu audiencia a darle sentido a tus palabras. Cuando empieces a dar los primeros pasos para hablar con valentía de tu verdad, *¡¡¡practica!!!* Mírate al espejo o, mejor aún, grábate en vídeo diciendo tu verdad. ¿Tu tono refleja tu intención? Si escribes correos electrónicos o mensajes de texto para expresarte, envíaselos a una amiga en quien confíes y dale algunos parámetros de verificación. Puedes preguntarle:

¿Qué tono percibiste cuando leíste esto?

¿Cómo te sentiste al leerlo? ¿Te sorprendió, te enfureció, te molestó?

¿Algo de lo que dije te provocó sentimientos negativos o positivos?

Crea tus propios parámetros de verificación e inténtalo.

En lo concerniente al cuerpo, el rostro y el tono, usa la siguiente tabla como guía de referencia rápida.

Por último, hay algo más que debes preguntarte: ¿lo que dices está alineado con lo que has dicho antes o con la forma en que te has presentado en el pasado? Creo que otra de las razones importantes por las cuales la audiencia se molestó tanto con aquella influenciadora en las redes sociales es que estaba diciendo cosas que contradecían la identidad con que se había presentado en los años anteriores. No embarcó a la audiencia en su nueva visión, no avisó que vendrían cambios. Por lo tanto, ese nuevo mensaje se percibió como desalineado. De repente, todo lo que habían aceptado como cierto durante todos esos años, fue puesto en tela de juicio: la base colectiva de la audiencia se sacudió.

	LENGUAJE CORPORAL	EXPRESIÓN FACIAL	TONO
POSITIVO	No cruzar los brazos Abrir las manos Asentir con la cabeza	Hacer contacto visual con suavidad Sonreír Inclinar un poco la cabeza	Amabilidad Ligereza Calidez Comprensión
NEGATIVO	Apuntar con el dedo Fruncir el ceño Poner los ojos en blanco Agarrarte las manos o cerrarlas en un puño	Mirar fulminantemente Arrugar la nariz Fruncir el ceño Apretar los labios o sonreír a medias	Sarcasmo Condescendencia Pedantería Desdén

Así como toda la identidad de la mamá de Amanda se puso en tela de juicio cuando esta comenzó a decir su verdad, una vez empieces a alejarte de la personalidad e identidad a que otras personas se han acostumbrado, algunos no podrán manejarlo. Por eso, embarcar a los demás en tu visión resulta útil. Obviamente, es aceptable dar un giro y comenzar a andar en una nueva verdad. Sólo recuerda comunicar y embarcar a los otros en tu visión para que sepan a qué atenerse según avanzas. Las explicaciones son una ofrenda, no una deuda. No le *debes* a nadie una explicación o justificación, pero poner sobre aviso a la gente indudablemente duda ayuda a minimizar el impacto negativo.

MITIGACIÓN DE DAÑOS

(Advertencia de contenido sensible: mencionaré brevemente una situación de abuso).

Digamos, sólo para divertirnos y reírnos un rato, que a medida que avanzas en tu verdad, algo sale completamente mal. Lo hiciste. Fuiste valiente. Te vestiste de niña grande y dijiste lo que dijiste. ¡Oh, no! Quizás dijiste algo que le ha parecido muy hiriente y problemático a una comunidad marginada. O quizás por fin dijiste tu verdad acerca de la persona que abusó sexualmente de ti. Ahora toda la familia está enfurecida porque revelaste el secreto. Ha ocurrido un daño. No sólo has ofendido a alguna gente, sino que tu testimonio ha causado mucho daño y ha fracturado algunas relaciones. Ahora te cuestionas todas las decisiones que has tomado en la vida y te preguntas *¿Debí darme permiso para ofender?*

La respuesta (en mi humilde opinión) es *¡¡¡Sí!!!* Aunque pienso que siempre habrá gente para la cual nunca será un buen momento para darte permiso para ofender, creo que el mundo necesita desesperadamente más personas que estén dispuestas a ponerse en pie y atreverse a hablar. El mundo necesita más de *tu verdad auténtica.* Recordemos también que hablar lleva a la libertad, no sólo la tuya, sino también la de otras personas. Por favor, no lo olvides. Podemos todas acordar que, aunque sigas a la perfección los principios esbozados en este libro, es probable que haya personas que no sólo se sientan ofendidas, sino también heridas por la activación y expresión de tu verdad. Creo que la ofensa es una opción. Me explico. Ya hemos discutido que los pensamientos pueden ser automáticos. Por tanto, podemos afirmar que en algún momento diremos algo que detone un pensamiento automático de ofensa, pero es *opcional* quedarse en la energía y la emoción de la ofensa. Todos escogemos cómo queremos navegar a través de las circunstancias de la vida. Por eso, en el Capítulo 1 empezamos por separar los pensamientos, los sentimientos, las historias y los hechos relacionados con cada situación.

Permiso

| Me doy permiso para activar mi verdad. |

#PermisoParaOfender

Ya que hemos sacado eso del medio, intentemos resolver esto. Se ha formado un revolú. ¿Y ahora qué? Si ves que tienes que hacer mitigación de daños, empieza por tomarte un momento para detenerte y respirar. Resiste la tentación de reaccionar y date tiempo para tocar base contigo misma, tu verdad, tu identidad, tus valores y tus creencias. Pregúntate: *¿Esta relación me importa lo suficiente como para responder?* No todas las relaciones valen el esfuerzo de mitigar daños. Ahí está. Lo dije. Tú decides cuáles merecen el tiempo, el esfuerzo y la energía emocional que tienes que invertir para repararlas. A veces nos aferramos a relaciones que han caducado, con la esperanza de que las cosas cambien. La forma en que las personas responden a tu verdad te dice si es tiempo o no de dejarlas ir. Del mismo modo, tienes que aceptar que alguna gente te dejará ir a ti.

Si la respuesta es *Sí, esta relación me importa y quiero conservarla*, entonces el primer paso es reconocer el daño sin ponerte a la defensiva, sin dar excusas o intentar justificar tus acciones. Lo sé. Todos queremos tener la razón. Queremos defender nuestra verdad, y todo este tiempo he estado enseñándote que, paso a paso, estás dándote permiso para ofender, a fin de defender tu verdad. Además, habrá veces en que tengas que tomarte un momento para escuchar y reconocer. La gente quiere ser vista y escuchada. Al reconocer que has lastimado a alguien, sin justificarte ni defenderte, le estás entregando la primera rama de olivo que puede ayudar a reparar la relación.

El segundo paso es establecer los parámetros que estás dispuesta a seguir en un diálogo saludable. Por ejemplo, si te sientes asustada, sensible, emotiva, o si experimentas algún otro sentimiento en torno al hecho de que tu verdad ha causado un daño, pide un tiempo de gracia. A menudo, los conflictos no se resuelven de forma eficiente y eficaz porque la parte que ha herido no reconoce el daño o no pide el tiempo que necesita para organizarse y evaluar sus acciones. Aquí tienes algunas frases a las cuales puedes recurrir cuando las cosas vayan mal.

Lo siento. Por favor, dame un tiempo de gracia. Necesito un poco de tiempo para pensar y responder de forma razonable.

Quiero darte una respuesta amorosa y considerada. No quiero reaccionar a la defensiva o minimizar tus sentimientos.

¿Estás dispuesta a darme un poco de tiempo para pensar en lo que he hecho o dicho para que podamos entendernos?

Me gustaría que me dieras X cantidad de tiempo para pensar y procesar. Almorcemos el [da una fecha y hora puntual], si estás disponible. Te agradezco de veras tu apoyo en este asunto.

Tomarte un momento para explicar por qué quieres y necesitas que te den tiempo ayuda a la otra persona a empezar a entender mejor la situación. Algunas personas, como yo, son procesadores verbales. Quiero discutir las cosas inmediatamente porque en mi mente hay mucho ruido. Otras personas son procesadores introspectivos. Necesitan irse a un lugar tranquilo y procesar en privado antes de abrirse. Conócete y conoce a tu audiencia; si son procesadores verbales, reconócelo. Trata de decir algo como «Sé que prefieres procesar las cosas al instante y discutir todos los detalles. Estoy dispuesta a que lo hagamos después de tener un tiempo para organizar mis ideas».

Afirmar a la otra persona es una forma buenísima de mitigar daños. Al hacerlo, te adelantas a cualquier historia que estén empezando a contarse. Dile algo así: «Quiero estar segura de que entiendas que todavía no estoy lista para hablar. No tiene nada que ver contigo. Soy así y esa es la forma en que proceso las cosas. Necesito un poco de tiempo a solas. Eso no significa que [inserta aquí cualquier historia potencial que la persona pueda estar contándose]. Me importas y, porque me importas, quiero ser considerada y respetuosa contigo cuando conversemos».

Créeme cuando te digo que sé cuánta paciencia y práctica requiere lograr esto. Soy naturalmente impulsiva, así que hacer este ejercicio y enseñarte a hacerlo ha sido tremendo viaje. A veces, en una situación acalorada, es posible que quieras responder de inmediato, pero te aseguro que ésa *casi nunca* es la mejor ruta para seguir. Una de las razones por las cuales te exhorto a que leas este libro más de una vez es porque tienes que hacer repeticiones. La repetición es fundamental para dominar algo. Si estás reaccionando a una situación acalorada, dominar esas frases clave puede ayudarte a mitigar los daños.

Comunicar y expresar tus necesidades te ayudará mucho cuando adoptes el estilo de vida de Permiso para Ofender. Te sorprenderá saber cuán comprensiva puede ser la gente cuando estás dispuesta a comunicarte. La gente se molesta cuando te desapareces o te quedas callada. Lo voy a repetir: la gente quiere que la vean y la escuchen. Quiere creer que entiendes que lo que hiciste o dijiste fue hiriente. Aunque se trate de tu verdad, habrá ocasiones en que algunas personas se sentirán heridas o lastimadas. De hecho, déjame aprovechar este momento para reconocer que puede que algunas partes de este libro te hayan ofendido o herido. Si es así, lamento sinceramente que mi trabajo te haya hecho daño. Me disculpo. Mi verdad no hace que tu verdad sea una mentira. Creo y espero que sientas lo mismo.

¿Seguimos? Hay otra frase que me encantaría que añadieras a tu banco de memoria: «Estoy disponible para dialogar. Hablemos».

Practica decir esto ahora conmigo: «Estoy disponible para dialogar. Hablemos».

Esa frase es muy útil cuando una persona está muy enfadada y ha asumido automáticamente que no eres capaz de ver su punto de vista. Cuando le respondes: «Estoy disponible para dialogar. Hablemos», ¡uf!, la dejas pasmada. Ésa es una respuesta que querrás tener a la mano cuando estés en medio de una conversación acalorada. Otra buena es: «Vamos a comunicarnos y ver cómo resolvemos esto». Prueba cualquiera de las dos la próxima vez que estés haciendo mitigación de daños.

Muy bien, sigamos. Has reconocido su dolor y te has disculpado sin comprometer tus valores o tus creencias. Has establecido parámetros claros al pedir lo que necesitas y ofrecer una respuesta sensata. Ahora debes considerar la información que te da la otra persona.

¿Está molesta por lo que dije o por cómo lo dije?

¿Está molesta porque mi creencia o mi perspectiva es fundamentalmente diferente de la suya?

¿Está experimentando un miedo subyacente o un pensamiento irracional?

¿Qué dijo la persona cuando te llamó «ofensiva» o como sea que te haya llamado? Resiste la urgencia de inferir lo que quiso decir. Considera sólo lo que dijo. Si no estás segura de lo que quiso decir, pregúntale. No cometas el error de permitir que tu historia te impida escuchar su verdad. Detente. Pide aclaración. Aquí tienes un ejemplo: «Has mencionado que no celebré tus logros y que eso te lastimó. ¿Qué puedo hacer la próxima vez para que te sientas más amada, honrada y celebrada?». La mayoría de la gente no piensa en preguntarle a la otra persona: «Esto es lo que dijiste y esto es lo que entendí. ¿Es correcto?». Cuando haces esa pregunta, le estás diciendo a la otra persona que estás tratando de comprender sus motivos.

Por último, examina su preocupación respecto a tus creencias, valores e identidad como un todo. ¿Es posible que puedas reconocer, asumir responsabilidad, disculparte y trazar el rumbo para hacerlo mejor en el futuro? ¿O se trata de una de esas ocasiones en que te reafirmas en lo que es verdadero y auténtico para ti? ¿Es una de esas ocasiones en que te dices a ti misma *¿Qué más da? Está lastimada y ha decidido quedarse ahí. Ya me he disculpado. Yo sigo adelante.* La primera es un poco más difícil. Requiere de mucha consideración, y puede matizarse según la persona y el grado de interconexión que tienes con ella. Ésta es también la opción que querrás emplear si alguien te ignora a pesar de tus esfuerzos por sostener una conversación significativa. Que te ignoren duele, pero si has hecho todo lo posible por que se reconcilien, y la persona no responde, en algún momento tendrás que aceptar que cada uno es como es.

Aquí tienes otras preguntas introspectivas que puedes trabajar en tu diario:

¿Cuál es la forma más productiva de responder de acuerdo con mi identidad?

¿Operé a partir de mis historias o a partir de los hechos? ¿Qué historias tengo que atribuirme?

¿Cuál es mi responsabilidad respecto a su dolor? (Observa que es posible que no tengas ninguna responsabilidad respecto a su dolor, pero es bueno que te lo preguntes).

¿Qué puedo decir o hacer que me permita mantenerme en mi verdad y, al mismo tiempo, reconocer el daño ocasionado?

Ya sea que estés adoptando nuevas creencias o verbalizando las creencias verdaderas que has mantenido ocultas, es posible que algunas personas a quienes les importas mucho muestren resistencia a tu cambio, porque tu verdad ya no se alinea a la de ellas. Cuando cambias o dices algo contrario a lo que siempre has hecho o dicho, provocas que otras personas se cuestionen a sí mismas y se pregunten *¿Habré estado equivocada todo este tiempo? ¿Seré yo?*

En algunos casos, pueden surgirles pensamientos como éstos: *No eres quien pensé que eras. ¿Qué hacemos una en la vida de la otra? Has estado engañándome todo este tiempo.*

En el caso de la experiencia con su mamá, cuando Amanda compartió su verdad provocó que ella pensara: *No fue así como te eduqué.* Como madre, puedo identificarme con lo que percibo como una situación sumamente difícil para ambas mujeres. Quiero que mis hijas sean pensadoras independientes y fuertes. Ésa es una de las razones principales por las cuales he escrito este libro. Espero que les enseñe a defender las causas importantes para ellas; al mismo tiempo, las estoy criando para que crean en *mi* Dios. Mi visión de ellas es que usen la oración como un arma para superar los retos de la vida como yo lo he hecho. Tengo la expectativa de que seguirán las escrituras que yo sigo, y que creerán, como yo, que el mandamiento más importante de todos es *amar.* Si escogieran otro sistema de creencias... pues, sinceramente, me dolería. Sé que lo primero que pensaría, aunque *jamás* lo verbalizaría, porque entiendo —¡pero lo pensaría!—, es: *No están satisfaciendo la visión y las expectativas que tenía de mi vida con ustedes.* Voy a amar a mis hijas a pesar de *todo,* pero me dolerá y me entristecerá perder esa visión.

—¡Sí! Mi mamá no teme perderme como hija. Teme mirarme y pensar: «Ni siquiera te conozco. No te eduqué para que fueras así» —me dijo Amanda cuando compartí con ella mi perspectiva como madre.

Cuando te das permiso para ofender, puede que destruyas lo que alguien soñó para tu vida. Si esa persona no ha procurado aumentar su Cociente de Capacidad para la Ofensa, cuando le digas tu verdad es posible que le parezca una amenaza a su verdad. Cuando empieces a ir tras tus sueños, le parecerá una amenaza a sus sueños. ¿Y quién quiere que le roben sus sueños? ¡Nadie! Por eso estás haciendo esto. Porque estás cansada de no decirles «sí» a tus sueños. Estás cansada de vivir según los términos y las condiciones de otras personas. Quieres tomar tus propias decisiones. ¿Cierto? Si es así, en algún momento tendrás que trazar una línea y decidir la vida de quién quieres vivir. ¿Vas a vivir *tus* sueños o los que otra persona ha escogido para ti?

No creo que la vida tenga que ser esto *o* lo otro; puede ser esto *y* lo otro. Pero en algunos casos no te queda más remedio que decidir esto *o* lo otro. Tomar tus propias decisiones no significa que ames menos o te importe menos la otra persona. ¿Y si sólo significa que te amas a ti misma? Ni más ni menos; te amas a ti misma y tomas tus propias decisiones porque se trata de *tu* vida.

¿Y si, según empiezas a tomar tus propias decisiones y aprendes a conversar con confianza —a sostener diálogos abiertos acerca de aquello sobre lo cual estás de acuerdo con alguien—, das paso a una nueva posibilidad? ¿Y si esa nueva posibilidad es la oportunidad de crear un nuevo sueño junto con alguien? Sería fantástico, ¿no crees?

Antes de proseguir, déjame dejar constancia de esto: defiendo cien por ciento que nos mantengamos en nuestra verdad, y también defiendo que, de vez en cuando, nos abramos a la posibilidad de nuevas creencias y valores. Algunas situaciones pueden requerir que *al menos consideremos* la posibilidad de que nuestras creencias hayan caducado. Seamos realistas, si la gente no se hubiese cuestionado sus creencias durante los movimientos del sufragio femenino y los derechos civiles, nuestro panorama social sería muy diferente. *Aún* no vivimos en una sociedad *igualitaria*, ni remotamente. Sin embargo, lo que hemos alcanzado hoy se debe a que otras personas tuvieron el valor de cuestionar y retar sus propias creencias. Por favor, recuerda eso la próxima vez que veas que tildan a alguien de hostigador, racista, privilegiado u otro nombre o adjetivo que modifique una conducta negativa que no puedas ver o imaginar. Tal vez sea cierto...

Si sucede que te encuentras en un berenjenal y te llaman «problemática», o tal vez que te has alineado con alguien a quien le han puesto esa etiqueta, aquí tienes algunas preguntas que considerar:

¿Mis creencias han caducado?

¿Qué creería yo si estuviera en la misma situación?

Si mantuviera mis creencias actuales, ¿estaría violando o atentando contra los derechos humanos de alguien?

Después de tomarte el tiempo de considerar esas preguntas, si tus creencias actuales siguen alineadas con tus valores, pues bien... reafírmate y avanza. Si no, entonces considera adoptar nuevas creencias y sigue los nueve principios para seguir adelante.

CÓMO DISCULPARSE

¿Tu situación amerita una disculpa? Voy a decirte cómo se hace. ¿Estás lista? Agarra tu rotulador y escríbelo también en tu diario, porque escribir nos ayuda a recordar. Esto es lo que dirás:

Lo siento. Veo que te herí. Me disculpo.

Eso es todo. Sé breve. No te hagas responsable de lo que no te corresponde. Mientras más hables, más probable es que digas algo que pueda resultar aún más ofensivo y dañino.

Si debes o no puedes controlar la necesidad de añadir algo, aquí tienes una opción:

Lo siento. Sé que, cuando [inserta aquí una descripción de lo que dijiste o hiciste], te herí. Discúlpame por el dolor que estás experimentando a causa de mis palabras o acciones. De ahora en adelante [inserta aquí lo que te comprometes a no volver a hacer para no causar ese dolor de nuevo].

En serio. Eso es todo. Detente.

INTENCIÓN VS. IMPACTO

Mi identidad está anclada en el amor y es medular a todo lo que deseo hacer, crear y experimentar; por eso disfruto de la confianza que me da saber que está bien ser ofensiva. Al fin y al cabo, mis intenciones son puras y la gente que me conoce lo sabe. Las personas que no me conocen, pero que están dispuestas a hacer el ejercicio de crear una conexión y una colaboración genuinas, se tomarán el tiempo de *preguntarme* acerca de mis intenciones.

Pero sería terriblemente irresponsable de mi parte no hablar de la diferencia entre intención e impacto. A veces nuestras palabras y acciones tienen un impacto que no se alinea con nuestra intención. En esos casos, es importante asumir la responsabilidad sin sentir culpa o vergüenza. Seguir los nueve principios esbozados en este capítulo resulta útil. Más que nada, ofrecer una *disculpa genuina* es crucial. La mejor forma de asegurarte de que tu impacto se alinea con tu intención es ser considerada e informarte. Mientras más sepas, mejor te irá.

LA NUEVA POSIBILIDAD

—Ahí, en la calle, este *permiso para ofender* asusta—dijo Athena durante una llamada grupal.

¡Amo a Athena! Es muy poderosa y apenas se da cuenta. Últimamente, Athena ha estado esforzándose y «ofendiendo» a diestra y siniestra. Ha subido los precios en su compañía de artículos de papelería de lujo hechos a mano. Tuvo la osadía de irse un fin de semana, por su cumpleaños, sin su esposo y sus hijos, y ¡hasta se atrevió a no coordinar el cuido de los niños ni las comidas! Lo dejó todo en manos de su marido. *¡Qué atrevida!* Qué ofensiva, ¿verdad? *¡¡No!!*

Espero que hayas podido detectar mi sarcasmo al compartir las formas increíbles en que Athena está adoptando la identidad de la Ofensora empática al tiempo que se mantiene fiel a sus valores y creencias. Cada semana, Athena florece y se transforma ante mis ojos. Estoy aquí no sólo para Athena, *¡también para ti!* Y como bien dijo Athena: «Este permiso para ofender asusta». Déjame alentarte. Sí, asusta. ¡También es excitante y divertido, y te hace sentir *viva*! Según empieces a vivir este tipo de vida, te acercarás más a las personas, oportunidades y experiencias que se alinean con lo que siempre has deseado; incluso, a cosas que no sabías que existían.

¿Recuerdas que antes mencioné la posibilidad de crear un

nuevo sueño junto con otra persona? Eso ha ocurrido entre mi esposo y yo. Cuando empezamos a salir, no recuerdo que habláramos de nuestras creencias fundamentales. Estábamos demasiado ocupados viviendo en Europa, viajando y disfrutando lo mejor de la vida. Quedé embarazada. Tuvimos a nuestra primera hija y nos casamos, y entonces la vida comenzó. Luego de casi tres años de «vida matrimonial verdadera» y poco después del nacimiento de nuestra segunda hija, me di cuenta: *Oh, no. No creemos en las mismas cosas. ¿Quién es este tipo?* Para ser justa con él, sé que a lo largo de estos años él también ha pensado algo similar de mí. Según empecé a confiar más en mis creencias y valores esenciales, y a hablar aún más que cuando nos conocimos, la base de lo que nos unió se tornó inestable. No nos reconocíamos.

Eso nos asustó *a ambos*. Ahí estaba yo, construyendo mi imperio, con esta bocaza y contándole al mundo todos mis asuntos en las redes sociales. Bueno, quizás no *todos* mis asuntos, pero suficientes como para que él se sintiera incómodo. Al principio yo pensaba: *Está intentando silenciarme. Quiere mantenerme enjaulada, pero yo nací para ser libre.* Él pensaba: *¿Por qué no puede ser un poco más discreta? La gente va a hablar mal de ella. ¿Acaso no ve los riesgos que se está tomando?* Sé que eso era lo que pensaba porque, cuando por fin tuve la valentía de empezar a «ofenderlo», sosteniendo conversaciones en vez de quedarme callada respecto a las cosas que me molestaban, un día me dijo:

—Cariño, te admiro por lo que haces. Te expones a todo el mundo y no te asusta lo que digan de ti, *pero a mí sí*. Veo lo mala que puede ser la gente y lo que dicen de otros, y no quiero que nadie hable mal de mi amor.

Rodaron las lágrimas. Escucharlo decir esas palabras me derritió el corazón. Todas sus quejas pasadas sobre mi trabajo provenían de su Identidad crítica, que guiaba los ataques contra mis sueños y enmascaraba sus miedos más profundos. Fue la primera vez que mi esposo me demostró ese tipo de vulnerabilidad emocional. En el Cuerpo de Marines nos entrenan para que mantengamos la calma, escondamos nuestras emociones y nos enfoquemos en la misión. Así era como mi esposo aseguraba su supervivencia física y emocional. Entender sus motivos me ayudó a adquirir un nuevo nivel de empatía hacia lo amenazado que se sentía cada vez que yo subía a un escenario, concedía una entrevista o, simplemente, compartía algún comentario que me hacía vulnerable en las redes sociales. Eso fue un giro importante para nosotros.

No ha sido fácil. Muéstrame un matrimonio o una relación que valga la pena conservar y que sea fácil. Pero, a lo largo de todos estos años, hemos creado un nuevo sueño juntos. Ambos queremos las mismas cosas, sólo que tomamos caminos distintos para alcanzarlas. Me siento agradecida de que, hasta ahora, hayamos podido andar por sendas distintas, pero que están lo suficientemente cerca como para que, si alguno de los dos necesita ayuda, el otro pueda cruzar y tenderle una mano antes de regresar a la suya. Puede que esto no le funcione a todo el mundo, pero a *nosotros* sí, y *así*, amiga, es como creas una nueva posibilidad, dándote permiso para ofender.

PRINCIPIOS PARA OFENDER CON INTENCIÓN

▶ Esconderte y no estar dispuesta a ofender para defender tu verdad puede perjudicar tu identidad, misión y propósito.

- A veces es necesario ofender, aun en los momentos que a otros les pueden parecer «inapropiados». Usa tu buen juicio y tu sabiduría para proceder como corresponde.

- Aunque quien observe tu verdad pueda sentirse ofendido, *tu verdad* no es ofensiva.

- Si necesitas estrategias para manejar conversaciones, regresa a los nueve principios de ofender con intención (página 218).

- Tu cuerpo es capaz de experimentar emociones antes de que te des cuenta de ellas. Practica tocar base contigo misma. Sigue los pasos descritos en el principio fundamental 3 (página 219) o visita www.permissiontooffend.com/more.

- Evalúa el lenguaje corporal, la expresión facial y el tono de la otra persona, para asegurarte de que estás comunicando tu intención con precisión.

- Cuando te das permiso para ofender, puede que destruyas lo que alguien soñó para tu vida. Ése no es tu sueño y no te toca resucitarlo. Sigue en tu verdad.

AFIRMACIÓN

ESTOY DISPUESTA A OFENDER PARA APOYAR MI VERDAD.

#PermisoParaOfender

A fin de cuentas, lo mejor que puedes hacer es adoptar la identidad de la Ofensora empática y mostrarte en tu verdad con amor, consideración, empatía y compasión. Si haces todo eso y aún hay gente que piensa que estás equivocada, sigue trabajando con los principios. Sigue practicando. Debes estar dispuesta a «equivocarte». Considera el impacto de tu verdad en las demás personas. Cuando sientas que es lo más apropiado para lograr lo que verdaderamente deseas en la vida, escoge *tus* sueños por encima de lo que otras personas hayan soñado para ti.

Estamos llegando al final de nuestro viaje. Lo estás haciendo muy bien. Sigue. Estamos a punto de alcanzar el nivel de *maestría*. Nos vemos allí.

9

VIVE TU VERDAD

Fracasé. Peor aún, fracasé *públicamente*. Había declarado con fe y de forma contundente en las redes sociales: «¡Al evento de Confidence Activated van a asistir quinientos participantes! Sé que todo el mundo dice que es imposible, pero tengo fe. Creo que es posible».

Entre tú y yo, mirando atrás, sabía que mi meta era posible, pero no creía que fuera probable para *mí*. ¿Alguna vez has tenido esa sensación? Sabes que la meta que te has trazado es posible, incluso sabes que es probable para otras personas, pero en tu fuero interno dudas que sea posible *y* probable para ti. Pues, por más que quería creer y aceptar la probabilidad de lograr esa meta, no pude. Jamás había realizado un evento de esa magnitud. Algunas de mis homólogas en la industria contaban con un presupuesto de cien mil dólares para sus eventos, y podían manejar las pérdidas si algo salía mal. Yo no podía darme ese lujo porque había invertido hasta mi último centavo en ese evento. Literalmente hasta el último.

Cuando entré en el salón de eventos del hotel Whitley, en Atlanta, Georgia, mi compañía tenía una deuda de más o menos treinta mil dólares. Habíamos cargado todos los gastos a una tarjeta de crédito, y yo confiaba en que Dios haría un milagro. No sabía todo lo que no sabía, y el precio que les puse a las entradas fue demasiado bajo para lo que quería hacer. Según se acercaba la fecha del evento, sentí la vocecita en la cabeza; era la de una niña que me decía: «Puedes darles la experiencia o puedes ganar dinero, no puedes hacer ambas». *Tal vez tenga razón. Tal vez estoy tratando de abarcar más de lo que puedo. ¿Qué diablos voy a hacer? ¿Y si la gente no asiste? ¿Cómo voy a pagar todo esto?*

No se trataba sólo del dinero, aunque los gastos pesaban. No, era el hecho de que en ese nuevo esfuerzo arrastraba el peso de otros fracasos, después de que otras personas me dijeran lo que podía y no podía hacer. Verás, cinco o seis años antes de mi evento le había suplicado a mi esposo que me diera la oportunidad de cargar a su tarjeta de crédito el primer pago —era dinero que no teníamos— para unirme a un grupo de mentes maestras dirigido por una persona a quien admiraba y respetaba mucho. Esa persona tenía la casa, el negocio, la familia y la vida que muchos, yo incluida, soñábamos tener algún día. Pensé que, si me unía al grupo y aprendía de esa persona, podría lograr algo similar.

En nuestro primer encuentro, nos exhortaron a ir por el salón y compartir lo que estábamos haciendo. Me sentía muy nerviosa. Todos, excepto yo, ya recibían ingresos de seis cifras, y muchos incluso de siete. Me sentía afortunada de estar en ese salón, pero también me sentía inadecuada; yo *sabía* que no lo era, pero una vocecita insistía en decirme que no pertenecía a ese grupo. Cuando llegó mi turno, respiré profundo y me puse en pie. Me volteé para mirar de frente a las dos líderes del grupo, que estaban en el escenario, así como a mis colegas, que estaban en las mesas. Nerviosa, comencé:

—Soy Rachel Luna y soy la chica «Consigue lo que quieras»... Así me llamó Tory Johnson en *Good Morning America*, pero en cualquier caso, ayudo a la gente a conseguir lo que desea. He creado un reto de veintiún días que se llama «Consigue lo que quieras» y hemos obtenido muy buenos resultados. Mi siguiente meta es crear un curso en línea sobre la confianza en uno mismo. Creo que lo que le impide a la gente lograr que su negocio crezca y conseguir lo que quiere es la falta de confianza en sí misma. Mi curso puede cambiar eso.

El corazón se me quería salir por la boca a medida que recorría el salón con la mirada en busca de aprobación. Todos mis miedos afloraron y me mordí los labios para no llorar cuando la mentora dijo con aspereza:

—Eso es muy superficial. ¿Consigue lo que quieras? A nadie le va a interesar. Y veintiún días es demasiado tiempo. ¿Todo ese asunto de la confianza en una misma? Eso también es muy superficial. Necesitas un nicho que a la gente le interese.

Me quedé pasmada y me sentí avergonzada y asustada. *¿Y si tiene razón? ¡Pero yo creo en esto!* Me debatí conmigo misma y luego volví a hablar:

—Pero eso es lo que mis clientas necesitan. He trabajado con ellas y les he preguntado, y al finalizar nuestras sesiones, aparte de ganar más dinero, el resultado más importante que se llevan es una mayor confianza en sí mismas. Sé que eso es lo que necesitan.

Intenté no ser irrespetuosa, pero también quería que me escucharan. Y, más que todo, quería que mi mentora me aceptara y me validara.

Mirándome a los ojos, mi mentora procedió a decirme:

—Véndeles lo que quieran, dales lo que necesiten. No quieren confianza en sí mismas. Quieren algo más.

Y eso fue todo.

Me senté en mi silla —desinflada y derrotada— y llamaron a la siguiente persona. Mientras las demás hablaban, lo único que yo podía hacer era cuestionar todas mis decisiones. *¿Estaré tan equivocada?* Salí del retiro pesarosa, pero decidida a probarme a mí misma. Creía que estar en aquel salón y ocupar una silla en aquella mesa sería mi oportunidad de mostrarles a otros y mostrarme a mí misma que «valía». No me di cuenta en aquel momento de que había atado mi valor como persona a mis ganancias netas: como ganaba menos que todos los demás, me sentía menos.

Las semanas siguientes, hice todo lo posible por agachar la cabeza y concentrarme en el trabajo, hasta que un par de meses más tarde, mi mentora anunció que estaban creando un curso en torno a —adivinaste— *la confianza en sí mismo*. Quedé destruida. Eso se queda corto. Piensa en la sensación más desagradable que se te ocurra. Así me sentí. En honor a la verdad, sentí que me habían robado. *¡Me robaron mi idea!* Eso fue lo primero que pensé. Pero ¿quién iba a creerme? Eran las estrellas de la industria. Tenían el dinero, el poder, la fama, la reputación. ¿Quién era yo? Nadie. Nada. Era mi palabra contra la suya y aunque había otras personas en el salón cuando hablé de mi curso, nadie iba a defenderme. Así que no dije nada. Bueno, no es verdad. Le dije muchas cosas a mi terapista. Frente al resto del mundo, mantuve la boca cerrada. No quería ser quien causara problemas o la «negativa» del grupo.

Lo gracioso es que las demás personas del grupo comentaban entre sí que sus expectativas no se estaban satisfaciendo, pero nadie se atrevía a hablar. Yo no entendía por qué, si estábamos todas tan decepcionadas, nadie decía nada. Bueno, yo sabía por qué *yo* mantenía la boca cerrada. Yo era la persona de menos éxito financiero del grupo, por no decir que era la única chica marrón. No quería que me percibieran como la «latina bocona» que, total, era como pensaba que todos ya me percibían. Pero ¿y todas esas chicas blancas ricas? ¿Por qué no hablaban?

Las chicas blancas ricas tenían los mismos miedos que yo: ninguna quería que la expulsaran del grupo. Todas queríamos ser aceptadas y validadas por esas líderes de la industria, tanto así que estábamos dispuestas a seguir pagando mensualmente la inversión de cinco cifras, a pesar de no estar recibiendo lo que nos habían vendido.

Transcurrieron uno o dos meses, y mi resentimiento hacia mi mentora crecía. La compañía estaba promoviendo a toda máquina su programa de confianza sí mismo y yo no había adelantado nada con relación a mi propio curso. Mi mayor temor era que, al lanzar mi programa, la gente me acusara de copiar a mi mentora. Mi segundo mayor temor era lanzar mi programa y que nadie se matriculara porque ya habían tomado el curso de mi mentora. Básicamente, estaba dejando que las decisiones de otra persona dictaran la forma en que me conducía en mi propia vida. Grave error.

Lo que sé ahora que no sabía entonces es que eso no importa. No importa que alguien ya está haciendo lo que te propones hacer; ¡*hazlo de todos modos*! No importa que la gente piense que estás copiando de alguien. Si en lo profundo de tu corazón sabes que lo que estás creando es original, ¡*deja que hablen*! Nadie puede hacer lo que haces de la forma en que lo haces. Confirmé esto cuando me dieron acceso al curso de confianza sí mismo y vi que no se parecía en *nada* a lo que yo quería crear; pero dejé que el miedo a que me juzgaran, me rechazaran y me difamaran me detuviera.

Hasta el día en que no pude más. ¿Sabes cuando estás en un ambiente que te ataca constantemente y tu sistema nervioso central está fundido y te aterroriza presentarte porque no sabes si estarás a salvo o si morirás ese día? Okey, estoy siendo dramática otra vez, pero, en serio, así me sentía a veces en las teleconferencias grupales. Decidí que debía abandonar el grupo de mentes maestras por mi propia salud mental.

Llamé a una de las socias y le dije:

—Estoy muy agradecida por todo lo que me han enseñado hasta ahora y he decidido que lo mejor es que abandone el grupo. No quiero un reembolso total porque le he sacado provecho, pero me gustaría un reembolso prorrateado ya que aún quedan varios meses.

Hablar con ese nivel de confianza en mí misma requirió hasta la última gota de valor que tenía. Al principio, fueron muy amables. Me aseguró que me ayudaría y sugirió que me tomara un tiempo para pensarlo y decidir si en verdad quería irme. Yo acepté pensarlo un poco más y colgamos. En realidad, no quería pensarlo más, pero sonó tan amable y comprensiva que empecé a dudar de mí misma. *Tal vez estoy exagerando.*

Al cabo de una semana volvimos a hablar por teléfono.

—Lo he pensado bien, y de verdad aprecio todo lo que me han enseñado hasta ahora, pero creo que es mejor que me vaya del grupo. Como dije, no quiero un reembolso total porque le he sacado provecho, pero un reembolso prorrateado estaría muy bien —dije.

Esta vez, la voz al otro lado del teléfono no fue tan amable. Pude sentir la rabia cuando me dijo:

—Pensé que habíamos hablado de esto la semana pasada y te dije que te ayudaríamos.

Le expliqué que, aunque agradecía la oferta, estaba lista para seguir adelante. Bueno, lo que en realidad quería decirle era: «¿Ayudarme? ¿Cómo? ¿Robándome mi idea y diciéndome que a nadie le importa mi trabajo? Porque, si ese es el tipo de ayuda que me están ofreciendo, no, gracias». Pero no dije eso. Me limité a escuchar cómo la voz al otro lado del teléfono se tornaba agresiva y defensiva. Quería que le dijera las razones específicas por las que quería irme.

Eso era lo que temía. *¿Digo mi verdad y les digo cómo me siento acerca de su programa de confianza sí mismo? ¿Y si me ponen en una lista negra en la industria? ¿Y si dice que estoy loca?* Por mi mente cruzaron millones de preguntas.

—¿Sinceramente? —dije por fin—. Me sentí un poco confundida cuando lanzaron el curso de confianza en sí mismo porque, cuando en el retiro dije que quería hacer un curso de confianza en uno mismo...

Antes de que pudiera terminar la oración, la voz me cortó con sarcasmo:

—¡Ah! ¿Estás diciendo que te robamos la idea? ¡Vaya! Qué suerte tienes de que [nombre de la socia] no esté aquí, porque te diría cuatro cosas. Ella lleva hablando de la confianza en uno mismo por años; ya teníamos eso planificado.

La cabeza me daba vueltas. *¿Estaré loca? Tal vez estoy exagerando. ¿Y si lo han estado planificando todo este tiempo y lo mío es pura inseguridad? ¡No! ¡Tengo pruebas! Eso no estaba planificado.* (Ahora sé que lo que quería era hacerme dudar de mí misma y ¡tuvo suerte de que en aquel momento yo no era la mujer que soy hoy!).

Me recordé a mí misma que alguien de su equipo me había

confesado que, poco después del retiro, mi mentora y su equipo se reunieron y anunciaron un nuevo curso de confianza sí mismo. El miembro del equipo dijo: «Lo empujaron y lo querían todo listo en como tres semanas». Yo no estaba loca de remate. ¡Esa gente estaba burlándose de mí! Me puse furiosa.

—Mira, no estoy diciendo que me robaron mi idea, pero creo que la cronología es muy conveniente y cuando dije que estaba preparando un curso de confianza en una misma jamás dijeron que estaban planificando uno.

Seguimos dándole vueltas al asunto, agrediéndonos verbalmente una a otra. La llamada por fin terminó con un acuerdo de liberarme del contrato.

Pero la historia no termina aquí. Después de la llamada, les envié un correo electrónico para asegurarme de que mi solicitud de un reembolso prorrateado constara por escrito. La respuesta no debió sorprenderme, pero me sorprendió: sólo estaban dispuestas a reembolsarme una tercera parte del total prorrateado. Eso me enfureció de verdad. Era el último jó*ete después de todo lo que habían hecho, y yo no estaba dispuesta a permitirlo. Esta vez, los viejos temores regresaron. *¿Y si me ponen en una lista negra? ¿Y si le dicen a la gente que soy una mala persona?* Bla, bla, bla, mie*da, mie*da, ¡mie*da!

¡No! ¡No esta vez, Satanás! Busqué en lo más profundo de mi verdad, le eché ovarios al asunto y escribí el correo electrónico más valiente que había escrito hasta entonces. Lamentablemente, eliminé ese correo electrónico en una de mis sesiones de sanación y perdón, porque la vida es demasiado maravillosa para guardar rencores. Por tanto, no puedo mostrártelo palabra por palabra. Pero, en resumen, decía algo así:

«Gracias por su correo electrónico. He apoyado mucho su

negocio y me gustaría seguir hablando positivamente del trabajo que realizan. La cantidad que solicito es XXX».

En aquel momento no lo sabía, pero con ese correo electrónico ya estaba empezando a desarrollar la identidad de la Ofensora empática. Dije mi verdad. Fui respetuosa. Fui compasiva con ellas, pero no cedí. Después de todo, de eso trata este trabajo: de darte permiso para ofender, a fin de apoyar lo más auténtico de tus valores y creencias.

Nunca me respondieron ese correo electrónico, pero adivinen qué hicieron. Me devolvieron el dinero casi de inmediato. ¡Weeeepa por esa victoria! ¿Y saben por qué me devolvieron el dinero? Porque me di tooooodo el permiso del mundo para ofenderlas. Me atreví a arriesgar mi reputación por defender mi verdad. Me liberé de la atadura emocional al desenlace y me rendí. En honor a la verdad, debo admitir que no fue fácil superar la situación, pero según crezco y me integro a mi identidad verdadera, menos me afectan las acciones y opiniones de otras personas. Oh, y, por cierto, unos dieciocho meses más tarde lancé un curso de confianza en una misma. Lo llamé la Academia de la Empresaria Segura Ella Misma, y en la primera edición generé más de cincuenta y dos mil dólares en ventas. Fue una gran victoria para mí. Mi listado de contactos era reducido; Instagram existía pero yo no lo usaba y apenas tenía seguidores en las demás redes sociales.

Con aquella nueva victoria y el deseo de subir a otro nivel, busqué un nuevo mentor. Esa persona, aunque muy amable, considerada y deseosa de verme ganar, también me dijo:

—La confianza en una misma no se puede vender.

Una vez más, riposté:

—Pero ya lo he hecho. Ya he vendido la confianza en una

misma. Mi primer lanzamiento produjo cincuenta y dos mil dólares, y el segundo, casi setenta y cinco mil. Ya la estoy vendiendo.

Ojalá pudiera decirte que me mantuve firme y luché por mi promesa: *La forma más rápida de construir tu negocio es construir tu confianza en ti misma*. No lo hice. Más bien, retiré el curso y proseguí a crear otros programas en torno a las ventas, lo cual no estuvo mal. Me encanta y creo en el valor de vender con integridad. Es sólo que, en mi fuero interno, quería trabajar con la identidad de la gente y su confianza en sí misma, y no sólo en sus ventas y mercadeo.

Me quedé bajo la tutela de ese nuevo mentor por dos años, y quiero aclarar que saqué muchísimo provecho de él y del grupo de mentes maestras en general. Pero no logré crecer como esperaba. No por su culpa, sino porque *nunca me apropié de mi verdad*. Tuve éxito hasta cierto punto. Mi negocio produjo múltiples ganancias de seis cifras. Ayudé a mucha gente en el camino, pero luchaba por sentirme verdaderamente alineada, y sentía que nunca alcanzaba mi máximo potencial porque no estaba viviendo en mi verdad. Recuerda: sólo puedes alcanzar tu máximo potencial cuando vives plenamente en tu verdad.

Permiso

Me doy permiso para vivir plenamente en mi verdad.

#PermisoParaOfender

Según comparto estas historias contigo, recuerdo la cantidad de personas que han querido que encaje en sus moldes, que venda lo que ellas venden, que hable como ellas hablan, que crea en lo que ellas creen. En vez de apoyarme en mi propia identidad u ofender para proteger mis deseos, hacía todo lo posible por encajar en sus moldes.

Apuesto a que tú también puedes recordar alguna ocasión en que otras personas hayan querido que te doblegues y te ajustes a sus valores, creencias y verdades. Espero que puedas ver que no tienes que vivir de ese modo y que, aunque tendrá consecuencias, la libertad que disfrutarás viviendo plenamente en tu verdad vale mucho más que el dolor pasajero que puedas experimentar.

Fue una llamada telefónica de mi amiga Amber —que había estado en el grupo de mentes maestras conmigo— la que me ayudó a apreciar el dolor de esas experiencias. Según nos poníamos al día, dijo con dolor sincero en la voz:

—Ay, Rachel, te han callado tantas veces. Recuerdo verte ahí aguantar sentada. Todo el mundo te decía que no podías hacerlo. Y ahora mírate. ¡Lo estás haciendo!

Aunque ya no necesitaba validación, era agradable escuchar a alguien confirmarme que no estaba loca. Me habían callado. Me habían dicho que mis ideas no eran buenas. Y tuve que superar la oposición. En junio de 2019, habíamos vendido doscientas nueve entradas para el evento Confidence Activated. Puede que no hubiera vendido las quinientas entradas que me había propuesto, pero vendí un evento centrado únicamente en el concepto de la confianza en sí mismo; hice exactamente lo que las «famosas» mentoras de la industria me dijeron que no podía hacer.

Si se hubiera tratado de un examen, habría obtenido una puntuación de cuarenta y un porciento: ¡una gran F de fracaso! Pensé que me destruiría, pero en verdad lo único que podía hacer era celebrar. ¡Ese fin de semana, mujeres de todas partes del mundo —sí, del mundo— hicieron fila para inscribirse! Vinieron participantes de Canadá, Barbados y el Reino Unido, así como de varios estados de los Estados Unidos. La energía era electrificante. Como oradora profesional, he estado en muchos escenarios frente a miles de personas, y puedo decirte con el corazón en la mano que la energía de ese espacio con doscientas personas fue tan poderosa, si no más, que la de espacios con el triple de personas. Sólo puedo atribuírselo a Dios, al poder de la intención. Al milagro de darme permiso para ofender, de realizar un sueño que a otros podía parecerles un fracaso, pero que yo sabía de corazón que era algo especial. Eso significó aquel momento para mí.

Obviamente, no puedo hablar por cada una de las participantes, pero, con base en las evaluaciones de quienes completaron la encuesta al final del evento, *¡hicimos nuestro trabajo, y lo hicimos bien!* Ese fin de semana se cambiaron vidas. ¡Se iniciaron negocios, se cultivaron relaciones y las participantes realizaron ventas para sus propias compañías! Y aunque no era un evento basado en la fe, muchas que se habían sentido heridas por la Iglesia pudieron restablecer su relación con Dios. Puede que haya sacado F en venta de entradas, pero sin duda saqué A en transformación. ¡Y esa A me basta! Y los triunfos no se quedaron ahí. Ese fin de semana mi compañía generó más de noventa mil dólares en efectivo. Tuvimos una ganancia que superó los sesenta mil dólares *y* les proporcionamos una experiencia increíble a nuestras participantes.

No dejes que nadie te diga que no se puede hacer algo sólo porque *ellos* no pueden hacerlo.

Cuando miro atrás, creo que, si hubiéramos vendido quinientas entradas, mi equipo y yo no habríamos podido ofrecer una experiencia tan increíble. En el equipo estaban mi esposo;

mi mejor amiga, Melisa; mi asistente, Celita; mi directora de mercadeo, Jenn, y mi integradora, Angie. Teníamos cinco voluntarias y una participante, Sandra, que había pagado la entrada y se presentó diciendo: «Estoy aquí de voluntaria». Sandra lucía una camiseta rosa brillante que decía «Activation Squad» [Brigada de activación], y trabajó incansablemente para nosotros todo el fin de semana, *¡a pesar de haber pagado por una butaca en el salón!*

Aprende del libro de Sandra: busca una necesidad en el espacio, y llénala. Gracias a que Sandra estuvo dispuesta a llenar el vacío, no sólo la contraté para que trabajara en mi equipo, sino que también su corazón servicial proveyó oportunidades para apoyar a varias de mis colegas. Ese año Sandra creó su propio negocio, que producía ingresos de seis cifras apoyando a otras empresarias cuyos negocios producían ingresos de seis y siete cifras. No digo que no hubiera podido lograrlo sola, pero estar en aquel espacio y ser útil definitivamente le aceleró el paso.

Ahora que lo pienso, doscientos nueve fue el número perfecto aquel fin de semana. El supuesto fracaso en la venta de entradas ayudó a aumentar mi nivel de gratitud y respeto hacia todos mis fracasos: aquellos que he dejado atrás y aquellos por venir. Agradezco a esos fracasos todas las lecciones provistas. Me siento agradecida de que los fracasos me hayan enseñado que, cuando hacemos declaraciones de fe que no se manifiestan, no significa que nuestra fe no sea lo suficientemente grande o que la fe esté muerta. No significa *nada*, excepto lo que queramos que signifique. He decidido que cuando algo en lo cual creo no se manifiesta, no tiene tanto que ver con mi fe como con mi energía, creencias y acciones. Puedes tener fe y aún dudar. Me gusta recordármelo y recordárselo a otras personas: puedes estar segura del destino y aún temerle al viaje. Esa fue la otra lección que aprendí cuando, tres días después del evento Confidence Activated, me palpé el bulto en el seno derecho, que resultó ser un cáncer agresivo.

Como ya he compartido, tuve que darme permiso para ofender una y otra vez en las semanas que siguieron. Tenía la confianza en que mi destino sería la victoria, pero me asustaba el viaje. Me siento muy agradecida de que estemos juntas aquí y ahora, una muestra hermosa del hecho de que la victoria era, sin duda, inevitable.

Oh, y adivina qué. ¡Produjimos otro evento Confidence Activated en 2021! No tenemos tiempo para detenernos en los retos que tuve que superar sólo para llegar a ese salón (puedes escuchar los episodios 59 y 60 del *podcast Permission to Offend* si quieres conocerlos), pero hay algo que quiero que sepas en este momento. Me valí de cada una de las lecciones que he esbozado en este libro para darme permiso para ofender e invitar a Jamie Kern Lima —la mujer que la revista *Forbes* ha declarado «America's Richest Self-Made Woman» [La mujer que se hizo a sí misma más rica de los Estados Unidos]— a ser nuestra oradora principal. Jamie fundó It Cosmetics y le vendió la compañía a L'Oreal en 1.200 millones de dólares (sí, diez cifras). En 2020 se convirtió en la autora más vendida del *New York Times* y en 2021 fue la oradora principal de Confidence Activated, un evento que muchas personas me dijeron que jamás podría realizar.

No tenía ningún motivo para creer que Jamie diría que sí. En aquel momento ya ella hablaba en escenarios ante audiencias de estadio, junto con Tony Robbins y otras figuras prominentes. No tenía el presupuesto para pagar sus honorarios. No tenía la influencia ni los seguidores para invitar a alguien de su calibre como oradora principal. ¡Recuerda que la primera vez no logré la meta de quinientas entradas! Pero ¿sabes qué sí tenía? *¡Fe!* ¡Tenía fe, mis creencias y la visión para lograr más! Más para mí. Más para las participantes. Más para el evento en sí. Usé un método sencillo que te enseñaré en breve; pero recuerda que está bien que quieras, creas y esperes más.

CELEBRADA, NO RECHAZADA

Una amiga y yo hablamos una vez de las mujeres con las cuales nos gusta trabajar y los problemas que a menudo enfrentan, cuando le dije:

—Ella quiere que la celebren, no que la rechacen por desear más.

Todas mis amigas más cercanas, mis clientas, estudiantes y hasta las participantes de mis eventos en vivo han expresado ese sentimiento de un modo u otro. *Deseo más y no quiero sentirme mal por ello.*

Queremos que nos animen a desear más. No queremos que nos llamen egoístas o que nos cuestionen por qué no somos felices con lo que tenemos. ¡Lo somos! Somos completamente felices. Okey, tal vez no *completamente*. Después de todo, aún no tengo una administradora en casa que se asegure de que mis jugos verdes estén debidamente preparados y a tiempo, y de que haya flores frescas bellamente colocadas en cada habitación de mi hogar. Algún día, amiga, algún día. Pero, en serio, ¿podemos darnos *permiso* para desear más sin sentirnos culpables, avergonzadas o egoístas? Normalicemos el desear más. Celebrémonos, no nos rechacemos ni rechacemos a otros por desear más.

Me doy permiso para querer más sin sentirme culpable, avergonzada o egoísta.

Ha llegado el momento de que te parezca bien no solo desear más, sino también *decir* y con orgullo *seguir* eso que deseas, sin que te importen los comentarios de los demás. Imagínate emocionada por pedir un aumento o por subir tus tarifas, en vez de agonizar y romperte la cabeza pensando en cómo reaccionarán otros cuando lo hagas. Imagina que les cuentas a tus amistades y familiares acerca de las vacaciones exóticas que deseas tomarte, sin sentir que tienes que minimizarlas para que no se sientan celosos. Imagínate en una conversación sincera sobre tus sueños más descabellados, sin temor a que te juzguen, te rechacen o te difamen por desear algo impensable para la mayoría de la gente.

Porque —al menos según yo— desear más no significa que eres una malagradecida. Por eso era tan importante al inicio de este libro que habláramos sobre el significado que les atribuimos a las cosas. ¿Podemos estar de acuerdo en que desear más no significa que somos malagradecidas, sino que sólo significa que *deseamos más*? ¿Punto? Incluso tal vez significa que hay más que debemos hacer, sentir o experimentar. Si ese es el significado que le atribuyes, eso es lo que significa. Si has hecho todos los ejercicios de este libro, has llegado al punto en que, bueno, sí, te molesta cuando alguien no comprende tu visión. Es frustrante que la gente no entienda tus sueños, es decepcionante que otros no vean lo que intentas hacer y por qué, pero nada de eso te detiene. Consigues lo que deseas y persigues, y ¡tienes más! Eso es lo que ganas cuando te das permiso para ofender y vivir sin filtros, sin vergüenza y sin miedo.

No puedo hablar por ti; sólo puedo hablar por mí misma. Pero cuando pienso en todo lo que tengo y de dónde vengo, vaya, me siento más que agradecida. Ojalá pudiera decir que nunca imaginé que llegaría aquí, pero la verdad es que sí, lo hice. No sólo pensé que llegaría aquí, *sabía* que llegaría aquí. Incluso en los momentos en que parecía que no me iba bien, siempre lo supe en lo más profundo de mi ser. Ese *saber* fue lo que me permitió seguir adelante. Creo que tú también tienes ese saber y por eso llegaste a este libro.

Y adivina qué. Aún queda otro nivel que aguarda no sólo por mí, sino también *por ti*. Aunque estoy muy contenta y sumamente agradecida por todo lo que tengo en este momento, sé que Dios no ha terminado conmigo. El siguiente nivel al que tú y yo hemos sido llamadas —el nivel que otros juzgarán, rechazarán y posiblemente hasta difamarán— es el que prepara el camino para alguien más, porque, habiendo sido una niña cuyos dos padres se infectaron con VIH y cuyo padre fue un alcohólico y adicto a las drogas altamente funcional; una niña que superó el abuso de sustancias, los desórdenes alimenticios, la promiscuidad y otros traumas, mi futuro debió haber sido otro. Pero no lo fue. Puesto que he llegado hasta aquí, sé que represento una esperanza para otras personas. Esa certeza me permite imaginar, sobre todo en los días difíciles, cuánta esperanza e inspiración podré dar a otras niñitas en mi siguiente nivel. Irradio entusiasmo cuando me imagino el año en que por primera vez reciba ingresos de siete cifras y el ejemplo que seré para otras mujeres que tienen más de cuarenta años y se preguntan si alguna vez les pasará. (Alerta de spoiler: *¡Sí!* ¡Ya nos está pasando!).

Tan pronto como te des permiso para ofender, *tú*, mi querida amiga, serás quien les de permiso a todos a su alrededor para hacer lo mismo. ¿No sería fantástico que todos viviéramos en esa libertad? *Tú* tienes el poder y todas las herramientas a tu disposición para ser quien comience, ahora mismo, un legado para su familia.

EN BUSCA DE LA INTEGRIDAD PROPIA

Cuando estaba en el Cuerpo de Marines, me enseñaron en el campo de entrenamiento que la definición de «integridad» es hacer lo correcto cuando nadie esté viéndote. Es una expresión externa de tus intenciones. Por otro lado, la integridad propia se enfoca internamente. La «integridad propia» significa cumplir tu palabra contigo misma, mantenerte fiel a lo que valoras y crees; es hacer las cosas que dijiste que harías *antes* de acceder a hacer las cosas que otros te pidan que hagas. Mientras más alto sea tu nivel de integridad propia, más confianza tendrás en ti misma. Cuando confías en quién eres, en lo que deseas y en hacia dónde vas, comienzas a preocuparte menos por las opiniones y juicios de otros. Como ya hemos cubierto, no significa que *nunca* pienses en aquello que puedan pensar los demás, sino que eso no te impedirá hacer y decir lo que desees.

Una de las razones por las cuales tantas personas se debaten antes de actuar es porque sufren de una baja integridad propia. Han violado los límites que han establecido y han roto las promesas que se han hecho a sí mismas. Esa constante traición a sí misma ha creado un patrón y la única forma de cambiar ese patrón es crear un nuevo camino neural en el cerebro. Mi forma favorita (por ser la más fácil, ya que a mí me gustan las cosas fáciles) va a sonar muy básica, y en verdad *lo es*, ¡pero funciona! Las personas no le dan suficiente crédito a lo básico, pero piensa en una hogaza de pan tibia y tostadita. ¿De qué está hecha? De cuatro ingredientes básicos: casi todos los panes comienzan tan sólo con harina, agua, levadura y sal. Luego de que sabes cómo hacer una hogaza de pan básica, puedes empezar a añadirle chulerías. Así que, ahí vamos: la estrategia básica para ayudarte a aumentar tu integridad propia, crear un nuevo camino neuronal y experimentar una transformación consiste en crear un patrón de triunfos rápidos.

Escoge algo que sea *tan* sencillo que te resulte imposible no seguirlo por tres días. Tiene que ser *fácil*. Algo como tomarte un multivitamínico en la mañana con el café. (Consejo profesional: pon el pote de multivitaminas al lado de la cafetera y ¡listo! Lo lograste). Otra cosa muy sencilla que puedes hacer es tender la cama tan pronto como te levantes.

Tu misión es fijarte una meta ridículamente sencilla, que puedas alcanzar al cabo de tres días consecutivos. Cada mañana que alcances la meta, ¡*celébralo*! Me refiero a una celebración en grande. Date un gusto, ve a una película, saborea un delicioso pedazo de chocolate, desconéctate del trabajo y da un largo paseo. La parte de la celebración es crucial. Es un paso que la mayoría de la gente se salta y luego se pregunta por qué no ve resultados. Si no celebras la victoria, los centros de recompensa de tu cerebro no se activarán y, por lo tanto, no desarrollarás la ruta de la victoria.

Cuando hayas completado el reto de tres días, estarás encaminada a desarrollar niveles más altos de integridad propia. De igual modo, te recomiendo encarecidamente que hagas alguna actividad celebratoria cada vez que establezcas y honres tus límites contigo misma y los demás.

OPORTUNIDAD DE ALINEAMIENTO

Usa este espacio para trazar el mapa de tu reto de integridad propia de tres días.

¿Qué cosa fácil puedes hacer todos los días por los próximos tres días? (Ejemplo: escribir algo por lo que estés agradecida cada mañana).

¿Qué puedes hacer para unir esta acción con algo que ya hagas todos los días? (Ejemplo: poner mi diario en la mesita de noche al lado del teléfono para que mi mano toque el diario antes que el teléfono).

Escribe cómo lo recordarás y celebrarás en grande para que a tu cerebro le llegue el memo de que ¡estás ganando! (Ejemplo: celebra un baile matutino con tu familia).

Bono: al cabo de los tres días, escribe lo que piensas sobre haber completado el reto. ¿Qué te sucedió? ¿Dónde experimentaste resistencia? ¿Cómo se retó tu integridad propia?

Discutimos los límites en el Capítulo 5, y según vayas adoptando la identidad de la Ofensora empática necesitarás límites claros para que puedas defenderlos y vivir en la verdad, la fe y la libertad. Puede ser algo tan sencillo como tocar base contigo misma, pero te recomiendo, sobre todo al principio, que separes un tiempo todos los días para aclararte la mente. Cuando te dije que la transformación requiere dedicación diaria, no bromeaba. Si no actúas, las cosas no permanecen igual; empeoran.

Considera lo siguiente. Una amiga querida te regala una planta preciosa. Está sembrada en un hermoso tiesto de piedra. Las hojas brillan, la tierra luce fértil. Colocas la planta en una ventana donde recibe justo la luz que necesita. Cada día admiras la belleza de la planta, pero nunca te detienes a echarle agua o a limpiarle las hojas. ¿Qué le pasa a la planta? ¿Sigue floreciendo y creciendo? ¿Se queda igual? Al principio, tal vez no lo notes. Puede que pasen semanas o meses antes de que te des cuenta de que la planta ha empezado a marchitarse y necesita atención. Si la dejas donde está y no haces nada, no crecerá. Pero tampoco se quedará igual. Morirá lentamente.

Si quieres obtener los resultados que te he prometido en este libro, debes hacer más que simplemente leerlo de tapa a tapa y luego colocarlo en la estantería. El trabajo de verdad comienza cuando regresas a tus asuntos cotidianos. ¿Recordarás hidratar tu mente y desempolvar las hojas de tu alma?

Aquí tienes algunas preguntas para contestar en tu diario y mantenerte mentalmente hidratada, aumentar tu integridad propia y hacer respetar tus límites:

HAZ UN INVENTARIO

¿Cuáles son mis metas?

¿Qué valoro?

¿En qué creo?

¿Qué defiendo y a qué me opongo?

Responder estas preguntas regularmente, si no a diario, es crucial. Vivimos en un mundo donde nos ahoga la información, pero estamos sedientos de conocimiento. La mejor forma de empezar a discernir entre los miles de datos que consumes cada día es estar bien anclada en *tu* verdad. De otro modo, ¿cuál es el propósito de darte permiso para ofender?

Dato curioso: hay investigaciones que revelan que la gente que escribe sus metas a diario tiene más probabilidad de alcanzarlas. Yo detestaba hacerlo. No quisiera admitirlo, pero lo haré porque pienso que puede ayudar a alguien. A veces, *todavía* me cuesta escribir mis metas todos los días ¡porque me asusta! Ya está. Lo dije. Escribir mis metas todos los días me asusta. Sin embargo, me fuerzo a hacerlo porque me obliga a rendir cuentas, de modo que no tengo excusa para no actuar.

Más allá de escribir mis metas, me apoyo en la práctica sólida de llevar un diario. Si no eres «el tipo de persona que lleva un diario», te recomiendo que te des permiso para trabajar con tus creencias y valores en torno a la escritura. Es una de las herramientas más poderosas que puedo recomendarte, y no sólo por experiencia propia. He visto cómo los diarios han dado forma y cambiado la vida de cientos de clientas.

EVALÚA

Al final de cada día, usa las siguientes preguntas para evaluar cómo te mostraste al mundo. Relájate, no tienes que contestarlas *todas* todos los días. Te estoy dando opciones: escoge una o dos y conecta contigo misma.

¿Dije mi verdad hoy?

¿Ante qué —si algo— me quedé callada?

¿De qué manera hablar o no hablar me ayudó a acercarme a mis metas?

¿Quién necesitó de mi voz hoy?

¿Mis acciones se alinean con la identidad que quiero adoptar?

¿Me siento orgullosa de la persona que fui hoy en público y a puerta cerrada?

Aclaremos. Estas preguntas de evaluación no buscan angustiarte por lo que hiciste o dejaste de hacer, sólo son métodos que puedes usar para rendirte cuentas. Tu misión es dejar una huella en el mundo y, por tanto, estás llamada a rendir cuentas a un nivel más alto. Si vas a andar por ahí ofendiendo a la gente, es mejor que te rindas cuentas antes de esperar que otros lo hagan.

RECONOCE

Ser honesta contigo misma sobre tu nivel de energía, tu bienestar emocional y cualquier compromiso innegociable que hayas contraído es otra forma de rendirte cuentas y mantener altos niveles de integridad propia.

¿Cómo está mi energía hoy?

¿Qué me energizaría?

¿Qué actividades me drenarían la energía hoy?

¿Cuáles son mis compromisos no negociables de hoy?

¿Qué me emocionaría?

Mi regla de oro es no realizar más de tres actividades que muevan la brújula por día. Eso es porque me *conozco*. El déficit de atención es real. A pesar de los maravillosos suplementos completamente naturales que tomo para ayudarme, no deja de ser algo con lo cual tengo que trabajar, y hay días más desafiantes que otros.

Conócete. No tienes que cambiarlo *todo*. Sólo tienes que ser sincera contigo misma acerca de dónde estás y seguir andando en la dirección de tus sueños con compasión y empatía hacia ti y hacia otros. Ahí reside la libertad.

TRES PASOS PARA MANIFESTAR LA LIBERTAD (Y CUALQUIER OTRA COSA QUE QUIERAS)

Acabo de poner los ojos en blanco, literalmente, mientras escribía la palabra «manifestar». Sobre todo, porque creo que se dice tanto que la gente ha olvidado lo que significa de veras. Manifestar no tiene que ver con magia ni con conjurar alguna entidad mística que te conceda los deseos de tu corazón. Más bien, las definiciones literales de «manifestar» en el diccionario incluyen:

Mostrar o exhibir (una cualidad o sentimiento) mediante los actos o la apariencia; demostrar.

Ser evidencia de algo; probar.

Volverse aparente mediante la aparición de síntomas.

Mostrar o dejar ver una cosa, especialmente algo inmaterial.

Cuando hablemos de manifestar algo, nos referiremos a hacer lo necesario para demostrar, probar o hacer que algo aparezca; en este caso, tus sueños, deseos y, en última instancia, libertad. Hay muchas formas de manifestar tus deseos, así como hay muchos caminos para cruzar el mundo de un extremo a otro. Así es como *yo* lo hago. Pruébalo a ver si te sirve. Si no te gusta, no importa. No me ofenderás. ☺

Llamo a esto el Método del Diario con la Fe Activada. Es el método exacto que he usado para ayudar a miles de personas —amigas, familiares, clientas, estudiantes, oyentes de mis *podcasts*, miembros de mi Experiencia del Diario con la Fe Activada— a convertir más deseos en realidad. Quienes han usado este método han podido manifestar cosas como éstas:

- Me han perdonado las facturas médicas.
- Me he comprado un carro nuevo.
- He salvado mi matrimonio del divorcio.
- La conducta de mis hijos ha mejorado.
- He recibido un ascenso en el trabajo.
- Mi salud se ha transformado.
- Mi visión se ha aclarado.
- He alcanzado mis metas.
- He cultivado relaciones.

Que estés leyendo este libro es resultado de que yo usara mi Método del Diario con la Fe Activada. Seguí este método para manifestar la agente que quería, que HarperCollins era la editorial que deseaba ¡y hasta el adelanto que buscaba por mi libro! Con el Método del Diario con la Fe Activada (y un poco de ayuda de Dios) pude conseguir que Jamie Kern Lima hablara en el evento Confidence Activated. (P.D. Si asocias el concepto de «llevar un diario» con algo negativo, usa la palabra «escribir» o cualquiera que te ayude a actuar y te entusiasme probar).

Okey, ahí vamos. Es sencillísimo: *escribe, cambia, manifiesta*. ¡Eso es todo!

ESCRIBE

ESCRIBE TODO LO QUE TE PASE. Literalmente, *lo que sea*. Aquí tienes un ejemplo de cómo comienza una de mis entradas de diario:

> ¡Buenos días! Estoy arrastrándome. Casi pierdo la batalla contra la cama, pero logré escapar y salir de la casa. Este mes se ha ido volando y creo/siento que no he hecho ninguna de las cosas que pensé que ya tendría hechas a estas alturas del mes. ¡Uf! Y, encima de todo, esta mañana recibí un correo electrónico donde, básicamente, rechazaron mi propuesta. No sólo no la aceptaron, ¡ni siquiera intentaron rebatirla!
>
> Lo único que se me ocurre es una historia de víctima: «¿Por qué yo no?». ¿Por qué a Marisa le dan negocios que le pagan decenas de miles de dólares y a mí sólo me tocan las migajas?
>
> ¡Bah! Sé que éstas no son las preguntas que debería hacerme.

Sé que no ayudan. Pero es lo único que resuena en mi cabeza.

¡Fantástico! Ahora el rostro me está goteando delante de toda
esta gente en el café. Tengo que recomponerme, pero todos esos
pensamientos negativos siguen invadiéndome la cabeza.
¿Qué significado le estoy atribuyendo a este rechazo?

¿Ves que el inicio de esta entrada no dice nada? Ése es el proceso. Luego repaso todo lo que me pasa por la cabeza para incluir onomatopeyas como «¡uf!» y «bah». Estoy siendo supersincera y mostrando mi vulnerabilidad al compartir incluso las cosas que no quiero admitir. Por favor, no pienses demasiado en este paso. La única forma en que lo dañarás es que intentes editarte. Deja que tus pensamientos más espontáneos lleguen al papel. Okey. Sigamos.

CAMBIA

CAMBIA A UN ESTADO DE GRATITUD Y EXPECTACIÓN. La gratitud y el amor son las emociones de más alta frecuencia que podemos experimentar. Cuando pasamos a una vibración de alta frecuencia, ampliamos nuestra capacidad de manifestar. Te exhorto a que sientas la energía de las expectativas porque, cuando tienes expectativas de que tus deseos se hagan realidad, te sientes entusiasmada, y las acciones que surgen del entusiasmo suelen provocar más alegría y satisfacción. Cuando practicas la gratitud, tu cerebro libera dopamina y serotonina. La dopamina te ayuda a realizar acciones que te acercan a tus metas. Si esto no bastara para que empieces a practicar la gratitud, tal vez te ayude saber que un grupo de investigadores en la Universidad de Oregón descubrió que escribir en un diario sobre la gratitud aumenta la generosidad (¡un bono para todas las personas que habitan en tu mundo!)*.

Éste es el cambio que di en la misma entrada del diario que acabo de mostrarte:

> Gracias, Señor. Es un regalo y un tesoro estar en este espacio y este ambiente. Gracias por los momentos de rechazo y por mostrarme que cada respuesta negativa es simplemente un desvío. Gracias por cada oportunidad que he tenido y que me ha traído hasta este momento, y gracias por todas las oportunidades que me esperan en el camino. Gracias porque hay gente influyente que trabaja por mí. Gracias porque hay gente influyente que conspira por mi bien mayor y más elevado.

Nota al margen: la mayoría de mis entradas de diario, incluso en el paso de escribir, comienzan con una alabanza a Dios, pero si eso no es lo tuyo, no importa. Aquí tienes un ejemplo del paso de cambio en otra entrada:

> Me encanta la idea de las POSIBILIDADES y de jugar en el espacio de lo que es posible y del «¿No sería fantástico que...?». Se siente bien y es emocionante. La cabeza me da vueltas sólo de pensar cuántas cosas hay disponibles y son posibles para mí y mi familia.

---

* Christina M. Karns, William E. Moore III y Ulrich Mayr, «The Cultivation of Pure Altruism via Gratitude: A Functional MRI Study of Change with Gratitude Practice», *Frontiers in Human Neuroscience*, 12 de diciembre de 2017, https://www.frontiersin.org/articles/10.3389/fnhum.2017.00599/full.

Hoy me siento muy entusiasmada con la idea de que a Bella
y a Nina les gusten los vegetales y las frutas, y mover el cuerpo
y llevar una vida orgánica y vegana. Me encanta la idea de que
mis hijas tengan una vida increíblemente feliz y satisfactoria.

En este ejemplo puedes ver que no estoy escribiendo sobre la gratitud, sino sobre el entusiasmo y la posibilidad. Son cosas que me llenan de alegría. Cuando realices el paso de cambio, enfócate en escribir algo que te prepare para el bien.

MANIFIESTA

MANIFIESTA TUS DESEOS COMO SI YA SE HUBIERAN REALIZADO. ¡Este último paso es mi favorito! Aunque no hagas nada más, por favor ¡sigue este paso! El objetivo es escribir lo que deseas en el tiempo presente, como si ya fuera una realidad. Las tomografías de cerebro han demostrado que la forma en la que reacciona nuestro cerebro a la realidad no es muy diferente de la forma en que reacciona a algo que imaginamos.

Aquí tienes la escritura manifiesta que sigue a lo que escribí en mi paso de cambio, en el segundo ejemplo:

Me siento muy feliz y entusiasmada de que Bella y Nina sean
felices, que estén viviendo sus sueños, que confíen en sí mismas
y se sientan seguras de su identidad. Mis hijas aman al Señor.
Leen la Biblia todos los días. Son buenas amigas. Son lectoras
voraces. Quieren hacer del mundo un lugar mejor. Saben
separar los hechos de sus historias. Sobre todo, mis hijas son
felices.

Cuando escribí eso, en octubre de 2019, llevaba tres meses en remisión y había cambiado drásticamente a la dieta orgánica y vegana de la Terapia de Gerson. Mientras que yo comía alimentos sin grasas, sin sal, sin nueces, sin lácteos, sin gluten, que apenas sabían a nada, mi familia seguía una dieta con sal, grasas y carnes. Ojalá pudiera decir con orgullo que lo que comían al menos eran delicias puertorriqueñas, como arroz con gandules, pernil y plátanos maduros. Pero no, la dieta estándar de nuestro hogar consistía sobre todo en pollo frito del supermercado Publix, pizza y macarrones con queso Kraft. Si se me ocurría ofrecerles una hoja de lechuga o un pedacito de fruta para acompañar las comidas, provocaba una batalla campal.

Dado que el cáncer que tuve no era genético, creía que el entorno, el estrés y la dieta habían contribuido mayormente a su desarrollo. Como esposa y madre, quería hacer todo lo posible por proteger a mi familia, y puesto que hablar con mi pequeña tripulación no estaba funcionando, me senté con mi diario y pensé: *¿Por qué no? No tengo nada que perder y mucho que ganar.* Debo mencionar también que, aunque amo a Dios y a menudo escucho música de alabanza a todo volumen, mis hijas, en especial la menor, nunca habían mostrado mucho interés en el asunto. Cada vez que las invitaba a rezar o estudiar la Biblia conmigo, ponían los ojos en blanco, así que añadí esa manifestación para completar el cuadro.

Volvamos al presente. Aunque mi familia aún sigue la dieta estándar estadounidense, ahora añaden frutas, palitos de zanahoria, pepinillos y alguna hojita de lechuga en su plato. Rezamos juntos todas las mañanas, y mis hijas se turnan para dirigir la oración. Y, por fin, se llevan bien y han formado el vínculo de hermanas que siempre deseé que las uniera. Pero no te equivoques, eso no se logró con sólo escribir una entrada en mi diario, no choqué los talones y ta-tán todos mis sueños se manifestaron. Nada de eso. La razón por la cual este método funcionó es que combiné la fe con la *acción*.

Escribir sobre tu verdad, alinearte con la gratitud y manifestar tus deseos como si ya se hubieran realizado es la activación de tu fe. Hay que tener fe para tener y mantener una visión. Hay que tener fe para escribirla con expectativas plenas. Hay que tener fe para declarar que algo ha ocurrido.

Por la forma en que funciona la mente, cuando escribes en tu diario, tu subconsciente se pone a trabajar y busca la prueba de lo que has escrito. Mientras más actives tu integridad propia y honres tus límites, más empezarás a lograr. Saca tiempo para *hacer un inventario, evaluarte* y *reconocerte* a ti misma cada día, y combínalo con el Método del Diario con la Fe Activada. Eso te proveerá pasos de acción tangibles que van de la mano con tu fe. La Biblia dice: «La fe sin obras está muerta» (Santiago 2:26, NVI). Estos pasos te ayudan a hacer ambas cosas.

Ahora te toca a ti: escoge una meta, un sueño o un deseo que quieras que se manifieste. Escríbelo para que lo tengas fresco en la mente.

META: _____

Si te resulta más fácil, aquí tienes una pauta para empezar: *¿Qué quiero que se manifieste este año?*

(Algunos miembros de mi Experiencia del Diario con la Fe Activada han reportado que les resulta más fácil empezar cuando les ofrezco una pauta en forma de pregunta).

ESCRIBE:

CAMBIA:

MANIFIESTA:

He incluido otras pautas al final del libro para ayudarte a empezar tu práctica.

Aquí tienes un ejemplo de escritura del Método del Diario con la Fe Activada de uno de nuestros miembros.

Pauta: ¿De quién son las opiniones que deben de dejar de obsesionarme?

ESCRIBE.

Hmm. ¡Qué buena pregunta! Definitivamente, debo dejar de obsesionarme por lo que «otros» piensan de mí. ¿Quiénes son esos «otros»? En verdad, si lo pienso bien... a esas personas que me obsesionan probablemente no les importa tanto. Son los «mirones», las personas que no hacen nada + no se comprometen con el contenido... en serio, ¿por qué me importa tanto su opinión?

Ah, creo que es porque quiero gustarle a todo el mundo. Creo que aún conservo esa parte de mi persona que desea la aprobación de mis padres, y lo proyecto en el resto de la gente.

CAMBIA.

¡Wow! Gracias, Dios, por hacerme ver esto... ¡otra vez! Sé que me lo muestras para recordarme que la única

*opinión que importa es tu opinión de mí + sé que me amas
incondicionalmente + sé que deseas que toda la grandeza que
vive en mí florezca + la grandeza es lo que me toca. Sé que no
tengo que hacer nada para que me ames.*

MANIFIESTA

*Es sorprendente la libertad que me da dejar de obsesionarme
por las «vistas» + los «me gusta» en las redes sociales. Me siento
tan empoderada de mostrarme auténticamente como soy +
decir mi verdad. Y, ¿sabes qué? La respuesta también ha sido
fenomenal. Los mensajes directos para trabajar conmigo han
empezado a llegar + mi calendario está lleno de clientes de
coaching + ¡ya están entrando las ganancias! Alabado sea Dios +
bravo por liberarme de la opinión de «otros». ¡Ya Dios me aprobó!*

POR QUÉ ESTO FUNCIONA

Como mencioné antes, esta práctica no tiene nada que ver con
la magia ni sugiere que lo único que tienes que hacer es escribir algo y ¡ta-tán, ocurre un milagro! No digo que no sea
posible. Nada más lejos de mi intención que minimizar tu fe,
lo que digo es que este método te ayudará a estar lista y abrirte
a nuevas posibilidades. Tiene que ver con permitirte aceptar y
recibir más de lo que deseas.

Nuestros cerebros se activan cuando escribimos lo que deseamos como si ya hubiera sucedido. Quizás no lo veas a nivel
consciente, pero tu mente empezará a buscar más de lo que es-
cribas en tu diario todos los días. Por ejemplo, cuando inicialmente escribí que mis hijas eran grandes amigas, en realidad
se la pasaban peleando, delatándose mutuamente y tratándose

bastante mal. Como estaba tan comprometida a ayudarlas a cambiar su relación, y a menudo escribía en mi diario sobre eso, ahora puedo ver que en aquel momento muchas de nuestras conversaciones comenzaron a centrarse en la importancia de la relación de hermanas. Antes de escribirlo en el diario, no había hablado con ellas acerca de los valores y beneficios de ser hermanas y amigas.

Del mismo modo, como estaba escribiendo en mi diario sobre ayudar a mis hijas a expandir su paladar, me hallé buscando imágenes, recetas y actividades que las animaran a probar alimentos nuevos. Cuando escribes una visión y lo haces de forma sencilla, tu mente quiere ayudarte a hacerla realidad. Mientras más te enfoques en lo que deseas —como si ya estuviera ocurriendo— más fácil se te hará dar los pasos para obtenerlo todo.

Y, hablando de obtenerlo todo, si aún no te animas o dudas de llevar un diario, verás en el capítulo 11 que he incluido algunos ejemplos de diarios de escépticos que lo intentaron y manifestaron cosas que nunca creyeron posibles. ¿Qué pierdes con intentarlo? Espero que hayas aprendido de mis errores que nunca se pierde todo; todo es una lección aprendida. A veces tenemos que aprender algunas lecciones más de una vez.

UN PUESTO EN LA MESA

Según nos acercamos a la última parada de nuestro viaje, quiero asegurarme de contestar algunas preguntas finales. ¿Cómo vivir en libertad cuando el resto del mundo aún no comprende todo el Marco del permiso para ofender? ¿Cómo sería combinar todo lo que has logrado a lo largo de este libro y aplicarlo de modo que puedas levantarte cada día lista para dejar tu huella sin filtros, vergüenza o miedo?

La respuesta a ambas preguntas es sencilla: *practica*. Algo que he aprendido de hacer estos ejercicios es que vivir en libertad no significa vivir sin retos u oposición. *Siempre* habrá alguien que tenga que opinar. Lo sé porque pasé muchos meses escrutando reseñas y testimonios de libros, productos, servicios, incluso restaurantes con estrellas Michelín, buscando demostrar que tal vez, sólo tal vez, haya forma de crear algo a lo cual nadie le encuentre algún defecto. Lamentablemente, no pude encontrar ni una reseña totalmente positiva de algo. Claro que no investigué todo el mercado, pero invertí muchas horas. Debía hacerlo para silenciar la vocecita que me pedía que creara algo que le gustara a todo el mundo. No soy capaz de hacerlo, y saber eso me reconforta, me quita la presión.

Lo harás mal. Te equivocarás. Algún día tendrás el valor de hablar, pero te equivocarás en las palabras, el lenguaje corporal, la expresión facial o el tono. O quizás tu creencia no sea bien recibida. No sé tú, pero yo no puedo pasarme la vida obsesionada con eso. Mejor escoge adoptar la identidad de la Ofensora empática y continúa trabajando lo mejor que puedas con los nueve principios fundamentales que cubrimos en el Capítulo 8. Cuando lo hago, la satisfacción de personificar ese trabajo es indescriptible. Recibir correos electrónicos y mensajes de personas que me agradecen haber dicho algo que estaban pensando, o que me dicen que haber compartido mi verdad las ha ayudado con su propia verdad, no tiene precio.

¿Y si al compartir *tu* verdad descubres no sólo que has ayudado a alguien a superar una situación difícil, sino también que has ayudado a salvar un matrimonio o *una vida*? Ésa ha sido mi realidad, pero sólo después de que me di permiso para ofender. Antes de hacerlo, muchas personas me decían que era «muy inspiradora» o «muy motivadora», pero esas personas no actuaban o actuaban muy poco. A medida que me he vuelto más valiente en este viaje, más valiente se ha vuelto la gente a mi alrededor. Juntas hemos denunciado las injusticias que vemos en el mundo. Estamos empezando a ver que no sólo estamos sosteniendo conversaciones *reales*, sino también rindiendo cuentas. No estamos dispuestas a quedarnos calladas ante el mercadeo de la opresión y la falsa diversidad. Nuestras voces y plataformas se usan para educar, instigar y activar. Voy a decirte la verdad: soy una mujer de color que nunca supo dónde encajaba. Ahora digo: «¡encajo donde yo *quiera* encajar!».

Hace casi una década que tuve aquella experiencia con la mentora de mi primer grupo de mentes maestras, y desde entonces la he visto varias veces en diferentes eventos. Siempre nos hemos tratado con cordialidad y profesionalismo. No le guardo rencor, en todo caso, *estoy agradecida*. Según reflexiono sobre esa experiencia, fue mi iniciación a aprender a honrar *mi* verdad: fue la primera vez que tuve que actuar con altos niveles de fe en lo tocante a mi negocio, lo que, a su vez, me dio la confianza en mí misma para seguir actuando con fe en otros renglones de mi vida. Gracias a Dios no siento más que un aprecio profundo por ese grupo de mentes maestras y por quien yo era en aquel momento. No lo sabía entonces, pero esa experiencia era justo lo que necesitaba para llegar a ser quien soy hoy. Desde lo más profundo de mi corazón se lo agradezco, me lo agradezco a mí misma y se lo agradezco a los retos de aquella época. Es lo que me ha guiado en el desarrollo de estos marcos y estrategias a lo largo de los años. Es lo que nos ha traído hasta aquí.

Realizar este trabajo nos ha ayudado a mí y a muchas otras personas a descubrir que los puestos en la mesa donde queríamos comer están ocupados por personas con quienes no nos interesa asociarnos. Por lo tanto, ahora nos sentamos a nuestra propia mesa, y nuestra lista de invitados incluye a *casi* todo el mundo. Nuestro único requisito es que cuando te unas a nosotros lo hagas en plena posesión de tu identidad de Ofensora empática. Que vengan todas las personas empáticas, pacientes, compasivas, amorosas y comprensivas. Sus opiniones serán bienvenidas, su verdad, escuchada. Cuando discrepemos, lo haremos con el compromiso de buscar un entendimiento, respetando la creencia de que dos verdades pueden coexistir. Si por alguna razón no lo logramos, nos retiraremos sabiendo que aún queda mucho por hacer.

La verdad es que la transformación requiere aplicación frecuente, casi diaria. Sé valiente. Haz respetar los límites. Prepárate para el rechazo. Regresa a este libro con frecuencia y escoge un principio que puedas aplicar con regularidad.

Cuando por fin cierres este libro, recuerda que, cuando vives tu verdad y te das permiso para ofender, lo consigues todo.

Puedes. Tenerlo. Todo.

CUARTA PARTE

ME DOY PERMISO PARA VIVIR EN LA ABUNDANCIA

Que el Señor, Dios de sus antepasados, los multiplique mil veces más y los bendiga tal como lo prometió.

—DEUTERONOMIO 1:11, NTV

¡Felicidades! Te toca *más*. Más verdad, más fe, más libertad. Has llegado hasta lo que se consideraría un «apéndice», pero yo lo he llamado la abundancia de este libro. El viaje no ha terminado. En esta sección encontrarás frases clave que te ayudarán a enriquecer tu vocabulario empático. Estas plantillas te resultarán útiles a medida que empieces a apropiarte de tu verdad y a usar tu voz para el cambio. También he incluido estudios de casos de otras personas que se han dado permiso para ofender y ahora viven sin filtros, sin vergüenza y sin miedo.

Según te adentras en esta última sección del libro, espero que recuerdes que la vida es abundante y que tienes apoyo.

10

EL LENGUAJE DE LA EMPATÍA

Darte permiso para ofender significa que activarás tus destrezas empáticas, lo que a veces puede resultar agotador si no estás preparada. Por tal razón, quiero darte algunas frases y herramientas fundamentales para que te mantengas energizada y empoderada.

COMUNICAR LA INTENCIÓN

«Mi intención es _____.
Espero que el impacto y efecto que tenga en ti y en otras personas sea _____».

«Me siento frustrada por _____, y al compartir mi verdad personal mi intención es _____».

«_____ es una causa que me apasiona de veras. A medida que empiece a compartir más, espero que sepas que mi intención es _____ y que el impacto que espero que tenga es_____».

EMBARCAR EN LA VISIÓN

«He decidido _____, y es importante para mí porque _____».

«Sé que esto puede parecer extraño viniendo de mí, pero de verdad aprecio tu apoyo a medida que comienzo a realizar acciones que están más alineadas con quién he escogido ser de ahora en adelante».

«Gracias por sacar el tiempo para reunirte conmigo. Estoy muy entusiasmada con algunas decisiones que acabo de tomar y quería compartirlas contigo. Para mí significa mucho saber que estás de mi lado».

«Me alegra tanto que tengamos esta oportunidad de conectar. Mi vida está cambiando y quería asegurarme de que me comunicaba contigo, para que no te sorprendas cuando veas lo que me depara el futuro».

ESTABLECER LÍMITES

«Estoy haciendo algunos ajustes en mi horario y quería mantenerte al tanto. Claro que sigo aquí para ti, y éstos son los días/éstas son las horas en que puedo estar más presente. Gracias por honrar esto».

«Me importas y quiero poder continuar nuestra relación. Me siento incómoda cuando _____».
(Intenta no asignar culpas. Habla de la conducta, no de la persona).

«Me siento muy incómoda cuando _____.
En adelante, te agradecería que esto no siguiera ocurriendo».

«Mis horas laborables son _____. Puedes
esperar que te responda _____. Gracias por tu
paciencia y por respetarlas».

RECONOCER LAS EMOCIONES
DE LA OTRA PERSONA

¡Lo has logrado! Has adoptado tu identidad de Ofensora empática y has dicho tu verdad personal con mucha fe, pero la otra persona ha tenido una reacción fuerte. Aquí tienes algunas aseveraciones y preguntas que puedes ofrecer para tratar de llegar a un acuerdo:

«Puedo ver que estás molesta y entiendo lo frustrada que te sientes en este momento. Estoy disponible para escucharte y contestar cualquier pregunta que tengas».

«Siento mucho que estés herida. Está bien que estés molesta».

«Está bien que llores y expreses tus sentimientos. Estoy aquí para escucharte».

«Entiendo el porqué de tu reacción. Lamento que no estemos de acuerdo. Me comprometo a trabajar en esto contigo».

«Sé que es difícil para ti aceptar esto. Gracias por escucharme».

«Me importas. Por favor, tómate todo el tiempo que necesites para procesarlo. Estaré aquí cuando estés lista para hablar y reconectar».

«Lo siento. Por favor, dame un tiempo de gracia. Necesito un poco de tiempo para pensar y responder de forma razonable».

«Quiero darte una respuesta amorosa y considerada. No quiero reaccionar a la defensiva o minimizar tus sentimientos».

«¿Estás dispuesta a darme un poco de tiempo para pensar en lo que he hecho o dicho, para que podamos llegar a un acuerdo?».

«Sé que prefieres procesar las cosas al instante y discutir todos los detalles. Estoy dispuesta a que lo hagamos después de tener un tiempo para organizar mis ideas».

«Quiero estar segura de que entiendes que todavía no estoy lista para hablar. No tiene nada que ver contigo. Soy así, y así proceso las cosas. Necesito un poco de tiempo a solas. Eso no significa que [inserta aquí cualquier historia potencial que la persona pueda estar contándose]. Me importas, y porque me importas quiero ser considerada y respetuosa cuando conversemos».

«Me gustaría que me dieras X cantidad de tiempo para pensar y procesar. Almorcemos el [da una fecha y hora puntual]. Te agradezco de veras tu apoyo en este asunto».

«Estoy disponible para dialogar. Discutámoslo».

«Has mencionado que no celebré tus logros y que eso te lastimó. ¿Qué puedo hacer la próxima vez para que te sientas más amada, honrada y celebrada?».

11

LA FE EN ACCIÓN

Como te prometí en el Capítulo 9, quiero que estés equipada con ejemplos de cómo otros han usado el Método del Diario con la Fe Activada para manifestar resultados increíbles en sus propios términos. Me aseguraré de señalar los pasos *Escribe, Cambia* y *Manifiesta* de cada ejemplo, para que puedas ver cómo funciona «en la vida real». También encontrarás frases de inicio para siete días, a fin de que puedas probar este método.

Espero que te des permiso para salir de tu zona de confort y probar el método de llevar un diario. Sé que, si lo sigues como muchas otras personas que han hecho de esta práctica parte de su estilo de vida, verás una hermosa transformación.

EL MÉTODO DEL DIARIO CON LA FE ACTIVADA «EN EL MUNDO REAL»

EL PEOR AÑO SE CONVIRTIÓ EN EL MEJOR

Recibí un correo electrónico de Javacia, un miembro de mi Experiencia del Diario con la Fe Activada, donde escribió lo siguiente:

> Hola, Rachel.
>
> No sé si esto es demasiado meta, pero mi manifestación más poderosa fue con la Fe Activada. Me uní a la FA cuando estaba a punto de empezar la quimio, y escribí que llevar un diario me ayudaría a salir triunfante a pesar de la quimio, ¡y así fue!
>
> Adjunto un extracto de mi diario.
>
> Escribí esto justo después de unirme a la FA. Todo lo que dice esta entrada se hizo realidad. Después de escribir, para recibir la manifestación, me comprometí a no vivir como una persona enferma. Seguí escribiendo y trabajando y caminando todos los días, para hacer ejercicio. Y seguí escribiendo en mi diario. ¡Y funcionó!

Veamos juntas la entrada del diario de Javacia. Es un gran ejemplo para ayudar a ilustrar una nota importante del Método del Diario con la Fe Activada. El método es *cíclico*, no lineal. Eso significa que no siempre tienes que seguir un orden. Lo enseño en el orden *Escribe, Cambia, Manifiesta* para que sea más fácil de seguir y recordar.

Observa que, en este ejemplo, Javacia se salta el paso *Cambia* y va directamente de *Escribe* a *Manifiesta*.

ESCRIBE. 2020 pudo haber sido el peor año de mi vida. Y, al principio, pensé que lo sería. El 24 de enero me diagnosticaron cáncer de seno. Luego el COVID-19 lanzó al mundo entero en una pandemia y una crisis económica.

MANIFIESTA. Pero empecé una nueva práctica de escribir un diario —activada por la fe— y comencé a confiar y depender de Dios como nunca.

El resultado fue, no sólo que sobreviví el COVID, el cáncer y la quimioterapia, sino que prosperé.

Durante los tratamientos de quimioterapia y radiación estaba tan saludable física, mental, emocional, económica y espiritualmente que la gente a mi alrededor lo vio como un milagro. Sabían que era obra de Dios y se acercaron a Dios por mi testimonio y mi historia.

¡En vez de quimiocerebro tuve quimiocreatividad! A lo largo de mis tratamientos produje un caudal de ideas sobre cómo desarrollar mi negocio y sobre ensayos e historias, y Dios me dio la fortaleza para que rindieran fruto. Y fue el año más lucrativo de mi vida, a pesar de todos los obstáculos.

Al leer la entrada de su diario no pude evitar sentirme conmovida casi hasta las lágrimas. Javacia activó su fe, usó su diario para decidir cómo sería su experiencia ¡y prosperó!

Quiero aclarar que el diario NO reemplaza el tratamiento médico, y no estoy diciendo ni sugiriendo en modo alguno que el diario es una cura para el cáncer, pero sí creo que el diario puede proveerle apoyo a una persona en su viaje de sanación, y esta entrada es un vivo ejemplo.

CREER CON TODO EL CORAZÓN

El siguiente ejemplo proviene de un post compartido por Erica A. en el canal de «manifesting-momentum» de nuestra comunidad del Diario con la Fe Activada. Dice así:

> *¡¡¡Hola a todo el mundo!!! ¡Escribí esto ESTA MAÑANA! Esta pauta me trajo a la mente, de la nada, el nombre de una amiga, así que le envié un mensaje después de escribir en mi diario. Nos llamamos por teléfono y... ¡¡¡¡¡HE CONTRATADO AL PRIMER MIEMBRO DE MI EQUIPO!!!!! ¡¡¡Hablando de manifestaciones RÁPIDAS!!!*
>
> *¡La última sesión de escritura manifiesta fue HORAS antes de que ocurriera algo! Estoy EUFÓRICA y ya no me sorprende cuando escribo en mi diario, realizo la acción inspirada que surge de la escritura y ¡MANIFIESTO lo que está para mí! #Agradecida*

¿Se nota que está emocionada? Te digo que, aunque a diario leo posts como éste de nuestros miembros, aún me admiro de lo poderosa que puede resultar esta práctica. Veamos la entrada de su diario y, como hicimos antes, te señalaré los pasos en acción.

> *Pauta de la entrada: si creyera con todo mi corazón y sin lugar a duda que ya tengo suficiente y que lo que deseo está disponible para mí al cien por ciento, ¿qué haría hoy?*
>
> *ESCRIBE. Contrataría a una administradora de habilidades y tecnología. Sigo pensando en Krysta. ¡Sería una socia/ administradora maravillosa! De veras quiero desarrollar un equipo, y sé que eso también me permitirá crecer como líder. Cuando tenga el apoyo bien establecido, también podré unirme*

al programa de Maya. ¡Sé que me irá muy bien y que aprenderé mucho!

CAMBIA. ¡Estoy tan lista para comprometerme a postear! Tengo cosas que decir. Las historias son evidencias.

MANIFIESTA. ¡Wow! ¡Lo hice! ¡Lo hice! ¡Contraté al primer miembro de mi equipo! ¡Tuvimos nuestra primera reunión de equipo y tuve que contener las lágrimas de gratitud! ¡Vamos a comernos el mundo juntas! ¡Me siento aún más emocionada y preparada para el crecimiento exponencial! ¡Gracias, Jesucristo!

¿Quieres saber por qué creo que Erica A. pudo experimentar una manifestación tan rápida? Porque en lo más profundo de su ser esto era algo que deseaba de verdad y lo único que tenía que hacer era liberar un poco más su fe personal y creer en sí misma. Una vez que escribió en su diario y manifestó una realidad nueva y posible, su subconsciente se puso a trabajar y buscó la prueba en su vida consciente para confirmar su visión.

¡Claro que también tuvo que actuar! Después de escribir en su diario no se quedó de brazos cruzados. No. Saltó a la acción, contactó a su amiga, habló con ella y se lo pidió. ¿Ves que este método no es «magia»? Es una herramienta para darte claridad, aumentar tu fe y confianza en ti misma y permitirte actuar con más rapidez.

Veamos una más.

TODOS NUESTROS SUEÑOS SE ESTÁN HACIENDO REALIDAD

Este ejemplo final es de Taryn. Taryn es una madre soltera que ha pasado por épocas muy difíciles. Cuando se unió a nuestra comunidad, ella y su hijo vivían con su familia mientras Taryn hacía todo lo posible por volver a ponerse de pie. Cuando posteó esto en nuestro canal «manifesting-momentum», todas la aplaudimos y celebramos con ella. He aquí lo que escribió:

¡¡¡Alerta de manifestación!!!

Me armé de valor esta semana, porque tengo unas metas muy grandes, cosas que no he podido realizar por cuestiones de logística hasta esta semana, pero que deseo y necesito abrazar y manifestar...

Escribí las dos cosas que quería manifestar esta semana... ninguna de las cuales sabía cómo ocurrirían, pero ambas eran parte de mi misión más amplia para este mes/año.

Seguí realizando la acción que sí podía controlar, mi pequeña parte... y escribí en el diario... y cambié mi actitud para sentir cómo se sentiría ser el tipo de mujer a quien le ocurren estas cosas en la vida.

Una de las cosas es que me aprueben un préstamo de auto a mí sola, sin necesidad de un cosignatario. Tengo la fortuna de tener un auto que actualmente funciona, pero está a punto de dejar de ser seguro para mi hijo y para mí.

Lo había solicitado antes, y como en el pasado era una madre que trabajaba por cuenta propia desde casa, no ganaba lo suficiente para que me lo dieran a mí sola.

El negocio ha marchado muy bien este último año, gracias a Dios y a todos los favores que me concede... así que solicité el préstamo la semana pasada a ver qué pasaba.

Había un montón de circunstancias que pensé que, de seguro, me descalificarían: trabajo por cuenta propia, así que no lleno formularios W-2 ni tengo los talonarios tradicionales; mi negocio no marchó de forma adecuada hasta 2021, así que no tenía información tributaria para demostrar cuánto ganaba, etc....

El día siguiente, miré mi correo electrónico.

El oficial a quien le había solicitado el préstamo me había escrito y dijo que me habían aprobado, no la pequeña suma que solicité inicialmente... sino suficiente como para comprarme un auto nuevo. Un. Auto. Nuevo. De. 2022. Con una tasa de interés bajísima...

Yo no estoy llorando, tú estás llorando. 😭

Del mismo modo, manifesté una casa el mes pasado... hice mi parte, escribí sobre ello en el diario y Dios me abrió el camino donde no lo había. Estoy sentada en mi NUEVA oficina en mi nueva casa llorando de gratitud por el nuevo auto que me espera.

Gracias, Rachel Luna. ¡Todos mis sueños se están haciendo realidad CONTIGO en 2022!

A inicios de ese año, yo había compartido una afirmación con el grupo: «¡Todos nuestros sueños se hacen realidad en 2022!». Aunque me pareció dulce de parte de Taryn que me diera las gracias, la verdad es que ¡ella hizo todo el trabajo!

Ésta es la entrada del diario que ayudó a generar las manifestaciones de Taryn:

Pauta de la entrada: ¿qué tengo la fe de manifestar esta semana?

ESCRIBE. Auto nuevo + préstamo. Estoy luchando contra el miedo de que a mi hijo y a mí nunca nos alcance el dinero para subsistir.

CAMBIA. Estoy agradecida de haber calculado los números «buenos, mejores, óptimos». Me ayuda a saber cuánto necesito para sobrevivir y prosperar.

Si hubiera encarado mis miedos, me sentiría tranquila y confiada, y no dependería económicamente de nadie. Tendría un auto nuevo, un baño nuevo y contrataría a alguien que me ayudara a organizar la casa y la alacena. Podría pagarle a todo el mundo y pagar por el apoyo que necesito y deseo.

MANIFIESTA. ¡Estoy tan emocionada de haber llegado a las seis cifras en julio! Dios y yo estamos más conectados que nunca. Me siento feliz de haber convertido el diario en parte de mi rutina cotidiana. Me encanta mi régimen de ejercicios y ducharme/darme un baño caliente en mi nueva bañera. Es una rutina tan energizante y relajante. Me siento mejor y más en forma que nunca. Jamás había estado tan serena.

A simple vista, parecería que lo que Taryn escribió no guarda relación con lo que manifestó, aparte del hecho de que escribió «Auto nuevo + préstamo» al inicio. Pero si regresamos a la pauta de la entrada, la pregunta fue: «¿qué tengo la fe de manifestar esta semana?». Tan pronto como contestó esa pregunta, su subconsciente comprendió la tarea: alimentar a Taryn con pensamientos que la propulsen a la acción para obtener el auto y el préstamo. La misma Taryn escribió en el *post* de nuestra comunidad que estaba haciendo *su* parte.

En el caso de Taryn, lo importante es que va a hacer su parte: se presenta a todas las llamadas grupales de *coaching*, escribe en su diario casi todos los días y, si necesita apoyo, lo pide. Taryn ha asumido toda la responsabilidad e imputabilidad que conlleva su parte para obtener resultados, y se nota.

De eso se trata el Método del Diario Activado por la Fe: decides lo que quieres (ahora y en el futuro), y luego haces tu parte para dar paso a la manifestación.

Déjame decirte que me gusta tanto esta práctica que

compartir sólo estos tres ejemplos me ha hecho pensar en lo estupendo que sería publicar un libro completo de entradas de diarios y las manifestaciones producidas como resultado de convertir este método en un hábito cotidiano. ¿Quién sabe? Tal vez ése sea mi próximo libro. Por ahora, en vez de leer lo que otra gente ha hecho, ¿por qué no lo intentas tú misma?

Aquí tienes siete pautas que te ayudarán a empezar. Recuerda los pasos cíclicos del Método del Diario con la Fe Activada: *Escribe. Cambia. Manifiesta.* Siéntete en la libertad de ir hacia adelante y hacia atrás en cada paso, según lo necesites. Haz todo lo posible por escribir la manifestación. Ahí es cuando la mente tiene la oportunidad de ayudar a liberarla.

DÍA 1: *¿De qué quiero más y qué me impide tenerlo?*

DÍA 2: *¿Cuál es mi visión para los próximos doce meses de mi vida?*

DÍA 3: *¿Qué paso daré hoy para crear más libertad?*

DÍA 4: *¿En quién tengo que convertirme para vivir con más fe y verdad?*

DÍA 5: *¿A qué duda o incredulidad me estoy aferrando cuando se trata de obtener más de lo que deseo?*

DÍA 6: *¿En qué circunstancias he reprimido mi verdad, y qué pasa cuando empiezo a vivir más en mi verdad?*

DÍA 7: *¿A qué es a lo que más le temo de vivir con permiso para ofender, y qué pasaría si esos temores fueran infundados?*

A veces, esta práctica puede ser un reto, en especial el paso *Manifiesta.* La clave para dominarlo es prestar atención a la duda, el miedo o la incredulidad que pueda surgir. Si sientes eso, en vez de «forzar» la manifestación, regresa al paso de *Escribe* y explora esos pensamientos intrusivos. Repito, esto requiere práctica, pero no te rindas. ¡Lograrás dominarlo!

Si necesitas más pautas, visita RachelLuna.biz/offend para acceder a las otras que he creado para ti.

¡Bien hecho! Nos vemos en el Capítulo 12 para leer algunas historias muy buenas de Ofensa en acción.

12

LA OFENSA EN ACCIÓN

Las siguientes historias son ejemplos de cómo la gente de verdad, como tú, ha aplicado las herramientas de este libro y se ha dado permiso para ofender. Al final de cada historia, señalaré algunas estrategias que implementaron y el capítulo del libro al cual debes regresar si te encuentras en una situación similar. Espero que, según leas sus historias, te sientas inspirada para actuar con confianza en ti misma y crear tus propias historias de «ofensa en acción».

El cliente no siempre tiene la razón
LA HISTORIA DE ANNE

Después de pasar más de una semana intercambiando mensajes en las redes sociales, de ofrecerle una tonelada de consejos y sacar tiempo para una mujer que estaba lista para invertir miles de dólares para trabajar conmigo, le dije que no se matriculara en mi programa. La mujer ya había invertido casi treinta mil dólares en un negocio que estaba estancado. Aunque no siempre es el caso, me di cuenta de que otra gran inversión no la ayudaría, la arruinaría.

Como creo en usar situaciones como ésta para enseñar, le escribí un correo electrónico a toda mi audiencia, donde describí cómo le había sugerido a esa mujer que no se matriculara en mi programa. También compartí mi filosofía sobre cómo nuestra industria a menudo vende por desesperación y otras ideas más. No dije nada que pudiera identificar a esa mujer.

Su primer mensaje después de leer mi correo electrónico fue: «Eso no fue muy estimulante que digamos». De inmediato le respondí: «Oye, mi intención no fue que se percibiera así. Me disculpo si te pareció poco estimulante. Sinceramente, me siento frustrada por ti porque así es esta industria y hay que revisarla a fondo. Estoy segura de que algún día tu historia ayudará a algunas personas y lamento mucho que estés pasando por esto».

«Esto» era el hecho de que ya le había pagado cinco mil dólares a alguien para que le creara un sistema de administración de proyectos para un negocio que no estaba produciendo las ganancias que ella necesitaba. Fui muy amable con ella en todos nuestros intercambios, así que me sorprendió cuando me envió un largo mensaje donde me acusaba de traicionar su confianza. Entre otras cosas, escribió: «Lo que no aprecio es que compartas públicamente mi historia, ni la de nadie, en especial cuando una está justo pasando por eso y en la trinchera, para aumentar tus ventas... me arrepiento de haber confiado en ti y de haberte dicho dónde me encuentro. Espero que esto no les pase a otras personas y que ésta no sea una táctica que les enseñes a tus clientas».

¡Me quedé perpleja! No había dicho su nombre, su edad, el tipo de negocio que tenía u otra cosa que pudiera identificarla en mi correo electrónico. Además, tampoco era exclusivamente *su* historia. ¡También era mi historia! Le había dado una semana de mi tiempo y mi energía, y le ofrecí muchos consejos sin cobrarle nada. Estaba lista para comprar mi programa de mentes maestras y todos mis cursos, y la obligué a sacarlo todo del carrito, ¡y ahora me decía que yo era una *coach* capitalista que se estaba aprovechando de ella!

No podía dejar pasar eso. Me tomó unos minutos organizar mis pensamientos y buscar en mi corazón. Estaba decidida a defenderme. Le contesté:

«Escucho y puedo ver tu perspectiva, y no comparto tu opinión. Lamento que el correo electrónico te hiriera. Lo digo sinceramente. Lo envié desde el amor.

»No creo que haya traicionado la confidencialidad de nuestra relación. No dije nada que pudiera identificarte.

»Querías invertir miles de dólares en mí y te dije que no lo hicieras. Opero mi negocio desde la integridad, que defiendo al cien por ciento, y compartí esa historia porque espero que haya más personas que operen sus negocios de ese modo.

»Estuve una semana intercambiando comunicaciones contigo, escuchándote, sacando tiempo para ti, dándote consejos de gratis y negándome a aceptar dinero de tu parte. Defiendo mis acciones».

Defenderme me hizo sentir empoderada y auténtica respecto a quien soy. Comparto esta historia ahora porque es mi historia. Punto. Fin del asunto.

Lo que me encanta de la historia de Anne es que pudo reconocer lo que decía la clienta potencial, sin ceder o asumir responsabilidad indebidamente por cualquier daño. Puedes ver que Anne operó desde su identidad de Ofensora empática. Si quieres sostener conversaciones productivas como la de Anne, puedes volver al Capítulo 1 y practicar con el Marco para la Libertad. La próxima vez que enfrentes una situación difícil, utiliza el marco para ponerla a prueba, repasa *tu verdad* y responde con seguridad y empatía.

No ceder

LA HISTORIA DE ANDREA

El contratista que contraté había tomado algunas decisiones basadas en la presunción de que había hablado conmigo, cuando en realidad no lo había hecho. Me dijo que se me había olvidado decirle que íbamos a instalar lámparas LED en la habitación principal, así que la conexión eléctrica no estaba lista, a pesar de que en el tablero de visualización que le había enviado decía hasta el vataje de las bombillas LED.

Luego aseguró que no le había dicho que quería tres luces en la habitación de invitados y sólo instaló dos. Me preguntó y le dije que no era posible, porque mi tablero de visualización de Pinterest mostraba tres luces. Entonces me vi ajustando mi visión a lo que él ya había hecho, para que no tuviera que trabajar más. Luego puso una repisa en la ducha. Yo quería una pared blanca y brillosa con aditamentos dorados. Él instaló una repisa de piedra que yo no había aprobado. Cuando entré y vi lo que había hecho, la repisa se veía amarilla, pero ya estaba instalada y cementada. Eso no era lo que yo había ordenado; en absoluto.

Hablamos y me dijo básicamente: «Ya no se puede hacer nada». Recuerdo que intenté no perder la calma. Fui hasta mi oficina y pensé «¿Sabes qué? Eso no es verdad. Cedí cuando instaló mal las luces del baño y los enchufes. Cambié de planes conforme a lo que él había hecho, aunque no era lo que deseaba para la renovación».

Me senté a solas por un momento y me dije «La verdad es que podemos arrancar todas las losetas y la repisa de la ducha, y se pueden reemplazar y volver a cementar. La repisa se puede sacar. Y se va a sacar, porque de ninguna manera me he metido en la renovación de ensueño que he estado planificando y para la cual he ahorrado por tres años —viviendo en este lugar destartalado— para ver esa repisa en la ducha y sentirme insatisfecha y arrepentirme de no haber hablado».

Regresé y le dije:

—Quizás no te guste lo que voy a decirte, pero hay que sacar esa repisa.

El instalador de losetas miró al que ponía el cemento.

—La señora dice que hay que sacarla.

El contratista resopló frustrado.

—Bueno, ¿y qué quiere poner?

—Emparéjelo con lo que usó en la ventana. Eso está perfecto —respondí.

Y así se hizo.

Parecía la gran cosa, pero en verdad sólo tomó unas cuantas horas arreglarlo. Ellos me hicieron creer que la repisa era inamovible, hasta que yo dije que no y les dije «Ésta es mi visión. Esto es lo que quiero». Sentí como un ladrillo en el estómago cuando intenté aceptar la idea de que no iba a obtener lo que quería a pesar de que estaba pagando una fortuna.

Al principio me sentí mal de pedirles que rehicieran el trabajo y tuve que bregar con eso, porque no me gusta hacer que la gente trabaje de más. Tuve que redefinir esa idea y decirme a mí misma: «*En realidad no estoy haciendo que estas personas trabajen de más. El contratista es quien los está haciendo trabajar de más, y yo no tengo que pagar por ello. Ellos tienen la responsabilidad total de arreglarlo porque el material nunca fue aprobado por la dueña; o sea ¡yo! Yo soy la dueña, la diseñadora y, en última instancia, la persona que va a usar ese baño todos los días y enamorarse perdidamente del diseño*».

Y lo arreglaron. Y ahora entro en el baño y me siento perdidamente enamorada; ¡como debe ser!

Puedo identificarme mucho con la historia de Andrea, porque me ha pasado en incontables ocasiones que me he conformado con menos porque no quería ser una carga para otras personas. ¿Y tú? La próxima vez que te enfrentes a una situación en la cual pienses que estás haciendo trabajar de más o incomodando a alguien, regresa al Capítulo 7 y usa la oportunidad de alineamiento con la Matriz de Todos los Desenlaces.

Cuando Andrea se fue a su oficina a pensar en lo que le había dicho el contratista, usó la Matriz de Todos los Desenlaces: pensar en el peor de los casos —entrar todos los días en el baño y arrepentirse— era justo lo que necesitaba para hablar y defender sus verdaderos deseos. Hoy Andrea está *fascinada* con su baño, pero, sobre todo, es una de las Ofensoras empáticas más gentiles que conozco, y es una maravilla verla. Me entusiasma la idea de que tú también lo seas.

La sangre no es más fuerte que los límites
LA HISTORIA DE DIONNE

Sufrí mucho tiempo por la relación con mi hermana. De pequeñas, me acosaba, me pegaba, se burlaba de mí. Su abuso es una de las razones por las cuales desarrollé una autoimagen tan baja, y aún sigo lidiando con ese asunto.

Después de no hablarme por varios años, de repente ella decidió que quería tener una relación conmigo. Quiso venir a mi casa y quedarse unos días, pero nunca me había pedido perdón por la forma en que me hirió. Yo necesito paz en mi hogar. Cuando me preguntó si podía venir, tuve que decirle que no. Me di permiso para ofender y le dije que no toleraría que viniera a mi hogar a hablar de mi peso y burlarse de mí, esperando que me pareciera bien que se comportara de ese modo.

Por respeto a nuestra madre, hablo con mi hermana por teléfono, pero no cedo a nada más de lo que pida. Mi paz es más importante. Me merezco vivir en paz y sin abusos.

Aunque la historia que Dionne sometió es corta, no termina ahí. Siguió trabajando con muchas oportunidades de alineamiento y ha convertido el Método del Diario con la Fe Activada del Capítulo 9 en parte de su rutina cotidiana. Gracias a la práctica de escribir su diario, Dionne ha manifestado nuevos contratos, cobertura en los medios y más de $17,500 en subsidios para negocios. Recientemente, su compañía fue nombrada Negocio de Minorías del Año en su ciudad. Y lo mejor de todo es que su hermana le pidió perdón y hasta se abrazaron al final del intercambio. Eso fue un logro *inmenso*, pero no es todo. Tan pronto como Dionne se dio permiso para ofender, pudo manifestar una nueva historia de su vida.

Recientemente, Dionne participó en uno de mis retiros de mentes maestras, y el último día se puso de pie delante de todos y dijo:

—Ahora puedo mirarme en el espejo y no decirme que soy fea.

De todos los logros de Dionne que he presenciado, creo que ese último es el más poderoso. Por años, su baja autoestima le había impedido presentarse en muchos renglones de su vida. En las relaciones como en los negocios, Dionne había estado escondiéndose. Pero gracias a que trabajó con el Marco para la Libertad (Capítulo 1), aumentó su Cociente de Capacidad para la Ofensa (Capítulo 5) y se dio permiso para ofender, Dionne ha podido girar la llave y liberarse. Tú también puedes.

Lo asombroso
LA HISTORIA DE VICTORIA

Al cabo de quince años en el mundo corporativo, decidí apostar por mí misma y convertirme en empresaria a tiempo completo. Cuando comencé, no tenía idea de lo que estaba haciendo. No sabía cómo producir un ingreso constante ni de dónde vendría el siguiente cheque. Lo que sí sabía era que iba a trabajar incansablemente y aprender sobre la marcha.

En seis meses pude conseguir un contrato con la compañía de manejo de activos más grande del mundo. Estaba super-emocionada y planeaba pedir $125,000 por un contrato de cinco meses. Me parecía justo, y también me parecía mucho dinero, en especial para mi primer contrato grande.

Según me preparaba para el proceso de negociación, me le acerqué a un mentor que llevaba veinte años en el mundo de la consultoría. Cuando le dije lo que iba a pedir, me retó: quería saber por qué pedía tan poco dinero. Me dijo que tenía que pensar en grande y dejar de comportarme como una novata. Al principio me sorprendió, porque $125,000 es mucho dinero. Me lo merecía, pero sabía que era nueva en el negocio y debía escuchar y aprender. Dejé a un lado mis creencias limitantes y tomé notas. Terminé cerrando el contrato por $175,000.

En aquel momento decidí que iba a darme permiso para ofender. Iba a pedir el máximo, hacer lo máximo y vivir al máximo. A la gente se lo iba a caer la quijada cuando le dijera mi precio inicial. Iba a sentirme cómoda de pedir esa cantidad y no iba a desanimarme si alguien no podía permitírselo. No volvería a hacerme responsable de la incomodidad de otras personas. Mi marca es exclusiva y de lujo, y no hay ventas especiales.

No se me ocurre una mejor historia que la de Victoria para terminar esta sección. En persona, Victoria es tal y como te la imaginas, es audaz, atrevida, ruidosa y ataca con fuerza. Algo que admiro profundamente de Victoria es su capacidad de *pedir*. Sin importar lo que piensen los demás, Victoria pedirá el sol, la luna, las estrellas y una botella de champán de bono, ¡y esperará que se los sirvan! ¿Y sabes qué? La mayoría de las veces ¡*obtiene lo que quiere*!

Si quieres atreverte a pedir más y obtener más de lo que

deseas sin miedo, haz como Victoria y vuelve al Capítulo 2, donde puedes practicar cómo definir tus creencias + valores, y luego, si no lo has hecho, completar las oportunidades de alineamiento en el Capítulo 3, para anclarte en tus valores.

Espero que puedas ver que todo este libro está estructurado para ser un recurso valioso en el presente y el futuro. Regresa a él con frecuencia. Usa las secciones según lo que te esté ocurriendo en cada momento. Y, para recibir más apoyo, considera unirte al Reto Lista para Ofender.

RETO LISTA PARA OFENDER

Según empieces a adoptar la identidad de la Ofensora empática, quiero asegurarme de que cuentas con todo el apoyo necesario. Ahora más que nunca el mundo precisa gente como tú: guerreras del amor, la unidad y la aceptación. Por eso te invito a que te hagas miembro de la comunidad #loyalLUNAtics y te unas al Reto Lista para Ofender.

Te explico. Las #loyalLUNAtics son mis amigas y miembros de mi comunidad. Tenemos grandes sueños y metas, y estamos lo suficientemente locas como para creer que se pueden y que se harán realidad. Nuestro Reto Lista para Ofender es el siguiente paso para convertirte en una líder empática, sin renunciar a tu verdad. Lo bueno es que no estarás sola. Cuentas con una comunidad de apoyo para crecer en la ofensa empática, ya sea para darte permiso para hablar, para mostrarte más audaz o para ser el miembro de tu familia que conjura la maldición de la pobreza generacional y logra la independencia económica, estamos *unidas* para lograrlo.

Inscríbete para que puedas acceder a todos los recursos

adicionales que mi equipo y yo hemos compilado en Permission ToOffend.com/more. Ahí encontrarás pautas para tus entradas de diario y pasos de acción que te ayudarán a poner en práctica todo lo que has aprendido. Es totalmente gratis y está esperando por ti, ahora. Nos vemos allá.

AGRADECIMIENTOS

Si eres como yo, probablemente estás leyendo esta parte primero. Siempre me gusta ver quiénes forman la comunidad que da vida a un libro. Y *tú*, querida, lo has hecho posible. Gracias por estar aquí. Permíteme agradecer a otras personas que han contribuido a hacerlo posible.

Dios, te agradezco a ti primero, aunque escribí esto al final. Gracias por enviar a tu hijo, Jesucristo —el ofensor que nos enseñó a vivir sin filtros, sin vergüenza y sin miedo— para que muriera por mí. Gracias por salvarme del cáncer y permitir que este sueño se hiciera realidad. Gracias por mantenerme a salvo a lo largo de todas las tormentas de mi vida. Gracias, Señor, por todo eso.

A mis hijas, Isabella y Valentina. Dios mío, cuánto las quiero. Les he dedicado este libro y ahora quiero reconocer el importantísimo papel que han desempeñado ambas para que, al igual que muchos de mis sueños, cobrara vida. No sería quien soy ni estaría donde estoy sin las lecciones que he aprendido al ser su mamá. Gracias, mis amores. Gracias por siempre alentarme a seguir adelante cuando me daban ganas de dejar de escribir. Gracias a ambas por todo el tiempo que me concedieron para escribir este libro en lugar de estar presente con ustedes. Sé en lo más profundo de mi corazón que su sacrificio ayudará a transformar la vida de algunas personas que lo lean. Tú, Valentina, y tú, Isabella, son transformadoras y ya han cambiado el mundo tan sólo por existir. Las amo por siempre, sin condiciones.

A mi esposo, Dakar, gracias por creer en mí aún cuando no creías del todo en la visión que tenía de mis sueños. Gracias por creer en Confidence Activated y por apostar por mí incluso cuando no me han tocado buenas cartas. Gracias por nunca abandonar la visión que tenías de mí como autora y la del millllllónnnnnn de dólares (sigo en ello. LOL). Eres más de lo que se puede decir con palabras. Te amo por siempre, sin condiciones.

A mi madre, Carmen Santini, mi mami, *mima*, el viento que sostiene mis alas. Literalmente, me salvaste la vida. Eres la razón por la que ella me dejó vivir y nunca, jamás, podré devolverte todo lo que me has dado. Gracias por todos tus sacrificios. Gracias por permitirme compartir las historias que compartí en este libro desde *mi* punto de vista. Gracias por ser mi confidente y por enseñarme a orar y amar al Señor. Te amo.

A mi círculo más cercano: mi Mejor Amiga (Melisa Miranda) y Celita. Creo que no podría vivir sin ustedes dos. Puede sonar exagerado, pero, bueno, soy exagerada y es cierto. Ustedes han estado a mi lado en las mejores y las peores épocas de mi vida. Ustedes me mantuvieron en pie cuando lo único que quería era abandonarlo todo. Independientemente de lo que estuviera pasando en sus propias vidas, siempre hicieron de mi vida una prioridad, y no tengo palabras para agradecérselo.

Gracias por creer en mí aun cuando yo no creía en mí misma. Las amo a ambas.

Hablando de las personas que hicieron posible este libro, debo empezar por agradecer a mi amiga Lauren Messiah. Gracias por darme la patada verbal en el fondillo para empezar este proyecto, por sacarme del precipicio emocional más veces de las que puedo contar, por los mensajes de texto a las 6:00 a. m. y por nunca endosar mis decisiones vagas. ¡Te amo, nena!

Gracias, Andrea Owen, por ser tan generosa con tu tiempo y acompañarme a lo largo de todo el proceso; por animarme y presentarme a la mejor agente del planeta. Te estoy más que agradecida.

A Michele Martin, mi increíble agente. ¡GRACIAS, GRACIAS, GRACIAS! Sí, te tocan todas esas gracias en mayúsculas. Gracias por creer en mí y en este libro. Gracias por guiarme, estimularme y defenderme maravillosamente. Te adoro ¡y me siento tan honrada de llamarte *mi* agente! (P. D. ¿Alguna vez te conté que, hace años, escribí tu nombre en mi diario y declaré que algún día serías mi agente? Y míranos ahora. Historia verídica ☺).

A Judith Curr y Hilary Swanson, gracias por decirle sí a este libro. A Aidan Mahoney, eres una de las razones por las que respondí que sí. A Edward Benítez, mil gracias por tu apoyo en lanzar este libro en colaboración con HarperCollins Español. Tu entusiasmo por este proyecto me apoyó más de lo que te imaginas. ¡¡Gracias, Edward!!

A mi adorable, amable y brillante editora, Sydney Rogers. ¡¡Lo logramos!! Gracias por darle tanto amor y atención a este manuscrito y por tus comentarios detallados, aun cuando estabas hasta el cuello de trabajo. Este libro es mejor gracias a ti y me siento muy agradecida de tenerte.

A todo el equipo de HarperOne y HarperCollins Español, ¡¡¡GRACIAS!!! Ha sido una experiencia increíble y me siento muy agradecida de haber colaborado con una editorial tan fantástica. ¡Gané!

A mi *coach* de escritura, Candice Davis: eres mucho más que palabras. Gracias por ser mi *coach*, amiga, confidente y, a veces, terapista (¡ja!). Gracias por empujarme para que profundizara más y por extraer lo bueno que se escondía bajo mis propias capas de miedo. Tu compromiso hacia este movimiento es la razón por la cual ahora existe este libro.

A mis amigas que son verdaderas mentoras inspiradoras: señoras, ustedes son las mujeres que Dios me envió cuando escribía en mi diario y rogaba que hubiera personas influyentes que me ayudaran y apoyaran en mis iniciativas. Mi gratitud eterna para cada una de ustedes.

Tiphani Montgomery, fuiste la primera persona que me enseñó a orar para que las personas con influencia trabajaran por mí. Fuiste la que me enseñó a defender a Dios con valentía, sin importar qué pasara. Gracias por cada palabra de vida que enunciaste sobre mí, por ayunar por mí cuando yo estaba demasiado enferma para hacerlo, por ser una maestra tan maravillosa cuando me tocó elevar mi propio CCO. Por todo eso y por mucho más, gracias.

Patrice Washington, has sido mi compañera de oración, mi confidente y la amiga que siempre está presente. Gracias por casi una década de amor, apoyo y colaboración.

Lori Harder, desde el día en que te conocí te has volcado en mí sin pedir ni esperar nada a cambio. Eso me importa más de lo que puedas imaginar, porque una de las historias que me contaba cuando crecía era: «La gente sólo quiere quitarme cosas», pero llegaste a mi vida y lo único que has hecho es darme generosamente de tu tiempo, tu talento y hasta tu dinero. ¡Gracias! ¡Me ayudaste a deshacerme de una historia y liberarme! ¡Te amo, amiga!

Marshawn Evans Daniels, gracias por estar *siempre* disponible para mí, sin preguntar qué, cuándo, dónde o por qué. Gracias por tu sabiduría, tu guía, tu amistad y tu hermandad. ¡Te amo y te estoy muy agradecida!

Jamie Kern Lima, *¡Jamie Kern Lima!* (¿Me escuchas decirlo? LOL). De verdad qué fuiste la respuesta a muchas de mis oraciones. Doy gracias a Dios por haberte usado para cambiarme la vida y te agradezco por acudir al llamado. Jamie, jamás olvidaré todo lo que has hecho por mí y por todas las participantes de Conference Activated 2021. Te prometo que lo que has invertido en mí y en ellas no será en vano. Seguiremos devolviendo el favor en agradecimiento por tu amabilidad, amor y generosidad. Y yo seguiré apoyando a otros como tú me apoyaste a mí. Eres la *verdadera* encarnación de las mujeres que apoyan a otras mujeres. (P. D. Muchas gracias por mi pulsera «Believe», de Lia Valencia Key, y mi collar «Home», de Crystalynn Aucoin. Los llevo puestos todos los días como recordatorio de que Dios escucha nuestras plegarias).

Un agradecimiento muy especial a mis amigas que han reído conmigo, llorado conmigo y permanecido a mi lado a través de las tormentas de la vida. Ustedes saben quiénes son. Gracias. Las amo. A las personas que haya podido olvidar, por favor, sepan que el TDAH es real y que mi olvido no refleja el amor que siento por ustedes.

Al Dr. Max Gerson, Charlotte Gerson y toda la familia Gerson, gracias por ayudarme a sanar. A mi increíble equipo de doctores y practicantes —Dra. Beth, Dra. Sarah Wilde, Dr. Matt—, gracias por salvarme la vida.

Y a todas mis #loyalLUNAtics, que han lidiado con mi falta de constancia y me siguen queriendo. Ustedes son la razón del *podcast*, los correos electrónicos, los eventos y, ahora, ¡los libros! Les prometo seguir estando presente para ustedes mientras ustedes sigan estándolo para sí mismas. Sueñen en grande, ofendan más. Yo creo en ustedes.

> Querido amigo, espero que te encuentres bien, y que estés tan saludable en cuerpo así como eres fuerte en espíritu.
>
> —3 JUAN 1:2, NTV

SOBRE LA AUTORA

¿Qué más puedo decirles que no haya compartido ya con ustedes a lo largo de las páginas de este libro? Ya conocen una de las experiencias más bochornosas y humillantes de mi vida (a no ser que se hayan saltado la introducción, en cuyo caso, deben regresar al inicio del libro y leerla). Ya han leído sobre mi viaje de sanación a través del cáncer. He compartido con ustedes algunos altibajos de mi matrimonio (un agradecimiento público a mi esposo por permitirme poner nuestro negocio en primer plano). ¿Qué más deberían saber «sobre la autora»?

Bueno, aquí está la biografía profesional, para a quienes les interesen los elogios altisonantes.

Rachel Luna es maestra certificada en neurociencia y *coach* de vida, oradora internacional y presentadora del prestigioso *podcast Permission to Offend*, donde habla sobre la fe, la valía y la riqueza. *Forbes* la eligió una de las «Once mujeres emprendedoras más inspiradoras que hay que seguir en Instagram» (@GirlConfident) y su obra, que trasciende los clichés de los discursos «¡ra, ra, ra!» y los lugares comunes para adentrarse en la raíz del asunto, ha sido reseñada en *Success*, *Latina*, *HuffPost* y en Lifetime.

Nacida y criada en la ciudad de Nueva York, Rachel, quien se autodenomina «un imán para los milagros», ha vivido una vida de resiliencia. A pesar de perder a ambos padres a causa del SIDA, de luchar contra desórdenes alimenticios en su adolescencia y de batallar contra el alcoholismo y la depresión a los veintipocos años, Rachel nunca se ha dejado limitar por las circunstancias de la vida. Por el contrario, ha perseverado y, cuando le diagnosticaron un cáncer de seno triple negativo en el verano de 2019, lo afrontó del mismo modo que lo hace todo: con agallas, tenacidad, fe y seguridad.

Esas experiencias, sumadas a una década de servicio en el Cuerpo de Marines de los Estados Unidos y un periodo de servicio en Iraq durante la Operación Libertad Duradera/ Operación Libertad Iraquí, le han dado el tesón y la capacidad no sólo de manejar la adversidad, sino de salir aún más fortalecida de ella.

Como una mujer de color a la que le decían una y otra vez que se callara, que no llamara la atención y que siguiera las reglas, Rachel ha logrado mantenerse fiel a sí misma; hablar cuando tiene que hacerlo, sobresalir y ser líder para ayudar a otras personas a hacer lo mismo. Sus cursos han ayudado a más de tres mil mujeres (y algunos chicos) a ganar claridad y seguridad, y a que sus negocios crezcan de manera espectacular; algunos han alcanzado las seis y siete cifras sin dificultad. Rachel ha ayudado a miles de personas alrededor del mundo (en más de noventa países) a través de su *podcast* semanal, boletines electrónicos, giras de presentaciones y talleres.

Aunque sólo mide un metro y medio, Rachel es un petardo

pequeño pero potente que va por el mundo encendiendo salones y galvanizado audiencias. Por ser una oradora cautivante que prende y energiza cualquier espacio en el que entra, Rachel ha sido invitada a compartir sus poderosas charlas alrededor del mundo, incluidas Norte América, Europa y Asia.

Rachel Luna es la coach que «toda mujer» necesita, *¡desde ayer!*

Ésa es la biografía más sofisticada.

Ahora déjenme decirles quién soy en realidad...

Soy decidida, no disciplinada. Lucho a diario contra el TDAH (trastorno de déficit de atención con hiperactividad) y me considero un desorden organizado. Sé dónde encontrarlo todo, así que no se atrevan a tocar mis cosas. Verán que no paso muchas horas sin orar, alabar a Dios o conversar con Él. Soy vegana, me encantan los jugos verdes, detesto las conversaciones superficiales y estoy obsesionada con los diarios que cambian vidas. Precaución: pasar mucho tiempo conmigo provoca grandes cambios y transformaciones en sus vidas, *¡para bien!*

En realidad, soy una mujer que no puede dejar de hacer este trabajo aunque lo intente. (Y lo he intentado).

Paso la mayor parte del día ofendiendo a mi esposo, a nuestras dos hijas y a nuestra Maltipoo, Layla, en Jacksonville, Florida.